西域之路

斯坦因西域考古探险记

[英]奥里尔·斯坦因 著

巫新华 译

商务印书馆
The Commercial Press

M. Aurel Stein

ON ANCIENT CENTRAL-ASIAN TRACKS

Brief Narrative of Three Expeditions in Innermost Asia and North-Western China

Macmillan and Co., Limited, London, 1933

根据伦敦麦克米伦有限公司 1933 年版译出

来自敦煌莫高窟千佛洞的接引菩萨绣像

译者序

奥里尔·斯坦因是 20 世纪上半叶享誉世界的考古探险家和东方学学者。他于 1862 年出生在匈牙利布达佩斯的一个犹太人家庭，但是却接受了基督教洗礼。因为他父亲认为在当时的社会环境下，这样做会使小斯坦因能够融入主流社会，拥有接近外界更好的发展机会，从而前途光明。斯坦因没有让父母失望，他的确获得了世界近现代探险时期以来最大的文化财富，成为唯一一位在世界地理探险和考古探险两方面都享有崇高声誉的名人。更为难得的是他一生坚守信仰，1943 年，他在阿富汗准备再次进行中亚探险考察时，病重不治，临终之前要求一个英国教会为他举行葬礼。

受西方地理探险所宣扬的各种社会成功人士典型事例的影响，斯坦因从小向往的都是亚历山大大帝远征和中国唐代大和尚玄奘经行的旅程。他花费很多时间学习中亚和西亚的各种语言和文化、潜心研究历史和地理、用心编织人际关系，而后用其余的时间去探察古希腊人和希腊艺术进入中亚的路线，考察汉唐远征军西进的道路和古战场，追寻玄奘经行的遗迹。因此，他越过帕米尔高原和喀喇昆仑山关隘进一步研究西域的历史文化与艺术，唤醒沉睡的塔克拉玛干沙漠文化宝库，接触到延伸进入大沙漠的汉长城，叩开了敦煌莫高窟藏经洞。诸多探险考察的举措与收获，震惊世界。为了事业上的执着追求，他终身没有结婚，以便把精力全部投入他所热爱和追求的考古探险事业和东方学研究中。

1883 年，年仅 21 岁的斯坦因获得德国图宾根大学哲学博士学位。1888 年，时年 26 岁，斯坦因出任英属印度旁遮普大学注册官和拉合尔东方学院院长双职，正式开始其东方学学者的生涯。这期间他研究克什米尔古代文化与地理，在拉合尔学习犍陀罗佛教艺术并在英属印度西北边境省进行了一系列的考古学和地理学考察，为之后的中国西部与中亚等地的探险做准备。

1898 年 9 月 10 日，斯坦因正式启动新疆探险考察行动计划，以意见书的名义上报旁遮普政府。他在意见书中写道："我申请的项目是，要求地方政府和最高当局支持由我计划的一次对中国新疆和田地区及其周围古代遗址的考古考察旅行。"1899 年元旦前，印度政府内务和财政部初步批准了斯坦因新疆探险的申请。1899 年初，斯坦因转入英属印度教育部工作，任"西北边境省和卑路支斯坦教育总监"兼加尔各答马德拉萨（Madrasah）学院院长。1900 年 5 月 31 日，斯坦因去新疆探险，从此开始了他再未停歇的探险考古和东方学工作。

斯坦因在 1900—1901 年、1906—1908 年、1913—1915 年、1930 年先后四次到中国新疆及河西地区探险。第一次探险出版了《古代和田》（考古报告，二卷，1907 年）、《沙埋和田废墟记》（通俗本，1904 年），第二次探险出版了《西域考古图记》

译者序

（考古报告，五卷，1921年）、《沙埋中国废墟记》（通俗本，二卷，1912年），第三次探险出版了《亚洲腹地考古图记》（考古报告，四卷，1928年），第四次探险因中国学术界的抵制和反对，开始不久即告终止。最后他综合三次探险与研究成果撰写了极具阅读性和学术价值的《西域之路》（即本书，1936年中华书局出版了一个译本，名为《斯坦因西域考古记》；2008年广西师范大学出版社出版新译本，名为《沿着古代中亚的道路》）。斯坦因四次中国西部探险考察，还有不少相关资料与著作出版，这里就不一一赘述。

上述著作全面记述了斯坦因在新疆、河西走廊、内蒙古西部地区探险考察的全部细节过程和所有重要古代遗迹与珍贵出土遗物。其中，以大量的文字和图版将上述地区古代遗址和遗迹与极其丰富精美的出土文物展现于世人面前，揭开了该地区古代文化面貌和中西物质文化交流的神秘面纱。此外，书中还详细地记述了亚洲腹地的新疆、河西地区等地的山川、大漠、戈壁、雅丹、盐壳等种种奇妙的自然景观。斯坦因用他的鸿篇巨制向全世界打开了此前不为人知的"西域古代历史文化宝库"大门，在国际上引起了巨大的轰动。于是也极大地吸引了那些垂涎欲滴的列强学者们和形形色色的探险家紧随其后，纷至沓来。

斯坦因在编写三部代表作的过程中，邀请并集合了当时欧洲有关领域的一流学者，对各种难度较大的课题进行了长期的专题和综合研究。然后斯坦因以自己丰富的学识和研究成果为

iii

基础，总其大成，编撰成书。因此，这三部代表作既是斯坦因的专著，又是集体智慧的结晶，代表了当时最高的研究水平。从学术角度来看，虽然现在不难发现其中的错误和瑕疵，但其主要研究成果至今仍有重要的学术价值或参考价值，所以斯坦因的三部代表作在国际学术界享有很高的声誉。

《沙埋和田废墟记》和《沙埋中国废墟记》主要记述了相关各次探险经历，将探险中"所见、所闻、所思告诉普通读者"。它们是通俗读物，篇幅短小，文字简明，清晰地勾画出各次探险的概况、主要发现、重要收获和随后的学术研究进展与成果，以及正式考古报告中未载的一些细节和逸闻趣事等。它们也是读者了解斯坦因的探险活动、主要发现和收获，以及其人其事的捷径。

《西域之路》是斯坦因综合三次中亚探险考察与考古发掘的成果（包括研究成果）而写成的通俗著作。看过其三部鸿篇巨制的读者，据此可以流贯前后；没有读过的人，阅读此书也可以得到斯坦因在中国西部，尤其是新疆塔克拉玛干地区探险考察与考古发掘诸方面情况的梗概。书中事实叙述简洁而重点突出，对于中亚历史上各种问题的解读与评述也基本得到了学界的认可。故此，《西域之路》是我们了解西域以及20世纪中国西部探险情况不可多得的佳作。

斯坦因一生著作等身，成绩斐然，基于其考古探险、东方学研究方面获得的巨大成果和声誉，国际学术界给予了他极高的评价。这不为过，然而，斯坦因的业绩乃是当时西方列强垂

译者序

涎并染指中国西部的产物。因此，我们有必要对其诸多成果与声誉背后的历史背景所导致的诸多行为略做披露，以正视听。

第一，斯坦因是肩负英国政府政治使命的学者。新疆地处亚欧战略要冲，故英国和其他列强"久有觊觎窥伺之心"。为此，他们处心积虑地将魔爪伸向新疆。因此，19世纪末20世纪初之后，列强诸国负有政治使命的各种探险家纷纷闯入新疆，斯坦因就是其中主要的代表人物之一。

斯坦因"奉印度政府之使命"（当时印度政府受英国控制），在印度勘探局、大英博物馆和英国皇家地理学会等官方机构的大力支持下，才得以在新疆进行四次探险活动，对此斯坦因在其著作中从不讳言。那么，斯坦因领受英印政府什么使命呢？"其目的系借考古迹为名，偷绘我国地图"，"名为考古，实则暗中盗窃吾新古物转运英国"。此外，还有一条就是收集各种情报。斯坦因在《沙埋中国废墟记》前言中，曾提到他到新疆和河西地区探险的目标和性质，但却未将上述三条包括在内。其实这缄口不言的三条，才是他探险的真实目标和性质，并在四次探险活动中不遗余力地坚决贯彻执行。正因为如此，斯坦因才被英国和英属印度政府奉为"英雄"，并获得英王授予的印度王国武士勋位和爵士勋位。正是以此为基础，其学术成果才被褒奖有加，他才有机会获得英国皇家地理学会和皇家亚洲学会颁发的金质奖章，以及牛津大学和剑桥大学赠予的名誉博士学位等一系列殊荣。因此，斯坦因到新疆探险绝不是纯学术活动，而是在很大程度上具有执行英印政府使命的政府行为色彩，他

v

利用学术为英印政府帝国主义政策服务，所以"命运之神"才对他"格外垂青"。

第二，靠谎言和骗术并以行贿官员、收买走卒等不正当手段而横冲直撞于新疆、河西乃至内蒙古西部大地。对于上面提到的三条，清政府和地方当局早有察觉。因此，诸如对斯坦因的活动要"随时侦察""应即查明禁阻""遵照部令严行禁阻通行""严密监视其行动，不准到处勾留""请饬属防范，严加监视"……此类描述，不绝于书。但是，斯坦因仍然我行我素，到处横行。就是因为当时中国贫弱，吏政腐败，官员贪污成风。斯坦因正是乘此，由英国外交机构出面利用外交手段打压清政府和地方当局，并以"为发扬中国古时威名""但求古路，不论考古搜集之事"等名义进行欺骗；同时还用钱物贿赂各级官员，收买走卒为其张目（斯坦因著作中每有流露）。以第四次考察为例，斯坦因就拿出6 000美元"为运动新省官员费用"，斯坦因甚至明说"只要拿些钞票行贿新疆官吏无不行的"。所以负有监视之责的一些官员，往往以"并无测绘及违约情事"等谎报平安。有的官员甚至以斯坦因有"英美两政府后援"，不能用"无关实际之考古问题徒伤国际感情"，准斯坦因考察"毫无不妥""务请当机立断""免误事机"，如若不准"何以对国人"等言辞要挟上级政府。这些丧失民族尊严和国格的腐败官员为虎作伥，是沙漠珍宝流失的我方原因。在这种情况下，当局虽然已认识到斯坦因以"多谋善窃著闻世界""惯于巧取豪夺"，其人"老猾""行踪诡秘"，他的话"全系谎言，不足置信"，但是

译者序

由于当时清政府软弱无能、惧外媚外，加之这些腐败官员与斯坦因沆瀣一气，从中作梗，致使斯坦因以及其他列强探险家大量劫掠我国西部文物珍宝。

第三，到处收集情报，散布攻击和分裂中国的谬论。斯坦因利用考古和地理考察的名义，深入到新疆各地。所到之处他广泛收集当地政府、驻军、民政、民族构成、民情、民俗、民族关系等方面的情报，对敏感地区还进行体质人类学的考察与测量；广泛收集各地气候、水文、物产（包括矿物标本，甚至采集沙子和土壤标本），以绘制高精度地图。凡此所为，有的可以与考古和地理考察挂钩。但是，从斯坦因各种著作中反映的情况看，上述资料早已大大超出了学术需要的范畴。

除上所述，斯坦因在著作中将新疆称为"东突厥斯坦"，在大量考察材料面前尽管他不否认中国在新疆行使主权的历史事实，但其目的是煽动英帝国分裂中国领土，宣扬新疆古代是白人的家园以及新疆古代文化西来说，汉人是外来民族，并极力贬低汉文化在古代新疆的地位和作用，如此等等，不一而足。对此，当时中国官方机构也早已知晓，指出斯坦因侮辱中国，"轻薄中华民族之议论，尤堪发指"；对斯坦因"谓我只知有旧中国，我不管什么是国民党的少年中国之喊叫"，"外国人应不理会"中国，"以前外国人与中国学术团体接洽合作皆是无聊，而且上当。新疆并不能算是中国领土，中国并无中央政府，新疆又不开化，我的老经验依然适用，只要拿些钞（票）行贿新疆官吏无不行的。中国民族的生命已临最后之一日"等谬论予

vii

以痛斥。总之，上述情况表明，斯坦因为英帝国主义染指新疆和分裂中国充当了先行者。

第四，以偷绘高精度地图为己任。斯坦因的四次探险均由印度勘探局出资，提供先进设备，配备优秀的测绘人员，对所到之处偷绘详细地图。从斯坦因著作中可明确看出，他对测绘地图竭尽全力，比考古探察还要上心。为测绘地图，他本人或派员均实地勘察，凡山川等各种地貌，山口险隘，古今军事要地和要塞，古今交通线（包括古今军事道路和小路）、交通枢纽、烽燧（烽燧即是古代军事警戒线）、驿站，古今城镇和居民点，各种水源的位置，水草分布状况等，地图上无不应有尽有。斯坦因测绘地图主要集中在第二、三次探险时期，所绘地图囊括地域之广、涉及腹地之深、其详细和精确程度之高，地图数量之多，远远超出考古和地理学术考察之需要（《西域考古图记》《亚洲腹地考古图记》中刊布的仅是其所绘地图的一部分），具有不折不扣的军事价值。在列强诸国探险队中，大规模偷绘地图者只此一家，这大概就是"在大英帝国理所当然地成为第一个吃螃蟹的人"的真实含义。对斯坦因偷绘军事地图，当时清政府也非常敏感。在有关斯坦因新疆探险的档案史料中，涉及其偷绘地图的公文最多。档案史料中明确指出，斯坦因到新疆的目的是"偷绘我国地图"，他的活动"当不离军事范围"。斯坦因所到之处，"窃伺关系军务要险地段""察看险要地方暨照绘地图""派人分往各处测绘""测绘险要"。"其受印度政府命令来华测量"，"自印度入新甘之军路详细测绘以去"；斯坦因

"携百余万元之巨款,奉印度政府之使命,领测探之专员,结果如何,念之不寒而栗"。因此,当时清政府一再发出"注重国防",对斯坦因"严加监视""绝不能任其自由行动""禁止测绘在案"之类命令,不绝于耳。但是,由于前面第二条所述原因,斯坦因偷绘军事地图有禁不止,"此诚吾国家莫大之损失"。

第五,大肆盗掘和破坏古遗址,疯狂劫掠大批文物。斯坦因的足迹遍布塔里木盆地、吐鲁番盆地和天山以北东部地区。在如此广袤的土地上,斯坦因几乎盗掘了汉唐时期所有重要的古遗址,致使古遗址造成了严重的破坏,所出遗物也几乎被席卷一空,全部劫往印度和英国。对此,当时清政府指出,"古物保之国境乃尊主权之道",斯坦因"盗取我国先民遗迹,蹂躏我国固有主权,实为吾族人士一大愤慨","此诚吾国家莫大之损失"。因而一再下令不准"斯坦因窃挖古物,测量地形",以免破坏遗址,造成中国古代文物流失海外,并要求地方政府"派员严密监视,不得有发掘古物及携带出境"之事发生。最后,由于屡禁不止,所以在斯坦因进行第四次探险时,当时清政府被迫只能采取"将其驱逐出境","庶几主权、国防、国宝皆得保全"的政策。但是,斯坦因究竟劫掠多少古物出境,当时清政府根本不清楚。有的官员也只能笼统地报告"惟查该游历需用车辆、驼只、马匹甚多。询悉每考察一处,举凡一草一木,石块片瓦之属莫不装载而归,是以需用如此甚多"。此类报告虽然语焉不详,但也反映出斯坦因在明目张胆地进行洗劫。关于斯坦因劫往印度和英国的中国古代文物,至今尚无完整的统计。

仅从他在著作中披露的情况看，就已触目惊心。

此外，斯坦因在河西敦煌等地和内蒙古额济纳旗黑城等地也大肆盗掘和劫掠，其中尤以对敦煌石室宝藏的劫掠最为臭名昭著。斯坦因在《西域考古图记》《沙埋中国废墟记》中详细描述了他及其帮凶蒋师爷如何巧施阴谋诡计，编撰故事，鼓动如簧之舌，欺哄愚昧无知的王道士，以几个小钱步步诱骗王道士上钩，盗取宝藏。事后，还形成文字，津津乐道其如何瞒天过海，在夜色中一次次偷走大量精品。最后装满二十四箱（一箱的重量相当于一匹马的负荷）写卷、五箱绘画等艺术珍品，全部运往大英博物馆。（斯坦因说此后法国伯希和到藏经洞时，藏经尚有15 000余卷，绝大部分被其劫往法国。后来斯坦因第三次探险时，又从敦煌石室盗走部分精品。）斯坦因开启盗窃敦煌石室宝藏之先，他与伯希和所盗走的敦煌石室宝藏，是人类文化史上空前的浩劫，震撼了中国，也使世界为之震惊！

总之，斯坦因劫余之后，新疆汉唐时期的遗址大都遭到破坏，遗物已绝无仅有，敦煌宝藏国内也仅剩少许。可以说在20世纪30年代以前，斯坦因乃是中国西部古遗址（斯坦因窃取石窟寺的文物比德国人少，暂不包括在内）最大的盗掘者和破坏者，是劫掠中国古代文物的第一大盗。

综上所述，最后就如何看待斯坦因的著作问题，再指出以下六点。

第一，斯坦因的三部代表作其实就是对他盗掘的遗址和劫掠的遗物进行的整理与研究，他的三部通俗读物则是这种模式

译者序

简化后的随笔。因此,斯坦因的著作以资料为主体,其价值以资料取胜。在斯坦因的著作中资料与研究是皮和毛的关系,资料是斯坦因学术成就的基础。归根结底还是中国古代遗迹和遗物本身价值所致,是中国古代文化瑰宝对人类文明的伟大贡献。第二,斯坦因所处时代是现代考古学的初始发展阶段,其学术报告存在科学性缺陷。另外,由于是挖宝式发掘,往往抢时间、赶"任务",放纵民工乱抠滥挖(这是遗址遭破坏的主要原因之一),随意处理复杂现象或根本未观察到的重要现象;加之斯坦因又经常离开现场(大多与测绘有关),因而其所获资料较乱。斯坦因的考古报告即以这样的资料为基础,以自己在现场所做的记录、日记和工人口述情况为线索,按流水账的方式报道遗址、遗迹和遗物的情况。因此,斯坦因的考古报告不规范,重要遗址的完整形制布局及其各部位间的关系,遗物组合构成情况,遗迹之间、遗物之间的相对早晚关系等绝大多数未交代清楚。这致使斯坦因的断代大都是以钱币、文字资料和少数他能够掌握时代特征的遗物进行推断,研究结论也存在商榷。不过,我们应将斯坦因的著作放在 20 世纪 30 年代以前的研究环境和研究水平中去考虑。正是这样,我们前面才给斯坦因的报告以较高的评价和一定的谅解。第三,就斯坦因的著作而言,他的研究成果和学术成就(前面已有总体评价,不赘述)是斯坦因坚决贯彻执行英帝国所赋予的使命,并为之奋斗的"敬业"和"献身"精神与其个人学术素质相结合的产物,同时也是许多欧洲学者集体智慧的总汇。斯坦因的研究成果大多与资料夹叙夹议,所以显得不太醒目,但仔细阅读仍能看得清楚。对于这些研究成果,我们应当采取实事求是的科学态度,以学术研究发展的历史眼光进行分析,取其所长,为我所用。同时也必须扬弃其糟粕,特别是他利用遗迹、遗物别有用心地攻击中国的谬论,必须坚决批判,以肃清影响。第四,斯坦因的著作和学术成果,是以肆无忌惮地践踏中国主权,疯狂盗掘中国古代遗址并劫掠中国古代文物为前提的。因此,斯坦因的著作即是西方列强侵犯我国主权之铁证,同时也为那段令国人屈辱而心碎的历史留下了真实的记录。所以我们在读斯坦因著作时,一定要牢记惨痛教训,勿忘国耻。第五,经斯坦因盗掘和劫掠之后,凡其所涉及的遗址均遭严重破坏,遗物也散失了。所以记录这些遗址和遗物的斯坦因著作,就成为今天研究新疆汉唐考古学的基础资料,其有关敦煌石室宝藏的记录又是研究敦煌学的基础资料之一。这是英帝国主义的侵略政策假斯坦因之手所造成的,也是我们不愿意又不得不接受的残酷的历史事实。第六,根据前面介绍的情况,对于研究新疆考古学和敦煌学,以及一些相关学科的人,或那些想了解这方面情况的朋友,斯坦因的著作不可不读。毋庸讳言,斯坦因的著作对上述诸学科研究的发展,无疑具有重要作用。

20世纪上半叶,在塔克拉玛干地区乃至整个中国西部,斯坦因的工作都可以算是地理学考察与考古学考察相结合的最佳范例。地质学家、地理学家、传教士、职业探险家和自然学家从前来过这里无数次,可就没有一个有经验的考古学者前来探

译者序

险。斯坦因无疑是考古学者中的第一人。

本书此前已有汉译名为《斯坦因西域考古记》，是向达先生20世纪30年代初的作品，长期以来一直是中国读者了解和利用斯坦因探险考察成果的第一手资料。向达先生翻译时使用的话语、表达方式、专业术语、地名、人名等，在九十多年后的今天已经发生了巨大变化，现在读者阅读时已经感觉比较费力。再者当年出版和后来影印的版本以及图片质量较差，在阅读和资料利用方面存在很大的缺憾。有鉴于此，我斗胆重译。译文参考了向达先生的文字，向达先生某些翻译而今仍然在用的名词做了保留处理，特此说明并向向达先生致敬。

本序的主要观点多处参考和借鉴了孟凡人先生为笔者翻译的《沙埋中国废墟记》所作序言之观点，特此声明，并向孟凡人先生表示感谢。再者，由于笔者的专业能力和翻译水准所限，译文一定存在许多不妥之处，在此敬请方家批评指正。

巫新华
2020年4月于北京寓所修订

目 录

序　言　/ 001
第 一 章　鸟瞰亚洲腹地　/ 003
第 二 章　中国经营西域以及各种文明在西域的交融　/ 021
第 三 章　翻越兴都库什山前往帕米尔高原和昆仑山　/ 039
第 四 章　沙漠遗址的首次发掘　/ 067
第 五 章　尼雅遗址的考古发现　/ 091
第 六 章　重返尼雅遗址，探察安迪尔遗址　/ 121
第 七 章　米兰遗址　/ 139
第 八 章　古楼兰的探险考察　/ 163
第 九 章　沿古道穿越干涸的罗布泊湖盆　/ 183
第 十 章　发现古代边塞　/ 207
第十一章　长城沿线的考古发现　/ 225
第十二章　千佛洞石窟寺　/ 245
第十三章　密室中的发现　/ 259
第十四章　得自藏经洞的佛教绘画　/ 279
第十五章　南山山脉中的探险考察　/ 315
第十六章　从额济纳河到天山　/ 325
第十七章　考察吐鲁番的古代遗迹　/ 335

xv

第十八章　从库鲁克塔格山到喀什　/ 355
第十九章　从喀什到阿尔楚尔帕米尔　/ 371
第二十章　阿姆河上游考察纪行　/ 393
第二十一章　从洛山到撒马尔罕　/ 411

中文翻译所用工具书目录　/ 432
译名对照表　/ 433

序　言

本书的目的在于概述我在中国新疆和亚洲腹地及其毗邻地区的探险考察经过。多年来，我一直在那些鲜为人知、自然环境十分恶劣、交通极不方便、外人很难到达的地区进行长期的探险考察。虽然历尽艰辛，但是现在回想起来仍然十分兴奋，那是我一生中最难忘的岁月。不过，那些艰苦的岁月，与整理我三次中亚探险所获得的丰硕成果所花费的时间和遇到的困难相比不值一提。

我所撰写的关于第一、二次探险考察的纪行，以及三次探险考察的十一册四开本详细报告，只是竭尽全力地如实记录。其中，只有《沙埋中国废墟记》详细记录了我第二次探险考察（1906—1908）的个人经历。以上提到的纪行和考察报告，除了《沙埋中国废墟记》以外，都早已绝版，很难再找到。

从第一次探险考察归来到完成上述各书的写作工作，整整用去了27年。尔后我便得以更加自由地转向亚洲腹地南部一些新的地域进行考古探险。但是每当我想起那些曾经在亚洲腹地的沙海群山之中度过的美好岁月，恍如昨日，历历在目。因此，当哈佛大学校长热情地邀请我在波士顿罗维尔研究院（Lowell

Institute）做学术讲座时，我便欣然应承下来，并乘机把自己这些年来的游历和考古探险发现进行了系统性的整理，择要写成本书以满足广大读者的需要。

第一章 鸟瞰亚洲腹地

撰写本书的目的，在于简明扼要地概述我受印度政府委派，三次前往亚洲腹地进行探险考察的主要过程和重要收获。我的三次探险考察，第一次是从 1900 年至 1901 年，第二次是从 1906 年至 1908 年，第三次是从 1913 年至 1916 年。前后历时 7 年。马上步下，走过的路程累积起来达 2.5 万多英里。

所有考察的旅程，只能用马上步下这种半古代方式进行。由于将要考察的地域非常辽阔，所用的时间又是难以预计的漫长，为了能够使考察系统科学地进行，我尽一切可能进行资料准备，以了解和熟悉那片广袤无垠并且保存有许多极具历史价值的人类文明遗迹的陌生地方。考察进行的地域范围西到阿姆河，东抵中国的新疆省。那里无论是崇山峻岭，还是滴水俱无、满目黄沙的荒漠，在漫长的历史舞台上都曾占据过十分重要的地位。那里是古代印度、中国以及希腊诸种文明相互交流融合的通道。这种交流融合，曾经历时数百年甚至更久，从而构成了人类文化史上光辉灿烂的篇章。

东西方文明的诸种文化都在这片古老土地的各种文物上留下了丰富的印记。而这些人类历史文化财富得以保存至今的原因，在于亚洲腹地极其干燥。寻找那些古代文明遗迹，同时探寻那片地域中不为人知的地理学秘密，便是我历次探险考察的动机所在。

如果用近现代眼光来看亚洲腹地这块广阔的地方，其政治和经济方面的作用几乎微不足道。特别是自然环境和物质资源等方面更是不值一提。因而，读者有必要首先了解亚洲腹地的

第一章　鸟瞰亚洲腹地

一般特性，这样有助于理解我们重视这个地域历史的原因。这也是我在开始的几章里，概括地介绍整个亚洲腹地即进行所谓的鸟瞰，然后再介绍这个地域辉煌的历史梗概的原因。

我的探险考察队所曾到达的亚洲腹地，大致说来，主要是指那个广袤无垠的干旱盆地[①]。这个盆地从东向西，正好位于亚洲中部。它的北边与高大嶙峋的天山相接，南边止于终年积雪的新疆与西藏的分界线——昆仑山山脉，东部抵达昆仑山最东面的支脉南山山脉（这也是太平洋水系流域的分水岭），西部与险峻的帕米尔高原相连。帕米尔，就是古代文献记载的伊摩斯（Imaos）。它不仅同时连接着天山与兴都库什山，其西侧还是阿姆河的发源地。

从地图上看，这一大片地方很像大自然特意放置的一处天然屏障，阻隔了古代几大文明发生地之间的文化交流与联系。我说的这片地方，东西长1500英里[②]，南北宽也有500英里以上。在如此广大的地域，适合生存的地方仅是几处小块的沙漠绿洲。绿洲之外，就是那些漫无边际的荒漠地带了。在那些荒漠地带，无论是宽广的平原、高峻的山脉，还是寒彻肌骨的冰川河谷，均有流沙肆虐，但滴水全无。

我们将要讨论的地方，绝大部分区域都是这种极端缺水

[①] 这里指塔克拉玛干沙漠所在的塔里木盆地。（本书注释均为译者所做。）
[②] 书中所用长度单位均为英制。1英里=1.609 344公里，1英尺=0.304 8米，1英寸=2.54厘米，1码=0.914 4米，1平方英里=2.589 988 11平方公里，1平方英尺=0.092 903 04平方米。

的地方。根据这种特性，我给那里起了一个名字，叫作"真沙漠"。在这里，特别强调沙漠"真"的特性，就是要让读者知道，这与他们熟知的《圣经》故事、阿拉伯游记、美国以及南美洲风景画中所看到的沙漠情景完全不同。为了与我所介绍的沙漠区别，对那种沙漠，我大胆地称之为"驯服的沙漠"。那些大都市里的人，特别是那些居住在人口密集的中心城市的人，很可能会被那些沙漠的静穆空虚与平和所感动。在那里，整个部落能够在一定的季节甚至更长的时间里，在沙漠深处可以寻找到稳定的水源和适宜游牧的草场。即使在遭受敌人入侵、压迫和驱逐时，也能够躲避一时。而天山和昆仑山之间那些广大的盆地则完全不同，整个自然环境不知道更要恶劣多少倍。

满是流动沙丘的塔克拉玛干沙漠占据了这块盆地的绝大部分。其余的则是从西向东全长达800英里以上的布满风蚀的雅丹和盐壳的罗布沙漠。塔克拉玛干沙漠和罗布沙漠极度缺水。不仅人类，实际上所有动物和植物都不能生存。昆仑山高处山地与高原环境并无二致，只在海拔很高的位置才有一点点植被。因为那里靠近冰川，水源较有保障。昆仑山的高原山地气候近似半极地气候。在这种环境下，一年内只有很少的几个月可以生长植物。其次就是在深邃峡谷中有一些发源于冰川的溪流，在溪流旁极为有限的地方有些植被存在。沿山谷溪流向下，逐渐出现一些耕地。再向下游，就是东西方向的沙漠盆地了。在塔克拉玛干，所有的绿洲都靠河流而存在。其中的任何地方，如果不靠人工渠道引水，绝无耕种的可能。产生这种现

第一章　鸟瞰亚洲腹地

象的原因，在于空气中极度缺乏水分。而缺少滋养生命的水分，却又是它远离海洋、深处亚欧大陆腹地的地理位置所决定的。

在这些万里无垠、景色单一的地方，大自然虽然极为吝啬地提供适合人类生存和居住的条件，但是却提供了无比壮阔的地形地貌。那里有多种奇特的地理形态，这是我们必须进行考察的内容。

我们的考察从西部群山开始。这不仅因为希腊、罗马、印度、波斯的影响由此传入亚洲腹地，进而东传到达中国，更是由于这里的崇山峻岭较之周围其余的山系更为有趣。我所指的就是那座大子午线走向的山脉，以及在它西侧的广阔高原地区。为方便起见，我将它们统称为帕米尔高原地带。这座巨大的山系，北与天山山脉相接，南与兴都库什山相连。阿姆河与塔里木河两大水系即以此山为分水岭。这里是以内外伊摩人[①]所居地域划分的分界山脉。这些名称与后来其他地理书籍中所见到的内鞑靼和外鞑靼大致相同。托勒密（Ptolemy）的《地理》（*Geography*）一书对此有十分准确的记载。这就是今天的中亚地区和中国新疆。有意思的是，高度达 25 000 英尺以上的高原山地都集中在分水岭东侧（图 1–1）。而在帕米尔高原西面，则大部分是阿姆河流域。对于这里，具体的地理情况我不再赘述。关键是，这里是古代东西方贸易和文化往来的大通道，也是古

---

① 内外伊摩人（Intra and Etra Imaon）是斯基泰人的一个分支。

图1-1 喀刺库勒湖南岸的冰山之父和山前的柯尔克孜人毡房

图1-2 摄于15 000英尺海拔之高的喀什库勒冰川源头

代中国从塔里木盆地进入印度的必经之地。详细情况我们以后还会谈到。

沿着上文所说的路线向东,经过曲折干燥的峡谷,就到了塔里木盆地的西部边缘。塔里木盆地的大部分地区布满流动性沙丘。我们在未进入塔克拉玛干沙漠之前,首先要翻越环绕塔里木盆地的巨大高原山脉。塔里木河在抵达罗布泊并最终消失于沙漠之前,如果没有这些高原山脉的冰川供给水源,那么如此辽阔的地域将无任何生命可言。

雄伟高峻的昆仑山脉蜿蜒横亘在盆地南面。从帕米尔高原开始,就有几座崇山峻岭逶迤东去,直达印度河的发源地喀喇昆仑山冰川。叶尔羌河及其众多支流也源自这些山岭之中,进而成为塔里木盆地的主要河流(图1-2)。在这些河谷上游的山岭坡地中,草场极其稀少,仅有分布稀疏的几户柯尔克孜(Kirgiz)人游牧于此。这里的河谷通道大多汇集到喀喇昆仑山山道。山道海拔平均在18 200英尺以上,是通往拉达克和印度上游河谷的唯一交通路线。

再向东,昆仑山山脉越来越高,阻绝了任何交通往来的可能。灌溉和田绿洲的玉龙喀什(Yurung-Kash)河就发源于昆仑山主脉的最北部地区。昆仑山主脉海拔几乎高达20 000英尺,绵延约300英里。交通路线则大多在深不见底、极难通行的地缝峡谷之中。这些河谷上游地带虽然有几条山路可以通过山口,但是由于山北坡地冰川遍布,崎岖坎坷,除了适应当地环境的山民以外,外来者在那里寸步难行。由此向南是一望无际、海拔高度大致在15 000至16 000英尺的荒凉的青藏高原。青藏高原极为贫瘠，缺少人类生存以及交通所需要的任何自然资源，是古代交通的巨大天然障碍。再说一句，那里不仅没有牧草和燃料，很多地段甚至连可以饮用的水都没有。

和田绿洲南部是高耸的昆仑山北坡，虽然昆仑山地貌与青藏高原迥然不同，可是就荒芜程度而言却完全一样。在广阔的黄土（Loess）山地上，时常可以见到因流水侵蚀而形成的迂回曲折的高山峻岭和深邃峡谷（图1-3）。这种地形，只能在漫长的地质年代因连续不断的流水长期运动才得以形成。这些荒芜的昆仑山坡地基本上没有植被的保护，一年里极少有机会下一

图1-3 从亚干达坂远望昆仑山侵蚀严重的外坡区域

场大雨或大雪。

昆仑山北部山地冰河环绕。和田绿洲的东面是玉龙喀什河发源地,由此可以俯瞰整个塔里木盆地。南面的山脉绵延400英里以上,犹如一条长长的珠链。在这条长链上,昆仑山的前山地带是宽达40英里以上的极其荒芜贫瘠的砾石坂坡。

向南遥望,沿塔里木河走向直至罗布泊方向,护卫盆地的外围群山绵延东去,山势逐渐下降。小小的若羌绿洲是古代鄯善国所在地。实际上,也是现在塔里木盆地东段唯一可以供人类永久居住的地方。从若羌前往拉萨的距离在700英里以上。我们有理由相信,若羌地段的昆仑山山间道路,历史上曾经是南部游牧民族进犯塔里木盆地的通道。青藏高原、柴达木盆地和昆仑山高原河谷可以得到从印度洋以及太平洋方向吹来的维持生命的水分。当然,这些水分基本上不会越过高耸入云的昆仑山山脉。因而使得广阔无垠的塔里木盆地成为一片荒芜至极的不毛之地和一处巨大的天然屏障。关于它那一望无际的流动沙丘和布满干涸盐壳的罗布泊湖盆,后面我们还要讲到。

越过塔里木盆地东端,昆仑山山脉侵入南山山脉并渐渐消失。南山山脉西部俯临疏勒河河谷,蜿蜒200英里以上。山脉北坡极度干燥,高度发育的水蚀地貌与昆仑山北坡完全一样。

但是,越过疏勒河河谷地带,向东一直到南山中部,情况变得大不相同,可以明显感觉到气候湿润起来。种种迹象显示,这里已经接近黄河流域,受到了经甘肃西部直达西藏东北部高原地区的太平洋水气影响。由于太平洋气流带来的水分润泽,

西域之路

肃州[①]河最西部的河谷地带植物生长异常茂盛。看惯了昆仑山山脉的荒凉景象，乍一看到肃州河谷（这里海拔很高，有些地方海拔达到 11 000 英尺以上）极其茂盛优美的夏季牧草，令人精神振奋，感触良多。再向东南，降雨和降雪量越发增大。南山北部的甘州[②]河流域内因此出现大片茂密的森林（图 1-4）。

图 1-4　从哈赞果勒河谷向南远眺所见景致

---

① 肃州，即今甘肃省酒泉地区。位于甘肃省西北部，河西走廊西端，东与张掖地区相连，南靠青海省，西邻新疆维吾尔自治区，北与内蒙古自治区的额济纳旗接壤，并与蒙古交界。西汉中期，以"城下有泉""其水若酒"而得名。唐高祖武德七年（624）置酒泉县，肃州的名称开始应用。酒泉古称肃州，历来是亚欧大陆东西往来的要冲，古丝绸之路的必经之地。甘肃一名中之"肃"便来自于此。
② 即今天的甘肃省张掖地区。因甘泉清冽得名，甘州之称始于西魏废帝三年（552），隋唐在甘州设立交市，西夏在甘州发迹崛起。元始祖忽必烈设甘肃行中书省省会，"甘肃省"首字即源于此。清为甘肃提督统军驻地，历来为兵家必争之地。

第一章　鸟瞰亚洲腹地

现在我们已经介绍了流入太平洋的黄河流域分水岭地带。这里是我们所要讲到的亚洲腹地最东部的地区。在这里,我们明显感觉到,南山山麓在甘州原野以东气候十分湿润,仅依靠雨雪等自然降水,便能够进行农业耕作,而无须修建灌溉设施。不过这一带的地表水不会流入大洋,而是最终消失在大陆腹地。

说到这里,我们有必要对与南山相关的周边山峦也进行一番考察。发源于南山的各条水流汇入额济纳河后,一同流进荒芜干燥的额济纳盆地,并最终消失在那里。北山山脉荒凉的高原和山岭就蜿蜒展现在额济纳河的西边,与同样干燥荒凉的库鲁克塔格(Kuruk-Tagh)相连。库鲁克塔格是突厥语名称,意思是"干燥之山"。从这里向西绵延伸展 400 多英里,是一片既不适合人类生存,也不适合游牧的空阔荒凉的无人区。北山与南山的结合部极为宽广。那里的盆地平原南北之间距离一般都在 200 英里以上。距离水源最近的地方现在已经开始农业垦殖了。

戈壁东西两端古老的山峦断层之间偶尔可以发现水井或泉眼,标志着交通路线由此经过。但水量很小,决定这里一次只容许少数人马通过。整个区域常有风暴发生,因此行人视为畏途。风暴基本上都来自东北方向,使得这里的气候十分寒冷。即便是在春季,也常常有冰冻霜寒出现。

天山山脉出现在哈密东面,由此向西蜿蜒伸展在塔里木盆地北缘,在其北部形成巨大的天然屏障。天山山脉各处的海拔高度和山峦的宽度大不相同。但是,无论何处,在气候以及与气候相关的其他各个方面,都极其鲜明地显示出它是塔里木盆地和北部毗连地区的分界线。北部各地区均属于准噶尔盆地。盆地的北部边界一直抵达西伯利亚的南缘,是一处巨大而肥沃的山谷盆地。因为气候比较潮湿,天山山谷以及附近的平原地带大多以畜牧养殖为主。因而自古以来,从匈奴人开始,一直到突厥人和蒙古人,此地从来都是游牧部族极为垂涎的好地方。

天山这道天然屏障绵延不断,其间时有山谷通道。这些山谷通道可以通行人马和货物运输。所以天山以北的游牧部族,总有机会侵袭天山南部富足丰腴的绿洲和商道。对于吐鲁番盆地而言,天山以北的游牧部族可以从焉耆山谷中广大的裕勒都斯高原牧场长驱而入。这是自古以来北方游牧部族入侵和劫掠塔里木盆地东北部地区所利用的主要通道。再向西,库车绿洲和喀什绿洲的情况完全一样,无法避免游牧部族利用天山通道突如其来的攻击。

关于环绕塔里木盆地的山脉峰峦暂且不说。现在,我们再来认真谈谈塔里木盆地的基本情况。盆地的面积非常大。通过下面的数据,可以对它有一个基本的认识:盆地东西方向长约900英里,南北方向最宽处少说也有330英里。盆地面积如此之大,其中各种地貌形态分布却十分均匀,非常容易做概括性介绍,使读者获得最基本的了解。盆地的名称叫作塔克拉玛干,是一个巨大的沙漠。它的中央全部由流动性沙丘构成。

发源于昆仑山的无数条河流,除和田河以外,没有任何一条河流能够流入大沙漠深处。就是和田河,也只有在夏天雪水融化的洪水季节才能够穿越沙漠腹地汇入塔里木河。其他所有

第一章　鸟瞰亚洲腹地

的河流一旦流经绿洲耕作地带，或与河流毗连的沙生植物生长地带以后，或长或短地再流淌一段距离，便彻底消失于茫茫沙海之中。不过，在某个地质年代抑或较早的某个历史时期，一定有好几条河流能够流到很远的地方。我在塔克拉玛干大沙漠深处发掘的几处遗址，便足以证明这一点。

这些考古发掘，使我熟悉和了解了塔克拉玛干沙漠最显著的、不同地貌整齐划一分布的特点。这就是，行人无论是从绿洲边缘还是河流旁边的丛林地带进入沙漠，最初经过的总是沙漠植物分布带。植物以红柳、野生胡杨和芦苇之类为主，大多生长在低矮的流动沙丘之间。这一地带最特别最有趣的地貌形态是红柳包。圆锥形的土丘常常大大小小、密密麻麻地聚集在一起（图1-5）。红柳包是流沙围绕红柳植株缓慢而有规律地堆积逐渐形成的。起初土包很小很矮，经过数百年不间断的沙土堆积和红柳植株的逐年生长，常常出现高达50英尺以上的大土包。继续向沙漠深处前进，沙丘上便只有皱缩发白、扭曲干裂、已经枯死不知多少年代的树干在裸露着。红柳包上的红柳树也在很久以前就已经枯死了。有些还留有干枯的枝干，有些则只剩下圆锥形土包。到后来，连这种情形也看不到了，只有荒凉的沙丘堆积成一道道沙岭。有的沙岭竟然高达300英尺以上（图1-6）。这种自然特性，大概是地球上所有沙丘荒漠地带中最可怕的。

所有的沙丘，都是由狂风剥蚀肥沃的黏土堆积而成。一年中的大部分时间里，这里都有猛烈的风暴咆哮肆虐。特别是东

A　　　　　　　　　　　　　　　　　　　B

北部地区，只要任何一处地表没有堆积沙丘或生长有沙生植物，在裸露的地面上柔软的黏土便被狂风刮起席卷而去。

这里先提一下（以后还会讲到）沙漠遗址的所有居住建筑，乃至古代果园遗迹常常位于一种岛屿式的台地上，比附近风蚀地面高出许多。倒塌的残垣断壁和倒下的树干有效地防止了土壤风化，因而地面的原始高度得以保存，四周没有遮盖的地方

图1-6　驼队穿行于塔里木河南部沙丘的情景

　　　　　　　　C　　　　　　　　　　　　　　D　　　　　　　E

图1-5　尼雅（Niya）遗址以南全景
（注释：A.发掘后的建筑遗址；B.古代蓄水池，池岸有成排已枯死的林木；C.小桥与干河床；D.古代果园及枯树；E.古代葡萄园。）

便被风沙剥蚀得越来越低了。

　　在塔里木盆地，人类可以长久居住生活的地方只有沙漠与山脉之间那些小片的绿洲地带。由于极度干燥，这些绿洲地带的开垦种植只能依靠沟渠进行灌溉。也正因为如此，当地的畜牧养殖被严格地局限在河畔的灌木丛林之间。这种自然条件的局限，可以说明，为什么两千多年来先后占据天山北坡的乌孙、塞种（Sakas）、月氏、匈奴、突厥以及蒙古诸游牧部族，虽然常常寇掠塔里木盆地的各处绿洲，逼迫当地人臣属于自己，但他们绝对不会跨越山岭永久性地占领这些地方。这些游牧者既然已经享有了天山北坡广大的草场，那些以引水灌溉为生的绿洲垦殖者辛勤劳作的生活，自然不会引起他们的兴趣。

　　塔里木盆地所有已经开垦的土地与沙漠面积相比，只是微乎其微的一小部分。由于气候干燥，所有绿洲地带的植物都呈现出非常显著的一致性。即无论在什么地方，到处可以看到同样的小麦、玉米和棉花，同样蜿蜒曲折的乡村道路两旁栽种着同样的白杨树或柳树（图1-7），同样的庭院和果园里出产同样

图1-7 和田绿洲博拉且巴扎入口

的水果。但其种类几乎与欧洲一样丰富。凉爽的树荫底下是吸引行人歇脚的最大诱惑。

讲到这里，在塔里木盆地东头还有罗布泊洼地等待我们前去考察。在这块巨大低地的中央，最奇特的地貌是盐卤凝结而成的湖床。根据我们测量的资料，罗布泊湖床自西南到东北的距离足有160英里，最宽处有90多英里，这表明史前时期这里是一个巨大的咸水湖。当时中亚气候还未完全干燥，这里容纳了塔里木盆地所有的水流。两千多年前，汉族人大规模地来到这里时，当时的气候、环境状况就已经同现在一样了。现在，在与罗布泊西北部湖床毗连处，有一大片没有任何生物的地方。那里风蚀严重，并覆盖有一层薄薄的流沙。在它的黏土地面上，仍然可以看出十分明显的干涸河床的痕迹。我们的测量数据表明，这里属于早已干涸的古代河床，即库鲁克（Kuruk Darya）

第一章　鸟瞰亚洲腹地

图 1-8　驼队穿越干涸的罗布泊盐壳湖面

河[①]三角洲。1世纪前后，在这个三角洲汇集了孔雀河（Konche Darya）和塔里木河的河水，流向当时居住有一部分人的古楼兰国（Lou-Llan）。近年来，水流发生了较大的变动，河水又重新流回到了荒漠中以前流过的大部分地方。

自从斯文·赫定博士（Dr. Sven Heden）首先发现楼兰古国中的一个遗址以来，陆续又有很多遗址被发现，并且获得了极为丰富的出土文物。这一切充分证实了库鲁克河曾经流到这里。出土的文物还说明，4世纪初在这个河流的末尾地带还曾有一个很小的绿洲。经过一片当时曾经有人烟的地方，横越罗布泊湖盆崎岖难行的盐壳地面[②]（图1-8），即为古代中国经疏勒河河谷进入塔里木盆地的通道。在本书后面的章节，我还要介绍现在

---

① 意为干燥之河。
② 白龙堆。

019

这个地方荒无人烟死寂可怕的情形，以及我们探险考察队追寻古代交通路线穿越这片可怕荒漠的艰难过程。

这条中国古道横穿楼兰遗址东面的盐质湖床，然后转向东北方向的河谷低地，进而穿越一处四周都是奇形怪状雅丹的干涸湖床，进入疏勒河盆地下游三角洲沼泽地带。

在疏勒河盆地，除了敦煌和其他一些小绿洲之外，都没有人类居住。盆地的面积很大，从东到西有220英里左右。这里独特的自然环境决定了它的历史作用与地位。此地南有高山，北邻大漠，是从河西进入西域的天然走廊，具有极为重要的战略地位。在本书后面的章节我还要讲到，我是如何发现和考察那些用以保护这条走廊的古代中国烽燧警戒线和长城遗址的。

过了疏勒河盆地便进入中国古代长城的门户——嘉峪关。至此，我们到达了前面所说的无水地带的最东端。甘州河源头从太平洋流域分水岭地界向北延伸，一直到达一个沼泽湖盆。到了那里，便成了交汇肃州河与甘州河的额济纳河。

在南山山脉最北部，是因太平洋水气滋润而生长了茂密森林的河谷地带。从此再继续走下去，我们来到一处海拔高度约在5 000至6 500英尺的面积宽阔土壤肥沃的高原冲积扇地带。由于地理环境优越，这里自古以来便是中原同西域之间非常重要的陆路交通要道。

第二章 中国经营西域以及各种文明在西域的交融

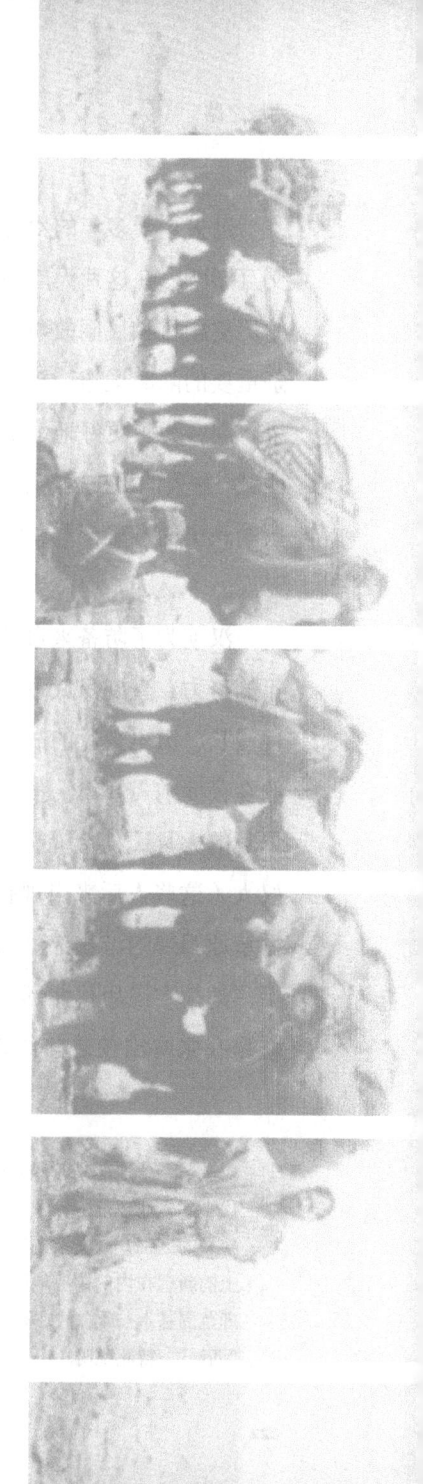

西域之路

过去一千多年的岁月里，由于中国、印度以及西方文明的交互影响，在这片天广地阔的历史舞台上曾经演出了无数重要的历史剧目和民间故事。在上一章，我们曾经讲到南山北面那条重要的陆路通道。至此，我们对这片广大地域的考察基本结束。现在为了更好地理解全过程，有必要先约略介绍一下古代西域[①]重要的历史内容。十分幸运的是，因为有古代中国历朝编撰的正史的准确记载，我所讲述的所有历史事实可以保证准确无误。

汉朝为了防备来自蒙古草原的匈奴人的入侵，经过好几百年的努力，直到汉武帝时期终于收复了南山北麓地区。这个过程漫长、历史久远的故事可以用张骞出使西域作为开场白。大约在公元前138年，张骞出使印度斯基泰人地区，即中国史籍记载的大月氏，希望能够与他们联手，共同攻打汉朝的世仇匈奴人（这些人后来出现在欧洲历史上，称为Huns）。此前，蒙古草原强悍的游牧部落联合组成大的部落联盟，从北方不断南下，劫掠中国历代北部地区，已经有几百年的历史。月氏人也就是在张骞出使之前约20年左右被匈奴人驱逐，离开南山北

---

① 西域是一个地理概念，但同时又是一个与历史有密切联系的名称。由于朝代不同，地理范围各异。一般说来，我们今天所使用的"西域"有广义和狭义的区别，广义指古代玉门关、阳关以西的广大地区，狭义指包括历史上的新疆在内的中亚地区。斯坦因文中所谓中亚与中国古代西域所指的地理范围基本一致，故在涉及古代中国与中亚方面时，"中亚"一词我们译作"西域"。特此说明。

第二章　中国经营西域以及各种文明在西域的交融

麓世代居住游牧的故土，不断向西方迁徙，最后终于在阿姆河畔今日的布哈拉（Bukhara）一带建立了一个新的国家。张骞出使西域历尽艰难困苦（还曾一度被匈奴俘获，被囚禁关押了十年），最后终于到达月氏。不过，月氏人已经安于新的领地，不愿意返回故土向匈奴寻仇报复。张骞出使的直接目的至此宣告彻底失败。然而，这次出使却正式开辟了中国本土文明与外界文明直接交往历史的新纪元。

张骞出使在外整整十三年，后来取道塔里木盆地返回中国内地。出使时随行的有100多人，归来时就仅剩一个同伴了。张骞回来以后，对于他所到过的西域各个国家和地方，以及更西面的一些地方，诸如现在的费尔干纳（Farghana，大宛）、撒马尔罕（Samarkand，康居）、布哈拉（Buhala，大月氏）、巴尔克（Balkh，大夏）等富庶之地，甚至连更远的地方诸如波斯、印度等地都有详细而准确的报告。汉代中国人由此得知，在那些环绕边陲的蛮夷之外，还有十分开化的民族。张骞是中国了解外部世界的第一人。不久，汉武帝便认识到，与西域各民族交往，在通商贸易和政治军事方面具有十分重要的意义。加上国内在这位英明睿智的君主的治理下已经安定巩固，经营西域便成为国策。

推行这项政策的最初目的，是开通一条经过塔里木盆地到达阿姆河流域的大通道。西汉时期，从中国到西亚有人居住的地方，甘肃河西的南山北麓是天然通道。然而这里却一直被匈奴人所占据，致使交通阻隔。中国人开通这条通道的努力便表现在抵抗匈奴人方面。汉武帝不断大规模派遣军队进攻匈奴，他的努力很快得到报偿。在取得几次大的军事胜利之后，迫使匈奴人退回沙漠以北，河西走廊一带遂于公元前121年摆脱了匈奴人的控制。到了公元前115年，汉朝政府在此设立酒泉郡（今肃州地方）进行管辖。

除了沿着这条大道向西域的军事推进，汉朝政府还派遣使节前往塔里木盆地内外诸国进行政治活动，最远的地方竟然到达巴克特利亚（Bactria，大夏）和波斯（安息）。这些使节携带着中国出产的珍贵丝绸和其他物品，其用意就是使西域诸国知道中国的国力和富庶。从此以后，丝绸便经由安息和叙利亚输送到地中海。而号称"丝绸人"的中国人的名声，很快就响彻希腊和罗马。中国的这种丝绸贸易在经济方面的重要性是显而易见的。此后好几个世纪里，丝绸一直作为中国独家生产的珍贵商品而进行贸易出口。

中国向西发展的开拓者张骞被皇帝授予"大行"之职。于公元前115年第三次奉使归国之后，大约一年左右的时间便逝世了。但是自从张骞"凿空"以后，中国与西域的交往日渐频繁，"使者相望于道"，往往达数百人。

为了获得最大的贸易收益，最重要的事情莫过于利用这条通道为中国的商品，特别是贵重的丝绸寻找到新的市场。汉武帝发动的经营西域的重大举措，除了政治目的，还与贸易等经济利益有关。这一点，可以从中国史籍中找到很多史料给予证明。而且，邀约好战的月氏和天山以北的游牧部族乌孙夹击匈

第二章　中国经营西域以及各种文明在西域的交融

奴，即使不是为了与西域交往，那么此后中国使节在西域所遭遇到的麻烦，也会迫使汉朝政府在政治和军事等方面采取措施，对匈奴进行遏制。因为在刚开始经营西域的几年时间里，中国使者在塔里木盆地遭受到非常严重的困扰。那里各绿洲小国的臣民与酋长往往拒绝为中国使者提供给养，用意显然是在趁火打劫。更有甚者，竟然直接实施攻击。更糟糕的是，天山北麓的匈奴力量并没有破灭，匈奴的小规模骑兵经常出现在楼兰等地，"遮击使西国者"。

鉴于这种局面，汉朝政府很快便做出了使用武力保护南山北麓交通路线的决策。进行这样的军事行动，汉朝方面不是没有准备的。早在第一次征服这条天然大通道之后，汉朝政府就已经开始在沿线建立屯戍设施，并把秦始皇防御匈奴修建的万里长城向西延伸修筑下去。秦始皇的长城与我们所熟悉的中古时期中国的城墙一样，纯粹是一道防御性的军事设施。但是汉武帝修建长城的目的，却是用于保障其大规模前进的政策。中国长城与古代罗马边陲长城制度的这种相似性，很令人惊异。在本书以后的章节，我还会介绍我考察发掘全长近400英里的中国古长城的有趣经历。

历史上，为了谋求贸易利益和进行文化交流而动用政治力量和军事行动加以保障的事例比比皆是，屡见不鲜。中国从开始实行经营西域政策，便决定了他们对西域的重视程度将远远超过塔里木盆地那些零散狭小的绿洲地区。但是，中亚西部这些地方离中国实在太远，再加上后来大宛人不尊重中国使者的行为进一步恶化，直至演变为劫杀中国使者的重大事件。

为了维护中国的声威，对于肇事者不能不给予惩罚。于是，汉朝政府于公元前104年派遣一支远征军讨伐大宛。然而，这次军事行动最终以失败告终。远征军横越盐泽（即现今已经干涸了的罗布泊），途中艰苦万状，筋疲力尽，减员严重。剩余军队在未能够到达大宛之前，便已经耗尽了所有给养。到达大宛边境时，首次攻城便大败而回。撤回到敦煌的军队人数，据文献记载，所存者"士不过什一二"。为了报复这一奇耻大辱，汉武帝遂倾全国之力再度出征大宛。公元前102年，中国派李广利将军率领六万多人的军队西出敦煌，并辅之以庞大而完善的后勤保障系统。

这一次，汉朝政府凭借有效的组织能力战胜上述所有困难。李广利率领3万多将士直捣大宛国都，以绝对优势迫使大宛国民投降，取得完全胜利。中国的声威因此大振，塔里木盆地各绿洲小国相率称臣于汉朝。从此以后，中国管理这条严酷环境之中的自然通道，以及塔里木盆地断续相连的绿洲地区长达一个世纪之久。一直到公元初年西汉王朝终结时为止。

中国在这一地区的统治之所以能够维持如此长久，与其说是由于武力强大，还不如说是由于西汉王朝派驻那里的政治代表外交手腕运用得当，以及中国优秀文明的巨大影响力。

从古代文献记载屡屡提到著名的"丝织品"这一情况，我们可以知道，当时中国的这些手工业产品正源源不断地向西方输出。自然，那时中国一定也捎回不少外国生产的特产或制成

第二章 中国经营西域以及各种文明在西域的交融

品，其中尤以东伊朗地区的产品最为突出。关于西方物品的传入，在众多的中国古代文献中都可以查到。

根据在塔里木盆地各个遗址所获得的考古成果来看，在伊斯兰教传入以前，当地文明由于中国、波斯和印度三种文化交互影响，而具有多文化融合的特征。可以说，西域交通开通之时，即是这种文化融合的初始阶段。从我们在3世纪左右那些废弃的遗址中发现的出土文物来看，当时居住在塔里木盆地各绿洲的人们说一种印欧语系的古代语言，他们很可能是同一个民族，说同一种语言。

在那种极度干旱的地域，因为严酷的自然环境的局限，只容许较大的人类团体依靠组织严密的灌溉体系才能生存。这些依靠社会秩序、制度赖以生存的定居部族，特别善于吸收和传播来自远东以及西方的各种优秀文化。从另外一个角度来看，塔里木盆地的地理位置及其特点，似乎也是上天专门为这种重大的历史作用而特意安排和准备的。昆仑山和天山之间的广大地域，虽然没有可以用作牧场的土地，但是大自然也给予特别的关照，使其不致成为大规模部族迁徙的通道和因而产生各种动乱的历史舞台。

历史上，北方的匈奴人一直是绿洲地区最危险的邻居，他们控制并封锁了天山北麓的东西方大通道。到了公元前60年，中国人开始占有天山东部的一个突出地域——吐鲁番盆地，并在其南端开垦了一块很好的土地，从而对塔里木盆地北缘的大通道给予了十分重要的安全保障。

西域之路

　　另外一条交通路线沿着塔里木盆地南缘，经过且末与和田绿洲的相连。因为有高峻的昆仑山脉阻挡，尤其是因为临近荒凉不毛的青藏高原，所以一直没有遭受到游牧民族的侵扰。直到8世纪以后，西藏一些野蛮的游牧部落崛起，并形成为一个高度集中的政权，新疆地区才第一次遭受到了从南部而来的侵略。

　　中国人与西方通商和扩张其政治影响，为什么一定要途经罗布泊那些严酷的自然环境来建立交通路线呢？要知道，在当时只有这一条路线最安全、最方便。除此之外别无选择。1907年和1914年冬季的考古发掘，使我得以找出汉武帝横越这些可怕荒漠和盐泽的那条大道。本书的第八章、第九章将介绍在那片真正的生命禁区进行发掘和所获得的重要考古发现。

　　西汉末年哀平两帝时，正好是公元前后之际。当时中国内部变乱丛生，于是与西域的交通第一次受到阻碍。此后，中国在塔里木盆地的统治力量日趋衰落。根据《后汉书》记载，后来"西域分为五十五国"。此后塔里木盆地沦入匈奴之手大约十年。后来，中国为了保护西北边陲，使之不再遭受匈奴侵略，不得已恢复其向西域的前进政策。

　　第一次西进运动开始于东汉明帝时期。73年，中国打算收复哈密，其直接目的在于对付匈奴。哈密绿洲是一个极其关键的军事战略要地，是进入吐鲁番盆地、天山东部"西域北道"和塔里木盆地的枢纽地带。据守此地，可以有效地抗击横越天山的游牧人的进攻。不过中国人的第一次努力失败了，直到13年后，哈密才被正式收复。

第二章　中国经营西域以及各种文明在西域的交融

塔里木盆地在重新回到中国的统治之下时,这里又一次成为人类历史的大舞台。当时努力推进中国西域政策的人,就是军人兼伟大政治家的班超。经过班超策划组织的几大重要事件之后,中国的声威在塔里木盆地再次树立起来。班超从罗布泊地区以东的沙漠通道开始,逐步收复了和田、莎车、疏勒等绿洲地区。这些成果的绝大部分完全是由于他个人的胆略和智慧,而非依靠武力。班超的诀窍就是他告诉汉明帝的一句话:"以夷制夷。"

自从班超得手以后,中国的政治力量进一步向西扩展,竟然到达了帕米尔西部以远的地方。首先,是与安息建立外交关系。97年,派遣使者直接与大秦(今叙利亚地方)通好。这次派出的使者似乎还曾到达波斯湾尽头。102年,已经年老体弱的班超,终于获准带着巨大的荣耀返回遥远的国都,并在那里终了残年。而中国在西域的声威此时也已达到了顶点。大约也就是在这个时候,马其顿商人迪提亚努斯(Maes Titianus)穿越了被称为斯基泰外伊摩斯(Scythia extra Imaons)的塔里木盆地。中国的丝绸及其他商品被迪提亚努斯和叙利亚商队从遥远的"丝绸之国"带往西方,并传播到泰罗(Tyre)的马林努斯(Marinnus),再由马林努斯传播到了亚历山大利亚城的地理学家托勒密手中。这就是托勒密在《地理》一书中所谈到的那些内容。

此后不久,由于匈奴的进犯劫掠和各地的叛乱,西域适合交通往来的和平状况发生了改变。当时东汉王朝由于国内积弱日甚,在西域的声威也逐渐衰落下来。到了220年,东汉王朝最终归于灭亡。但那时，从印度洋到红海的海路交通也已经开通，面向罗马帝国的丝绸贸易便日甚一日地逐渐改用海道。

到了三国时期，三足鼎立，纷争不息，中国无力维持对于整个塔里木盆地的统治。虽然如此，西域诸国同东西双方在文化和贸易方面的往来交通并没有因此而断绝。我曾经发掘过两个很有趣的遗址，从那里得到的出土文物足以说明我的观点。这就是尼雅河尽头沙漠腹地中废弃已久的聚落遗址和古代中国在楼兰地区的屯戍遗址。关于这两个遗址，我会在本书第五章、第六章、第八章中进行详细地说明。在这两处遗址，我们经过考古发掘，获得了丰富而珍贵的文物，为反映当时的实际生活和政治状况提供了充分的证据。同时也充分说明了中国对那里的统治大约一直持续到3世纪以后。

根据考古材料，很容易推想出古代尼雅遗址一带当时的生活情况。在遗址中出土的达官贵人的华丽建筑遗迹、制作精美的家具残件、雕刻精细的木质装饰艺术品以及其他文物，都显示出一种高度发达的文化。当地的工艺品，更是十分明显地表现出从东伊朗或印度西北部地区传播过来的希腊化影响。

我所获得的与佛教有关的文物表明，那时佛教在塔里木盆地各绿洲居民的精神生活中已经占有显著地位。在一座颓败的建筑遗址旁的垃圾堆中，我发掘出土了众多的文书。从这些文书里面，能够看到非常鲜明的印度文化影响。在尼雅遗址中，我共获得了数百片木质文书（图2-1）。其中的内容大多是公文、契约、账簿。所有简牍文书都是用梵文和佉卢文（Kharoshthi）

第二章　中国经营西域以及各种文明在西域的交融

图2-1　长方形佉卢文木牍文书
（注释：上部是木牍文书出土原状，中部是文书正面，下部是盖板反面。）

字体书写的。这种字体，公元前1世纪左右曾在印度西北部和阿富汗的邻近地区广泛流行。

根据这些遗址，我们几乎可以把那时绿洲居民的物质生活清清楚楚地推想出来。果园和葡萄园中已经死去1600年的一切东西，至今都还可以让人清楚地辨识出来。此外，诸如篱笆、建筑材料等都十分明确地表明，当时的种植、作物和气候条件与现在塔里木盆地各绿洲的情形完全一致。

这些事实，对于地理学方面意见不一、众说纷纭的所谓干涸问题，关系直接且十分重要。关于这里的干燥气候究竟是如何形成的，这个问题过于庞大，在此只能稍加涉及，不能详细讨论。这就是假如1600年前的气候情况与现在的气候一样干燥，那么，对于上述两个遗址和其他遗址的存在，以及废弃之后便成为完全不能耕种的荒漠这种现象，我们又该做何解释呢？

就塔里木盆地的这种现象而言，我认为是由于河水流量减少所致。而河水流量减少的原因，应该是高山之巅为河流提供水源的冰川逐渐缩减。至于冰川缩减的原因，应该如同布拉德爵士（Sir Sidney Burard）和冯·菲克斯教授（Prof. von Fickex）的假设，是因为气候逐渐转向温暖，最后一次冰河时期所遗留下来的形成冰川的大量称之为"化石冰"（Fossil Ice）的冰块慢慢融化，冰川渐渐缩减所致。这就足以解释，为什么在气候没有明显变化的情况下，塔里木盆地的河流水量却慢慢减少的原因。

第二章　中国经营西域以及各种文明在西域的交融

由于塔里木盆地在地理方面有着沟通东西方交通的走廊作用，因而有必要把它在中亚历史上曾经发挥过的作用稍做如下介绍。我们对于塔里木盆地的历史，大约有三个世纪左右的时段不甚了解。原因在于随着中国在这个地方的政治统治逐渐衰落，我们所能够得到的有关西域的史料也随之枯竭。那时，中国内部分裂成若干对立的王朝，有些王朝的统治者还是异族。4世纪时，匈奴人开始了他们大规模西迁的过程。迁徙距离之遥远，可以从他们竟然能够来到多瑙河、莱茵河、波河等地浴马饮水得到证明。从这以后大约一个世纪左右，整个塔里木盆地及其北部和西部的大片地区都处于匈奴分支的势力范围内，他们在西亚等地被称为白匈奴（White Huns）或嚈哒人（Hephthalites）。

在这片广阔的区域，无论是外族统治时期，还是在内部互相争夺主导权的阶段，对于已经深深植根于各绿洲肥沃土壤中的中国文明而言，似乎并没有产生什么严重的影响，当然也没能够阻止那些从伊朗最东部和印度缓慢传播而来的佛教及其文化艺术。在当地，这样立足的宗教及其与文化知识密切结合的特点，我们可以根据那时中国僧侣的游记资料加以证实。当时正是他们曾从中国出发，经过西域前往遥远的印度参拜圣迹以求取真经。

到了6世纪中叶，又掀起了新一轮游牧部族沿天山向西方迁徙的浪潮。这股浪潮时缓时急，最后终止于突厥部落大团聚之时。这样，以前所有被嚈哒人统治的区域，这时则全部归属于突厥各部众。这些突厥人就是中国《史记》中记载的西突厥人。西突厥与东突厥一样，在中国边陲为害甚久。到589年，中国终于结束了三百余年的分裂局面重新归于统一。

618年，中国建立了伟大的唐朝，国威声势重新得以张扬。唐朝初期，对于向西北进取等方面采取严格的退守政策。不过时间不长，便改而采取大规模的前进政策。于是，唐代的声威大振，其影响力超越以前的历朝历代。西突厥在中国纵横捭阖外交政策的强大攻势下，分崩离析，势力严重削弱。哈密、吐鲁番都先后脱离了西突厥的羁绊而归于唐朝。660年，最后的突厥势力被唐高宗彻底粉碎。此后，阿尔泰山一直到兴都库什山以外的广大地区都脱离了西突厥控制，转而归属唐朝。

中国从西突厥手中继承而来的这片土地，时过不久便被证明是动乱与衰败的源泉。中国派驻安西四镇的军队不仅要保护塔里木盆地的绿洲地带，还要兼顾天山北部的大片地方。天山北部是游牧部族最好的草场所在地。那时突厥人仍然时常飘忽往来于阿尔泰山与天山之间，唐朝军队因此常常遭受他们的侵扰。加上这时西藏（吐蕃）人已经急速发展成为新的军事集权制势力，来自他们的军事进攻成为唐朝更加严重的边陲威胁。

到了8世纪中叶，除了南面吐蕃人的军事压力之外，阿拉伯（大食）人的势力也不断东扩，并征服了阿姆河盆地。唐朝的西部边区又面临一种新的威胁。吐蕃人极力想与大食的阿拉伯人联手，以抵抗唐朝在西域的军事优势。他们突入印度河流

第二章　中国经营西域以及各种文明在西域的交融

域以后，横越现今的吉尔吉特（Gilgit）[①]和亚辛（Yasin）的兴都库什地方，进入阿姆河上游地域，从塔里木盆地的两翼向东扩张。吐蕃和大食的阿拉伯人的联合，严重威胁到唐朝在西域的统治地位。为了消除这种威胁，747年，中国大将高仙芝率军横越世界屋脊帕米尔高原，长途奔袭冰雪皑皑的兴都库什山达尔阔特（Darkot）[②]山口，一举击败吐蕃人的势力。关于高仙芝这次远征的惊人之举，我在本书第三章、第二十章中还要对中国人这次无与伦比的伟大功绩加以详细地叙述。这一军事壮举最能够证明，中国人具有一种超群的能力，那就是他们善于利用严密的组织来征服任何严酷的自然困境。

高仙芝将军的远征，虽然大大增强了中国的威望，但是由于突厥人的背叛，两年后（750年后）在塔什干（Tashkand）城附近与阿拉伯人的一次激战中却遭遇了惨败。此后，吐蕃人从南方向北进攻，占领了敦煌和南山山脉的一段地方，截断了塔里木盆地与中国内地的所有交通联系。然而，坚守塔里木盆地的中国驻军孤军奋战，继续维持唐朝统治达四十年之久。这是塔里木盆地历史上非常英勇壮烈的一章。

唐朝的统治退出之后，将近四百年的时间里，塔里木盆地都陷于其历史上最为混乱的时期。我们知道，吐蕃人在这里的统治不到一百年。在此之后，塔里木盆地西部的疏勒以及其他

[①] 唐代称为娑夷水。
[②] 唐代名为坦驹岭。

沙漠绿洲统归于突厥酋长统辖，伊斯兰教得以乘机传入。10世纪中叶以后，一方面由于伊斯兰教在这一地区的圣战，另一方面也在于伊斯兰教的强力宣传，佛教及其文化艺术逐渐衰落并最后消亡。

不过，在塔里木盆地东北部和天山东部的吐鲁番盆地一带，佛教仍然存在并得到继续传播。此外，由于回鹘酋长的保护，摩尼教和景教在那里也与佛教一同得到发展。这种情况的出现，不仅仅是由于当地回鹘酋长的远见卓识，也在于突厥部族对于先进文明超强的融合能力。现今的维吾尔语能够通行于塔里木盆地各处，其原因便在于此。不过，塔里木盆地大多数居民至今仍然保持着阿尔卑斯种型（Homo Alpinus）的特征。帕米尔高原山区居民所保持的上述特征尤为明显。西欧也有一些突厥部族，但其血统中的混杂成分极其微弱。

在10世纪到12世纪那种政治形势下，很难使人相信塔里木盆地还跟以前一样，仍然是西亚与中国文化交流的一个重要通道。从唐代衰微，宋朝继起，中国对于西域的政策虽非极端的退守，最多也只能算是消极的抵抗。

13世纪初期的二十多年间，在成吉思汗的带领下，蒙古势力突然兴起。于是，全部亚洲的政治形势都随之发生了重大变化。到1227年成吉思汗死于甘肃的时候，他已经把从黑海到黄河一带的所有地域都归于蒙古大汗的直接统治之下。成吉思汗去世以后，其势力继续奋斗了三十余年，直到将全部中国乃至整个亚洲完全归于蒙古王朝统治之下。于是，中国、近东以及

第二章 中国经营西域以及各种文明在西域的交融

欧洲的贸易通道又一次重新打开。

这一时期，天山南北各商道畅通了大约一个世纪以上。那时，欧洲前往遥远中国的使臣、商人以及旅行家络绎不绝。史料对于他们长途跋涉的经历都有记载，并流传至今。在这类记载之中，要论记述事实准确，表达文笔动人的，莫过于中世纪最伟大的旅行家马可·波罗那不朽的著作了。

马可·波罗到达中国时，正是蒙古忽必烈皇帝统治最昌盛的时期。马可·波罗亲历了忽必烈盛世。忽必烈死后不到一百年，蒙古内乱频仍，王朝因而倾覆。随后明朝代之而起。为防止蒙古人重新入关，明朝在甘肃西北一带采取退守政策，禁止贸易往来，安于现状，并怡然自足。

海上交通路线的开发始于中国。经过阿拉伯人的大力发展，到了葡萄牙人第一次远航到达印度时，海上交通已经变得十分重要。因此，古代中亚大通道对于西方贸易的重要性大大降低。到17世纪末，天山北部蒙古部族的准噶尔人兴起，迫使新兴气盛的清朝不得不再次进入亚洲腹地。大约在1755年之际，乾隆皇帝发兵大举讨伐，全部塔里木盆地及其北部的准噶尔部落又一次直接归于中国的统治之下。一如汉唐故事，原本纯粹的防御政策，实行的结果却使中国的势力扩展至广大的中亚、帕米尔和阿尔泰一带。

直到今日，中国内部虽然日渐衰弱，19世纪末西北回民也曾一度叛乱，然而中国对这些地方的统治依然如故。其原因就在于，历史上中国的西部边陲第一次与俄国等列强相邻，而这些国家能够强有力地辖制边民和禁止游牧部族随意迁徙。俄国人一度占领了肥沃的伊犁河谷，为1877年征服新疆的举动提供了便利。这一时期的最初十年间，塔里木盆地沦入无政府状态，而后又遭受来自中亚西部突厥地区浩罕的阿古柏的蹂躏。不过这些都未影响这一地区的大局。

天山同昆仑山之间的沙漠绿洲，现在已经不再是贸易大道的必经之地。仍然与张骞、马可·波罗时代一样，那片土地上那些勇敢坚忍地贩运货物的骆驼是主要的运输工具，至今还没有汽车和火车来替代它们。作为曾经是中亚列强之一的中国，它的历史影响仍然足以保持那片土地的和平。近年来，俄属突厥地区连续发生暴乱并因此而遭受痛苦。至于中国以后能否避免，还需要看将来的形势发展。

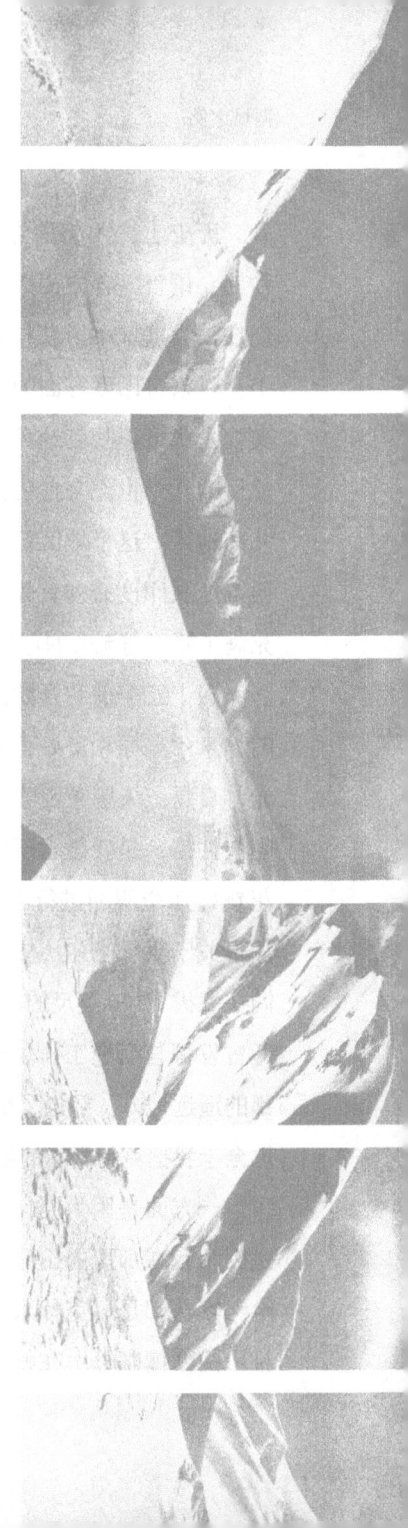

第三章 翻越兴都库什山前往帕米尔高原和昆仑山

历史上，尤其是佛教时期，中国新疆地区是文化、宗教、种族、语言等各方面人类文明成果会合的场所。这一点，从我们在沙漠遗址中所获得的各类文物中可以得到确切的说明。其中，以来自印度方面的文化影响更为明显，几乎在所有的出土文物上都可以找到这种影响的痕迹。而这些影响，正是在公元前后的几个世纪来自佛法兴盛之地和佛教传播大本营的印度西北部地区。这个地区位于印度与伊朗最东部的接壤地带，古代西方征服印度必须首先取得这里。我在很小的时候，就对这里充满了好奇与无穷的遐想。

四十五年前我开始为印度政府服务的时候，吸引人们关注的帕米尔高原和美好得犹如阿尔卑斯山一样的克什米尔自然风光，真是上天赐予我生命中最特别的恩惠。那里最适合我的兴趣与性格，是我学术研究与工作的最初场所。在那里，我曾经花费好几个假期进行考察旅行，并根据古代梵文文献的记载，从事关于克什米尔历史问题的考证和研究。后来我花了很长时间在海拔1 100英尺的高山上安营扎寨，风餐露宿，从事艰苦的考古发掘与研究工作。再后来，我的学术兴趣被吸引转向更北部的遥远地方。经过了很多年这种平和而与世隔绝的高山生活，以至于我把克什米尔的帐篷竟真正当作了自己的家。

一方面是因为克什米尔的地理位置与历史地位，另一方面是因为我在那里的山区长期居住过，所以我所有的中亚腹地探险考察队都是以克什米尔为出发地的。兴都库什高山是喜马拉雅山的西侧部分。在帕米尔高原上，印度河河谷与中国新疆的

第三章　翻越兴都库什山前往帕米尔高原和昆仑山

西南部边地在那里分野。每次探险考察，只要有机会，我都想尝试能否在那一带找出一条新的交通路线。三次探险旅行都经过荒凉而伟大的喜马拉雅山西部，给我留下了一生中最动人的回忆。

1900年开始的第一次探险考察，从克什米尔前往中国领土，我选择的是经过吉尔吉特（Gilgit）和洪扎（Hunza）的那条道路。洪扎是一条山路，自然景观极为壮丽（图3-1）。1891年洪扎和纳格尔（Nagar）的酋长归顺英国。从此以后，这里才为世人所知。为了沟通吉尔吉特，以及为了给驻扎在那里的一小队大英帝国的军队提供方便，当地在那里修建了一条很好的驴道。1913年第三次探险考察时，我又取道于此，并考察了欧洲人从未涉足过的达勒尔（Darel）与丹吉尔（Tangir）两处山地，然后取道塔格敦巴什帕米尔（Taghdum-bash Pamir），沿着冰雪皑皑的山路进入中国境内。我个人认为，在历史问题之外，最富于地理学和人种学（体质人类学）意义的道路，就是1906年第二次探险考察时我所选择的路线。所以，这里就先介绍这条道路，以提高读者对于我中亚探险考察之行的兴趣。

由于政治原因，这条道路平常是不对欧洲旅行者开放的。我从印度西北边区白沙瓦（Peshawar）县出发，取道斯瓦特（Swat）与迪尔（Dir）的土著部落，进入吉德拉尔（Chitral）的达尔德（Dard）一带。从阿姆河上游阿富汗属帕米尔高原可以横越巴罗吉尔（Baroghil）山口。我那敬爱的已经去世的前上司丁诺大佐（Coloner Sir Harold Deane）当时是西北省（North-

图3-1 洪扎之地巴勒提特的米尔城堡和乌勒塔尔河谷上方的雪岭冰峰

第三章 翻越兴都库什山前往帕米尔高原和昆仑山

Mest Frantier Proyince）的省长（Commissioner），他也十分赞同和支持我的计划。恰好当时的政治气氛也祥和适宜。承蒙阿富汗已故国王埃米尔·哈比布拉（Amir Habibullah）的恩准，我得以迅速通过阿富汗那些从来不允许外人进入的地方。这一点，完全出乎我的意料。

4月份是可以从南向北横越雪岭的最早时间，因而我的小队人马便抓紧时间开始行动了。我所主持的前三次探险队的成员中只有印度助手。印度测量局对于我要进行的地形测量工作，自始至终给予全力支持，每次都派出他们最优秀的本土测绘调查员随行。像拉伊·拉姆·辛格（Rai Ram Singh）就曾参加过我的第一次探险队。奈克·拉姆·辛格（Naik Ram Singh）是孟加拉皇家工兵队第一队的伍长，接受过十分严格的专业训练，考察过程中对我的帮助很大。乔斯范特·辛格（Josvant Singh）是来自康格拉（Kangra）的拉贾普特人（Rajput），在我的各次探险考察活动中，自始至终都给调查员当厨子。我十分乐意我的队伍中永远有这样一位诚实可靠而又态度温和的印度随从帮忙。可惜的是，他的出身过于高贵，不允许他为欧洲人服役。至于我自己的厨子，只好另外找了一位印度的伊斯兰教徒。此人的烹调技术和个人品性与乔斯范特相比就未免逊色多了。

前面，我之所以喋喋不休地讲了许多，那是因为几次探险考察队伍的人员组成（图3-2）都没有大的变化，故一次介绍到位。在中国境内，为了在许可范围内进行正常工作，并为了组织深入沙漠考古的运输队伍，自然得另外雇用维吾尔人的骆驼、

图3-2 第二次探险期间我与旅伴在策勒北部沙漠中的合影
（注释：左起坐者依次为蒋师爷、我与爱犬达什、拉尔·辛格，站立者依次为伊布拉音伯克、贾斯旺·辛格、奈克·拉姆·辛格。）

马匹以及驮夫。在这些当地人中，我也找到了一些可靠的人。对于我那些考察设备，诸如科学仪器、照相机、玻璃片，以及足够两年以上工作需要的必备用品而言，出发时能够找到14头骡子来驮运，实属难能可贵。

4月27日，我们在马拉坎特（Malakand）山口，从保护斯瓦特河谷的碉堡出发（图3-3）。自从1895年通往吉德拉尔的军用道路开通以后，马拉坎特及其附近的山谷便成为当地部族激战的战场。我的探险旅程不仅要前往遥远的地方，并且也要追溯很久以前的古老年代，所以以此为出发地非常适宜。2 200年

第三章　翻越兴都库什山前往帕米尔高原和昆仑山

图 3-3　从马拉坎特城堡北望斯瓦特河谷

前，亚历山大和他的马其顿人就是以此地为第一阶梯，进而深入南下征服印度。这里还有一些代表古代文明的残破佛寺遗迹，并发现有铸刻着希腊人物形象的古钱币。这些佛教寺院走向衰亡，一定是钱币上的人物不再领有这方土地和不能够为佛教继续提供保护之后才发生的。

5月3日，我们到达洛瓦雷（Lowarai）山口附近的可怕山谷。这里的海拔高度在10 200英尺以上（图3-4）。天未破晓，我们便走进深邃险峻的峡谷。峡谷里塞满了因雪崩而坍塌下来的积雪。有一些可以明显地看出是新近才坍塌下来的。出发前，当地人警告我们说，目前向北部行进很危险。现在看来绝非恫吓之语。为了运送我们的行李，不得已又多雇用了50多个当地土著人，分成几个小队，分批分拨地行进，以求最大限度

图3-4 从南向北行进在洛瓦雷峡谷

地减少危险。安全地渡过这一难关之后,我们得以迅速通过深削的吉德拉尔山谷到达德罗什(Drosh)戍堡。德罗什戍堡是在印度的英国驻军最北部的哨所。从这里前行,有两条很长的道路。白雪皑皑的提里奇米尔(Tirichmir)山峰海拔高度大约在25 000英尺以上,已经遥遥在望。随后,我们很快便到达吉德拉尔首府,这是一块被迂回曲折的群山环绕的小小荒漠绿洲。

在当地,我们停留了几天,进行人类学方面的调查。吉德拉尔的土著居民是达德部族很重要的一个分支。他们的古老历史以及种族和语言方面的相似性,引起了我特别的兴趣。阿契美尼亚帝国(Achaemenaean Empire)时期,科特西亚斯(Ktesias)便已经知道这一带山谷中有这样一个历史上遗留下来的古老种族。但是由于吉德拉尔山过于高峻,一直深深地庇护

第三章 翻越兴都库什山前往帕米尔高原和昆仑山

着他们，才使其得以存在至今。正因为如此，我也才得以在这里进行真正意义上的人类学测量。这些人与兴都库什山另外一侧的那些操伊朗语的山民，以及卡菲尔斯坦（Kafiristan）那些纯朴野蛮的亡命者一样，都是卡菲尔部落的最后一点残余。也正是得益于高山深谷的庇护，数百年来才能够抵御来自阿富汗方面的征服和避免被强制改信伊斯兰教。

吉德拉尔及其周边的一些山谷，由于仍然保留了许多非常古老的风俗、习惯、工艺，以至于房屋建筑的形式等都很古老，所以是研究古代印度文明的理想之地。但是迫于考察任务的压力，我努力控制住难以割舍的心情，继续向阿姆河和世界屋脊方向前进。尽管是匆匆忙忙上行至亚尔浑（Yarkhun）河和玛斯杜杰（Mastuj）河河谷，我还是抽出时间考察了当地一些有趣的佛教石刻和伊斯兰教传入以前的军事堡垒遗迹。有一种奇怪的现象是，当地所有与历史相关的传说，都把一些时代较晚的遗迹同朦胧不清的中国人入主时期联系起来。在前面的章节我曾说到，唐代中国的势力曾横越帕米尔高原，甚至一度短时间地向南扩张至兴都库什山以南地区。就此而言，对于现在这种在被群山四面包围几乎与世隔绝的环境所保存下来的传说，应当给予特别的重视。

中国正史的有关记载，一向被我当作古代中亚历史与地理方面的指导性资料。非常有趣的是，时过不久，这些记载的正确性就得到了进一步证实。前面我曾介绍，747 年，中国大将高仙芝率领大军进入当时被吐蕃人占领的亚辛和吉尔吉特两个地

A

区。早在若干年以前，我就阅读过中国古代史籍关于这方面情况的翻译材料。那时我曾断定，高仙芝及其一万多人的大军从疏勒①出发以后，横越帕米尔高原所走过的道路，应该是巴洛基尔（Baroghil）和达尔阔特（Darkot）这两个山口。事实上，从阿姆河上游山谷经过巴洛基尔进入玛斯杜杰（Mastuj）河源头河谷，再从那里前往亚辛，也只有冰川遍布通行艰难的达尔阔特山口是唯一可行的通道。

　　曾经发生过这样伟大历史事件的交通路线，当然有必要进行实地考察。对于任何军事行动而言，帕米尔高原与兴都库什山都是一个非常可怕的天然障碍。人员众多的军队如此有组织地越过此地，有史以来，恐怕要以高仙芝他们为首例。高山耸峙，缺少最基本的给养，其困难程度难于想象。在这种情况下，

---

① 今喀什。

　　　　C　　　　　　　　　　　　　　　　　　D
图3-5　从达尔阔特山口远望由北向南延伸的巨大冰川

唐朝军队是如何坚持下来的？即使仅仅是以上情况之中的任何一个，便足以难倒现代军队的任何参谋本部。

5月17日，本着验证历史的目的，我们登上了海拔15 400英尺的达尔阔特山口。登山的过程说明，这是一种十分冒险的事。山岭上，从北向南有一条长达几英里的巨大冰川延伸而来（图3-5）。在这个季节，山上积雪很深，雪层下面隐藏着许多冰川裂隙，危险时时存在。经过九个多小时的挣扎，我们才最终到达山口顶部。即使是我们的向导——强壮的玛斯杜杰人和瓦罕人（Wakhi），他们也一直坚持认为，在这样早的季节是不可能翻越这些山口的。这次登山的经历，以及后来翻越巴洛吉尔到达阿姆河流域的考察过程，都充分说明中国官方对于这支伟大的远征军的所有记载，尤其是在地形方面，连一些细节都非常准确。

当我站在积雪闪亮的山顶，顺着陡峭的山坡俯视6 000英尺以下的亚辛（Yasin）河谷，才真切地体会到高仙芝的大智大勇。他的士兵起初一定是极不情愿地被迫前进。后来则因为进入绝地，不得已只有挣扎着努力前行。这些士兵的统帅对于前方路途的险恶情况恐怕早就了然于胸，因此他十分聪明谨慎地安排行军计划，鼓励士兵们义无反顾地开进前方深邃的峡谷。大队人马越过这道天险，突然出现在亚辛占领军的面前，大大出乎敌人的预料，使其狼狈不堪，从而导致唐军取得完全胜利。至于高仙芝所使用的军事战略，是另外的问题，这里我们暂且搁置不谈。当时我感觉非常可惜的是，这位勇敢的中国将军竟然没有在险峻的达尔阔特山口建立纪念碑之类的东西来记录这一伟大的壮举。就高仙芝部队所遭遇的困难而言，横越达尔阔特以及帕米尔高原其他险峻山口要隘的困难程度，要远远超过欧洲历史上从汉尼拔（Hannibal）一直到拿破仑（Napoleon）和苏沃洛夫（Suvorow）等著名将领率领军队翻越阿尔卑斯山。

两天后，我们翻越兴都库什山主峰，到达帕米尔高原最低处的巴洛吉尔。巴洛吉尔的海拔高度为12 400英尺左右。我们到来的这一年，这里的雪下得非常大，使本来很容易通过的山口因积雪拥塞而变得难于通行。如果没有阿富汗政府的大力援助，我们的辎重根本无法通过。

现在我终于能够站立在阿姆河源头河谷了。从阿姆河源头顺流而下，便是我自幼渴望接近的古代大夏人的活动区域。今天，我来到这里，不禁百感交集。以前我曾经多次努力接近它，但是每次都以失败告终。今天，不利的政治形势依然如故，但

第三章　翻越兴都库什山前往帕米尔高原和昆仑山

是由于得到阿富汗国王（即埃米尔）的支持，在给养极度缺乏的瓦罕（Wakhan）地区，我们从帕米尔向东进入中国的行程却得到了充足的供应。

沙尔哈德（Sarhad）是阿姆河流域地势最高的一个村落，历史悠久。在这里，我们受到十分热情友好的接待。阿姆河流域阿富汗边防军指挥官什林迪尔汗（Shirindil Khan）受命带领士兵来这里护卫我们。什林迪尔汗是一位可爱的老战士，在伟大的阿富汗国王埃米尔·阿卜杜拉曼（Amir Abdurahman）即位前后的纷乱战火中，他曾身经百战。他极为熟悉巴达赫尚（Badakhshan）地区，说起这里的民族、历史、文化、古迹等便兴致盎然，话语如同泉涌一般滔滔不绝。听这位温文尔雅的老兵讲述，他是少年从军。在伊萨汗（Isa khan）大动乱时期，以及后来阿卜杜拉曼时期，戎马倥偬，于中亚各地的纷飞战火中据鞍顾盼、雄姿英发，最终帮助国王平定叛乱恢复秩序。听他讲述这些往事，我的思绪也随之飘往阿富汗往昔的历史烟尘中，多么想留在阿姆河流域，收集和发现更多鲜活的历史记载与传说。可是我的探险队已经面临十分严重的困难。由于阿富汗方面派遣的护卫队随同我们一起驻扎在这里，而瓦罕民间的粮草有限，使得给养供应问题日益严重。当地老乡不断找我诉苦。不得已，我只好带领队伍起程前行。

沿着阿姆河谷向上行进的头两站路程十分危险。这里的道路，冬天因为河水冰冻溢出而寸步难行，夏天则又因积雪壅塞而令人头痛。好在我们雇用的巴达赫尚当地小马十分适应环境。

尽管情形紧张得让人忧心忡忡，但它们依旧沿着这陡峭的悬崖绝壁，上下攀援，蜿蜒行进。在这个过程中，多亏阿富汗护卫队士兵的多方看护，我的行李、辎重等物资才没有掉落到波涛汹涌的激流中。

由于天气非常寒冷，我们在波扎伊拱拜孜（Bozai gumbaz）的柯尔克孜人帐篷里留宿了一晚。利用停留的一天时间，我顺便考察了小帕米尔湖（Little Pamir Lake）。这个湖泊位于高原上荒凉的山谷中，海拔13 000英尺，成为世界屋脊上诸多奇妙景观中的一个。这个山谷地势较为平缓，积雪甚多，看上去好似一座山脉，恰好成为大、小帕米尔湖的分界线。我很清楚地分辨出，翻越这里就应该是那条穿越世界屋脊的道路。这条道路曾因马可·波罗生动形象的描述而声名远播。十几个世纪以前，我平生视为佛教护法圣人的伟大的中国旅行家——玄奘从印度求法归来，就曾经走过此路。马可·波罗之后，第一个到过帕米尔大湖的欧洲人是伍德中尉（Captain Wood）。他于1838年来到这里。而我，则是在他之后九年才走上这条历史悠久的道路。

在阿姆河干流喷赤河（Ab-i-Panja R.）上游，我们沿着瓦罕走廊山口（Wakhjir）的一条古道行进。山路两边都是冰川。克尊勋爵（Lord Curzon）认为这里是阿姆河源头。经我实地考察，证明这一观点十分正确。我们花费了一整天时间才艰难地越过这里。走过山口，就意味着我们已经越过中国与阿富汗的边界线，进入中国了。正式出发是中午以前三小时。为了防备运送辎重的瓦罕人和柯尔克孜人中途逃跑，护送我们的阿富汗卫队

第三章　翻越兴都库什山前往帕米尔高原和昆仑山

一直驻扎在山脚下等待我们越过边界。这个时间，瓦罕山谷的积雪仍然很厚（图3-6）。上午气温虽说低达华氏25度，可是积雪却非常松软，以至于我们不得不卸去柯尔克孜人强壮的雪域之舟——牦牛的所有负重，任其自行跟在队伍之后。在这个过程中，最让人担心的是阿富汗护卫队士兵，他们强逼瓦罕人和柯尔克孜人拼命挣扎着把我们的辎重运过山口（图3-7）。尽管有阿富汗卫队协助，等到我们全部进入中国的第一站，找到一片干爽地方和一些燃料准备宿营时，已经是深更半夜了。

塔格敦巴什帕米尔（Taghdum-bash Pamir）山顶是我1900年第一次踏上中国领土的地方。如今我又一次来到了这里。离开高峻的山顶，沿着陡峭的山路走下来，听山谷中游牧的萨尔库勒人（Sarikolis）①说，当地的冬季长达10个月，夏季仅有两个月。642年，玄奘久居印度返回中国时，也曾经走过这里。以前我曾经追寻玄奘的足迹参拜过许多佛教圣迹，现在仍然是沿着他的足迹行进，只不过是更加向东了而已。

在下山的路途中，根据当地人的介绍，我找到了一个废弃已久的石堡。这让我欣喜不已。当地流传着一个奇怪的传说。古代有一位王室公主从中国前往波斯，路过此地，特建此堡以保平安。在一个陡峭荒凉的山岭上，我找到了那个传说中的堡垒。堡垒屹立在塔格敦巴什河一条幽暗深邃的河谷边。当地人现在称其为克孜库尔干（Kiz Kurghan），意思是公主堡。公主堡在玄奘时

---

① 即今新疆的塔什库尔干人。

图3-6 瓦罕吉里山谷中的阿姆河上游冰川

图3-7 正在准备渡过阿姆河支流的阿富汗卫队及辎重
(注释：图中人物最右侧是什林迪尔汗大佐。)

第三章 翻越兴都库什山前往帕米尔高原和昆仑山

代就已经废弃了很长时间。但是由于当地气候干燥，为城堡提供保护的城墙现在仍然清晰可辨（图3-8）。城墙用土坯和松树枝条相间垒砌而成。这种建筑方法，与由此往东所有公元前2世纪前后的汉代长城及其边防军事建筑是完全一致的。

到达萨尔库勒首府塔什库尔干（Tash-kurghan）[1]，我又再次探访塔什库尔干古城（图3-9）。古城位于大片河谷草甸边的一处台地上，四周城墙用石块砌筑而成。城中央的堡垒建筑已经倒塌废弃，但还有人居住。古城已变成一个极小的村落。离开塔什库尔干，向东北方向行进，越过海拔15 000英尺的齐齐克里克一带，沿途经过慕士塔格（Muztagh-ata）[2]大山，以及众多较小的山岭，便可到达喀什（Kashghar）[3]。为了赶路，我们全然不顾沿途因冰雪融化河水暴涨而导致的洪水威胁，以六天走完180英里的急行军速度前进。路途中，我抓紧一切时间进行地理学和考古学方面的考察，最终确认我们所走的路线完全与我最为敬仰的先贤——中国佛教护法圣人玄奘当年所走的路线并无二致。

到了喀什，我以客人的身份居住在我的老朋友——英国驻喀什代表乔治·迈克特尼先生（Mr. George Macartney）[4]家里。在喀什，我终日忙于组织我的探险考察队，深陷在购买驮马、骆驼等繁杂事务中。因为有马继业先生的帮助，有时候甚至完

---

[1] 古蒲犁。
[2] 即帕米尔高原的冰山之父，也作慕士塔格阿塔或穆孜塔格阿塔。
[3] 古疏勒。
[4] 中文名字为马继业，新近晋升为爵士。

图3-8 公主堡西南侧的城墙遗迹

图3-9 耸立在河岸边的塔什库尔干中国古堡

第三章　翻越兴都库什山前往帕米尔高原和昆仑山

全仰仗他个人的力量，才使得新疆省政府善意地看待我的探险考察活动，并最终得到允许。不过马继业先生对我最为重要的帮助，是介绍一位名叫蒋师爷[①]的中国人做我的中文秘书（图3-10）。我学习在中国新疆南部通行的维吾尔语一点也不困难，但苦于没有充足的闲暇时间来学习新疆官方使用的中文。

图 3-10　摄于第二次探险期间的我的中文秘书蒋师爷

---

① 全名为蒋孝琬。

蒋师爷不仅是一位很好的知识分子和秘书，而且在我的个人学术兴趣方面，也是一位不畏艰难且十分可靠的助手。这一点，对于我的探险考察工作而言极为重要。我粗略地跟蒋师爷学会说一些中国话之后（让我非常懊悔的是，后来发现学到的只是一些很麻烦的湖南官话），便开始了我们的合作。在以后漫长而艰苦的旅程中，无论情形如何艰难，他那永远乐观的伙伴态度，常常使我疲惫的精神为之振奋。受过教育的中国人都有天生的历史兴趣。我们所从事的探险考察工作，对于他而言简直如鱼得水。蒋师爷身材瘦长，是那种养尊处优且一生不离衙门工作的秀才。对于荒野中的考古生活，他虽然一直觉得苦不堪言，但能够怡然接受。这常常让我惊叹不已。另一方面，凡是我们在绿洲地带接受中国官员的款待，他对于所有美好的事物又总有十分敏锐的鉴赏能力。蒋师爷十分健谈，他诙谐的谈吐，每每能振奋全队人员的精神。令人痛惜不已的是，这样一位我多年来渴望永远拥有的精明能干而又忠实的中国同伴，现在竟然永远离开了尘世。

6月23日，从喀什出发前往我的目的地和田。此行向东南沿商道要走14天。和田是塔克拉玛干沙漠南部一个最重要的绿洲。有史以来，和田的自然环境可能没有什么大的变化。第一次在和田进行探险考察，我就在它东北方遥远的沙漠深处发现了一个遗址，并在其中找到了很多佛教时期的珍贵文物。我肯定，在那些地方依然有很多十分有趣的考古工作可以去做。那里有无穷无尽的资料尚待发掘。从那以后，我一直渴望再次重

第三章 翻越兴都库什山前往帕米尔高原和昆仑山

返那里，做一次更大规模的考古发掘工作。但由于夏季的沙漠酷热难当，遗址的发掘工作必须得在9月以后才能进行，所以9月份之前我只好把考察的注意力转向地理和其他方面。

我在繁荣兴盛的莎车停留了几天。塔里木河[1]从群山中奔腾而出，流到莎车，充分地发挥出河水的灌溉效用。关于这里的各种资料以及文献记载，我在第一次探险考察的详细报告《古代和田》中已经加以详尽的介绍，这里就不再多说了。离开莎车向南，我继续转向昆仑山行进。不久，当我们在一小片沙漠绿洲科克亚（Kok Yar）忙碌地工作时，我已经收集到大量关于那些鲜为人知的巴克波人（Bakhpo，图3-11）的体质人类学测量资料。我们使用的测量和照相器材对人完全无害。然而巴克波人却以为要摄取他们的性命，于是纷纷从自己栖身的高山河谷中惊慌失措地四散逃亡。虽然经历了一阵混乱，不过我们的测量工作终于取得了出乎意料的成果。根据收集到的测量材料，这个小聚落的人们虽然像塔里木盆地其他绿洲居民一样说维吾尔语，但是由于他们生活在深山之中，所处环境与四周隔离，相对封闭，所以仍然保留着显著的欧罗巴人阿尔卑斯种型的体格特征。这个群落所代表的人种，在古代很可能广泛分布在和田及其以东的塔克拉玛干盆地南缘一带。有证据表明，就像现在阿姆河上游瓦罕[2]、苏格尼斯（Shughnis）[3]等地所使用的语言

---

[1] 这里应该是塔里木河的主要支流之一叶尔羌河。
[2] 古护密。
[3] 古识匿。

图3-11 科克亚的巴克波人

一样,他们原来使用的语言应该是东伊朗语。根据我们在和田沙漠遗址中发掘的文书材料来看,古代和田使用的语言也属于这个语系。

我们取道昆仑山边缘的一条小路进山,进行地理测量。直到7月底,我才最终到达和田。五年前,我进行第一次探险考察时,就以和田绿洲作为我最喜爱的考古基地。此次故地重游,倍感欣慰。再者,让人感到快慰的是,还有当地的维吾尔族绅士,以及早就认识的侨居此间的阿富汗商人朋友,以及当地维吾尔人称为按办(Amban)的中国官员所给予我的欢

第三章　翻越兴都库什山前往帕米尔高原和昆仑山

迎。由于得到中国官员十分热情的帮助，此后的四个星期，我得以迅速出发，去做我感兴趣的事情，完成我1900年在和田南部昆仑山脉高海拔地区的剩余调查工作，即对和田两大河流之一的玉龙喀什河源头冰川做更为详细的地形学方面的考察与测绘。

我沿着1900年考察时发现的一条道路上行，不断翻越那些崎岖陡峭的山岭，于8月中旬到了尼萨村（Nissa）。到达之后，我马上开始测绘从昆仑山分水岭上延伸下来的大冰川地图。这里气候极为寒冷，岩石风化的现象随处皆是，十分显著。为了建立测量基点，我们爬上了险峻峭壁的顶端。这里如同出自帝坦（Titans）[①]之手，大多由巨大的石块堆积而成。山岭从14 000英尺以上变得极为单一，全是巨大的石块。山岭上滚落下来的巨大石块几乎覆盖了山谷中的整个冰川。冰川上覆盖的岩石层中夹杂有黑色的冰河砾石。远远望去，山谷的开阔地带犹如突然凝固的巨大黑暗波涛，让人感到惊心动魄。从冰瀑、冰川断裂塌陷形成的巨大窟窿等可以看出，这些巨大的岩石堆在以极为缓慢的速度稳定地前进。这些地方显露出来的冰面几乎也完全是黑色的。在奥特鲁兀勒（Otrughul）冰川（图3-12）考察时，我曾经在极端困难的情况下，从冰川口向上一直爬到海拔16 000英尺的高处，观察从远处海拔23 000英尺左右的雪峰上延伸下来的明亮的冰雪带。而远处的雪峰却永远只能可望而不

---

① 希腊神话中的巨人。

可及了。

两年后，我乘考察西藏西北荒凉高原的机会，爬上这座雪峰的一个侧面，从高达 20 000 英尺左右的分水岭上遥望这个大冰川的冰河河床。至于我是如何经历各种周折爬过冰隙丛生的冰川登上那座雪峰侧面（图 3-13），以及怎样在那里冻掉足趾，则是另外一件事，在此不作赘述。

根据前一章所讲过的理论，冰河时代末期遗留下来的这些冰河化石遗存近几千年来在不断地消逝，使得这一地区所有依

图3-12 尼萨河流域上游奥特鲁兀勒冰川的尽头

赖冰川融水为基本水量的河流流量逐年减少。假如这就是依靠这些河水灌溉的绿洲地带耕地减少的主要原因，那么，很可能正是昆仑山上覆盖各大冰川的岩石堆积，对这一地区整体水量的减少产生了较大的影响。

在海拔13 000英尺的高处，即我们所在的喀什库勒（Kashkul）冰川下方约3英里距离处的尼萨村（图3-14），可以非常清楚地看见巨大的冰川砾石堆积。不知道从何时开始，由于十分严重的尘降，在这些远古时期就已经存在的冰川砾石上

东		东南		南

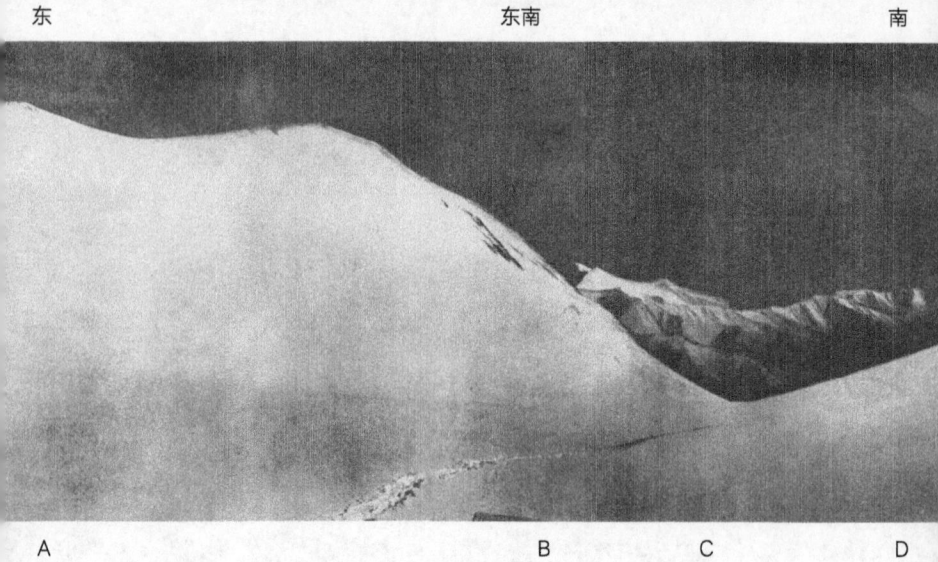

A	B	C	D

图 3-14 位于白玉河上游支流尼萨河源头的尼萨村

064

西南　　　　　　　　　　　西

　　　　　　　　E　　　　　　　　　　　F

图3-13　喀拉喀什河谷以北昆仑山分水岭主脉全景

（注释：A.海拔23 071英尺；B.英吉达坂；C.通向藏北高原盐湖；D.喀拉喀什河源自此山南部。E.由此可以俯视向北延伸的冰川；F.此处为海拔超过2 100英尺的分水岭山口。）

又堆积起一层很厚的黄土。这种尘降，就是我们经常看到的，每当被风吹起，便从沙漠地带飘来的那些沙尘。这里，只有在海拔12 500到13 000英尺的高度，水分挥发才比昆仑山其他地方多些，生长一些青草和只有很少一点花朵的高山植物，给人耳目一新的感觉。从这个高度向下，山谷中的荒凉气氛大增，根本没有植被覆盖。这也告诉我们，这里的自然风化速度很快。昆仑山边缘那些锯齿形的险峻山岭和幽深的峡谷形态，完全是自然风蚀作用所致。它们明确地向我们展示着全部的风化进程。

　　在古代历史上的某一个非常时期，越过昆仑山主脉，曾有一条道路通往印度的拉达克和青藏高原。我们寻找这条古道所遭遇的困难，以前我也曾在其他地方说过。这里再强调一下，所有的困难完全由于自然环境险恶所致。在这片寂寞荒凉的大山深处，仅有的居民就是那些半游牧的山民，以及从和田绿洲放逐到这里的那些重刑囚犯（图3-15）。虽然总人数还不到200人，而他们妨碍我们行程的作用却完全不亚于这里恶劣的自然环境。因此，人们称这里为喀让古塔格（Karanghutage），意思是黑盲山，看来还是很有见地的。

图3-15 来自和田的放逐罪人和喀让古塔格的塔格里克山民

第四章 沙漠遗址的首次发掘

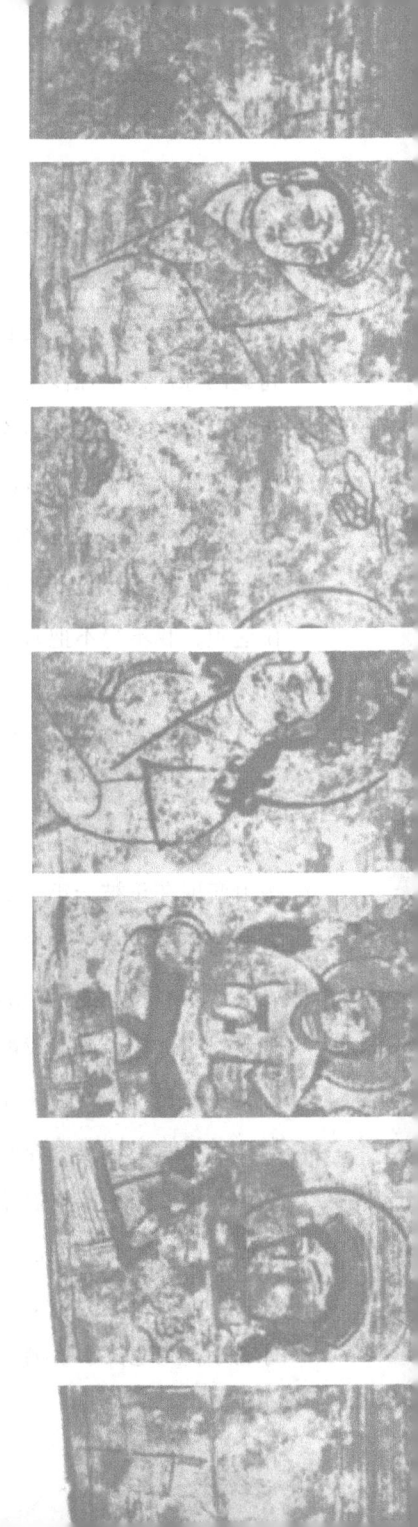

由于昆仑山深处极度荒凉，人类无法生存，所以没有机会留下历史的痕迹。我在和田南部的大山中进行了几个星期紧张的地理考察后，一到适宜进入沙漠工作的季节，我马上抓紧时间返回绿洲，前往沙漠去发掘那些沙埋的遗址。1900年12月，我的探险考察队第一次到达和田绿洲，并由此向北进入沙漠，从而使我得到了发掘沙漠遗址这种工作的最初经验。那次考察活动以及考古发掘中的惊人发现，令人见识大增。时至今日，那时所发生的一切仍然历历在目，鲜明地存在于我的记忆中。在这里，我不得不把时间推后一步，要求读者先听我介绍第一次探险考察的情况。

前几个星期都花费在和田绿洲。那时的此地虽然富饶肥沃，但是感觉上还是荒凉落后了许多。昆仑山的前山地带离和田很近。喀喇喀什河同玉龙喀什河两条河都发源于其间。不过，这些山峦现在正被一年一次的特大沙尘暴所遮蔽。所有果园、葡萄园的那些灰色枝叶被暴风一扫而光。肥沃的绿洲平原上满是英国秋天那种烟雾弥漫的景象。玄奘到达和田以后所曾到过并有记载的佛教圣迹，我都能够——考证查找出来。做这种追寻玄奘足迹的事情使我很满足。绿洲地区经过几百年的垦殖灌溉，当年的土坯建筑理所当然地都已倾颓，变作一些不成型的低矮土堆。但是传说依然存在。这说明后来成为伊斯兰教圣墓（Ziarat）的原佛教寺院所在地，最初肯定存在一种本地宗教。

和田古都城遗址，可以确定在今日名叫约特干（Yotkan）的地方。此地位于喀喇喀什和玉龙喀什两河之间，在现在的和

第四章 沙漠遗址的首次发掘

田城西南面大约7英里。找宝的当地乡民已经挖掘此地有35年之久，他们在很深的洪积地层下发现了掩埋着的历史久远的文化层。奇怪的是，以前先民挖掘的目的在于寻找金叶子。很可能以前某一个时期人们曾在此地发现过数量不菲的金叶子。根据一位古代中国僧人来到此地之后所做的记载，和田都城不仅是佛像，连佛教建筑物上面也都贴有金叶子，近年来挖掘出来的带有浮雕塑像的陶片、陶质塑像（大多数为猴形）、雕刻的石器以及钱币也都成为可以出卖的商品了（图4-1）。

收集这些零碎的出土文物，并通过这些文物考证这个奇异遗址的性质固然十分有趣，但更为可喜的是，在此期间我已经准备好了粮食和各种必需的材料、设备，并于12月7日那样一个清冷有雾的天气出发，前往沙漠深处，准备在那里过我的第一个冬季营地生活了。沿玉龙喀什河向北行进，经过三个空无一人的寂寞的渡口，曲折穿行在高大的沙丘之间，最后我们来到了北部最后一个突入沙漠的小绿洲塔瓦克勒（Tawakkel）。和田的印度商人头领（Aksakal）——永远乐意帮助我的老朋友巴鲁丁汗（Baruddin-Khan），曾经雇用一位名叫吐尔地（Turdi）的有经验的找宝人去寻找古物。我现在雇用他作为向导，带领我前往东北方向60英里以外的沙漠遗址。吐尔地与其他一些人同属于一个名声不太好的找宝小团体，他们以在沙漠深处一个名叫象牙房子的丹丹乌里克（Dandan-Oilik）地方寻找宝物为职业。

在塔瓦克勒，我另外还雇了两个当地的猎户帮助我们进行沙漠旅行。他们俩一个名叫阿合买提·麦尔根（Ahmad Merghen），

西域之路

图4-1 发现于约特干的陶塑残片

第四章 沙漠遗址的首次发掘

图 4-2 我的老朋友阿克苏道台潘大人

另一个叫卡斯木·阿洪（Kasim Akhun）。若干年前赫定博士（Dr. Hedin）曾经短时间考察过丹丹乌里克遗址，并从那里前往克里雅河（Keriya-Darya）。当时就是请这两个人作向导。他们人很好，惯于沙漠游猎，极为吃苦耐劳。在准备出发时，他们就发挥了很大的作用，帮我召集了30多个民工一同前往沙漠遗址，用作发掘劳力。当地乡民由于对沙漠传说的迷信和畏惧，以及不愿意忍受冬季沙漠中的严寒，都不情愿冒险跟随我进入沙漠。尽管我的佣工价钱出得极高，同时还加上在后来的几次旅行中一直对我很好并很有学问的和田按办潘大人（图4-2）严令催逼，却并不见显著效果。最终还是得益于这两个人对乡民所做的鼓励与劝诱工作，才使得招募民工的困难任务得以完成。

我自己有7峰骆驼，又雇用了当地12头驴，用以驮运全队的行李和为四个星期时间准备的粮食。驴的好处在于只需要很少一点食料。而骆驼所需更少，只是一点菜籽油而已。菜籽油对于维持骆驼体力具有奇妙的效用。在沙漠中行走数天，无水无草，只需要在第二天早晨给骆驼喂食一些菜籽油，便能够继续沙漠旅行。现在，我们前面一段时间骑乘的马匹已无用武之地，全部送回了和田。所有的人一律步行前进。

12月12日，我带着最基本的考察用具和仓促间招募来的民工出发了。塔瓦克勒村几乎有一半以上的人都跑出来看我们启程。两天前，我已经派遣那两个猎户中名叫卡斯木的带领一小队人马先行进入沙漠，沿途在可以宿营搭建帐篷的地方挖好水井，为我们后续大队人马所用。他们走过留下的脚印则成为我们的路标。

刚进入沙漠，所见到的红柳和芦苇丛都生长得相当茂盛。第二程开始便逐渐稀疏减少，以至于连一棵胡杨树都看不见了。好在每隔不远的距离就会出现一些圆锥形的沙丘——红柳包，上面生长有茂密的红柳树丛。红柳包中枯死的红柳根是非常好的燃料。在每个营地，先遣派出的卡斯木小队都已经为我们在红柳包附近风蚀形成的洼地上挖好了水井，供大队人马饮用。水量很少，完全不能满足我们这样规模队伍的需要。而且在刚开始的头两天，井水的味道咸苦至极，人根本不能饮用。奇怪

第四章　沙漠遗址的首次发掘

的是，进入沙漠越深，离河道越远，井水反而变得甘甜起来了。

现在这个时候正是沙漠里最为寒冷的季节。好在白天在沙漠中行进时气温还比较适宜，并不感觉难受。背阴处虽然冷些，但是气温也未曾降到过华氏温度计冰点以下。在这个季节，沙漠中很少有风，空气清新宜人。在冬季来到这样真正的沙漠深处，呼吸如此新鲜清凉的空气，在干干净净、万籁寂静、没有任何生物骚扰的大自然中，让人常常感到神清气爽，精神振奋。

沙漠的夜间，温度计从华氏零度降到零下10度。我的小帐篷所用的材料，无论质地还是面料都是最上乘的，可帐篷里面依然如同冰窖一般。尽管使用北极火炉取暖，可室内温度仍然在冰点以下6度左右，冷得人连鞋子都不敢脱。无奈之下，我只好躲进行军床上厚厚的毛毯和毛毡之中，蜷缩起来。我那维吾尔语名字叫尧勒其·伯克（Yolchi Beg）[①]的小猎狐犬虽然有一件很好的裘皮袄，这时候冻得也不知跑到哪里躲藏起来了。

进入沙漠后的第四天傍晚，先前派出的小队人马中有两个人返回来，报告说卡斯木他们找不到遗址所在地。我的找宝人向导老吐尔地以前也只从这个方向进入过丹丹乌里克一次，现在到了证明他的荒漠生存能力以及展示他所拥有的沙漠地区宝贵知识的时候。其实，刚出发不久，吐尔地就开始不断地告诉我说，他怀疑卡斯木他们选择的路线稍微偏北了一些。不过显然是因为行业规矩和职业骄傲等方面的原因，他并没有极力劝

[①] 意思是旅行者伯克。

阻我改变路线。现在猎户们已然明确表示他们无法找到前往目的地的道路，老吐尔地满是皱纹的脸上禁不住露出一丝得意的微笑。他与卡斯木派回来的人简单地交谈之后，便已明白卡斯木他们到达的地点。第二天早晨，吐尔地叫来人返回去，按照他的指示带领他们折向正确的路线。

老吐尔地的父亲也是找宝人。而他自己已经在那种只有清一色沙丘，没有任何标志，也看不出任何区别的沙漠里游荡了近30年，带路对他而言轻而易举。所以第二天早晨，他带领我们这一队人马沿着几座高大沙丘底部前进，来到一处有许多枯死树干耸立的地方。老吐尔地他们能够轻易地辨认出，这些枯死变形满是褶皱断枝的树木哪些是胡杨，哪些是柳树，抑或是其他树种。这些树木的出现，标志着我们已经准确无误地走进了一个古代文明区域。

我们在遗址区东南约1英里半的一个洼地挖掘水井，安营扎寨。第二天清晨，在老吐尔地的引导下向南走了两英里左右，我发现自己已经置身于丹丹乌里克遗址了。根据我后来做的测量，这片遗址南北长约1英里半，东西宽约3/4英里。一些建筑遗迹零零落落地散布在低矮的沙丘之中。这些建筑物体积都不大，不过年代却十分古老。建筑物遗址是因为大风吹开了掩埋它的流沙，才暴露出用树枝和灰泥做成的篱笆墙。篱笆墙保留下来的高度离地面仅几英尺。每个建筑物的墙垣都建在框架结构的木柱之中。所有暴露在外的建筑遗迹上都有明显的找宝人光顾过的痕迹。这些人对遗址的破坏实在是太严重了。

第四章 沙漠遗址的首次发掘

吐尔地对这片地方十分了解,因而我们戏称这里为他的村庄。在吐尔地的带领下,我们匆匆考察了一遍遗址,发现许多可以用来确定遗址性质和大致年代的线索。在吐尔地他们以前在此找宝所挖掘出来暴露在地表的那些墙壁上,许多壁画依然完好,还可以清楚地看出上面的人物是佛教千佛画像(图4-3)。毫无疑问,我们所站立的地方是一座佛寺遗址。从壁画绘制风格可以看出,这些佛教寺院连同周围那些居住遗址被废弃的年代,应该在伊斯兰教传入前几个世纪。在附近垃圾堆中发掘出来的中国古钱上都刻有开元(713—741)的年号,仅依此为据,便可以确定这处遗址的年代。

图4-3 丹丹乌里克佛寺遗址过道残存的壁画

老吐尔地来到这片荒凉的地方，如同到了自己家中一般。他从少年时起，便时常来这里游荡。他那好得惊人的记忆力，使他能够立刻辨认出那些以前与同伴一起找宝所挖掘过的地方。我倍觉幸运的是，吐尔地他们以前每次来这里寻宝，由于所能携带的粮食数量和驮运能力的局限，不能够在此地久留，因而无法全部掘开深埋在流沙中的古代建筑物。我马上决定，就把帐篷扎在遗址近旁，以便节省往返时间。同时安排人把骆驼送往东面克里雅河畔放牧，毛驴则全部遣送回塔瓦克勒村，所有人员马上开始发掘工作。我们在丹丹乌里克一共忙碌工作了14天。这段时光对于我而言充满了快乐，丰富的珍贵出土文物和不断积累增加的有趣经验与认识等，都是令人难忘的收获。

第一次清理出来的是一座四方形的小型居室遗址。吐尔地曾经按照自己的方法找到过一次这样的房屋建筑。他称此为布特哈纳（But-Khana），意思就是佛寺。寺内堆积的沙子仅有两三英尺厚，而且从未被扰动过。另外又清理了几座类似的小佛寺之后，我对于这种特别的佛寺建筑，马上就有了十分清楚的认识。它们总是一座四方形的小型房屋建筑，四面再修建等距离的墙垣，形成环绕房屋的四角形通道。这是为了礼佛绕行使用的。依照印度习惯，通常称作右旋或右绕（Pradakshina）。用树枝和灰泥作为建筑材料的篱笆墙面上一律装饰有壁画。从墙壁最低处残留的护壁来看，墙壁上以前所画的大多是佛本生故事，或者是用作装饰花纹的一系列千佛图案。偶尔也还残留有一些故事画（图4-4），以及一些跪坐在大佛像前面的供养人画像。这

图4-4 丹丹乌里克佛寺遗址中佛传故事壁画和北方守护神神像

类画面当然大多画在墙壁的较低部分，所以能够保留至今。此外，在发掘过程中还不断出土数量不菲的泥塑小佛像、菩萨像以及飞天像等物件，这些都应该是从墙壁高处掉落下来的。

壁画和雕塑绘制技法十分清楚地显示出，这是一种公元初几个世纪流行于印度最西北部地区的希腊式佛教美术风格。这种风格的佛教艺术之所以为人们所了解，完全是因为现在在白沙瓦的犍陀罗地方，以及阿富汗边境地区的佛教寺院遗址中发现和出土了大量希腊风格的雕塑和雕刻，引起举世关注。和田地区佛教寺院遗址中保存下来的这些佛教装饰方面的艺术品，与印度西北部边境地区佛教内容的美术作品相比，在时间上要

图4-5 丹丹乌里克佛寺遗址主殿佛像基座

晚得多。但是其希腊风格却是非常明显的。

　　清理出一些损坏较小的佛教寺院，从中获得了各种十分有趣的出土文物。这里不能详细地加以介绍。仅从中约略介绍一二吧。在这种小型居室建筑的中央，通常都修建有一个做工精美的佛像基座（图4-5）。在佛座上还残留有佛像的足部遗物。由此可以推断出，原先在底座上面一定立有一尊大佛像。并可以推断出原始佛像的大小。在几处佛寺遗址中，我还发现了几块木板画，它们都放在佛座底部，这些都是善男信女敬献的供养物品。

　　我所获得的这些木板画带回大英博物馆后，进行了谨慎的清洗处理，有幸在其中一块板画上发现了十分有趣的故事画。

第四章 沙漠遗址的首次发掘

那是一头奇异的鼠头神（图4-6）。在玄奘关于和田的记载里，记录有一个鼠壤坟的故事。说的是当地十分敬重老鼠和崇拜鼠王的风俗。据说，有一次匈奴大举进攻和田，在军事力量相差悬殊的情况下，幸得群鼠咬断匈奴马具，因而大败敌军，国家得以保全。如果没有玄奘的这样一段记载，木板画上的这种图案将十分费解。由此，我完全可以推测，在从西方到和田的商道上，也就是在玄奘当年听说这个故事的地方，与这种故事类似的传说今天仍然存在，只不过故事的形式稍稍发生了变化，以便能够适合伊斯兰教的观念而已。

更让人吃惊的是，我后来发现的一块木板画上绘有一个中国（东国）公主（图4-7）。根据玄奘的记载，这是第一个把蚕

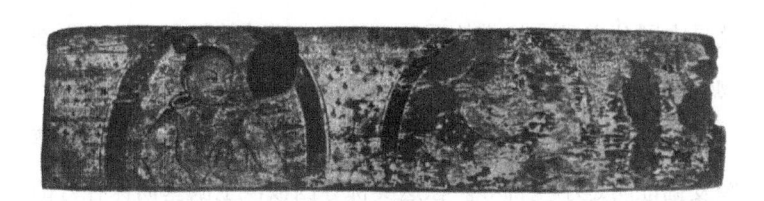

图4-6 丹丹乌里克遗址的鼠神木板画

图4-7 丹丹乌里克遗址出土的以传丝公主传说为主题的木板画

种传到和田的人。玄奘经过和田的时候，当地养蚕业之兴盛完全不亚于今日。相传，这位公主因当时中国当局严禁蚕种出口，于是便偷偷地把蚕种藏在帽子里面，暗自携带出境。就因为这种造福于当地人们的令人敬佩的胆识和计谋，后来和田举国尊奉她为神明，并在都城附近特地建造一座寺庙以资纪念。玄奘路过那里时，还曾前往拜谒。

前面介绍的这幅木板画，我曾经花费了很长时间都未得到合理的解释。画面内容是这样的：画面的呈长方形，中央绘有一个坐姿的盛装妇人，头戴高冕，两旁有侍女跪坐。画面的一端绘有一个篮子，其中装满了形同果实的物品；另一端绘有一个多面性的物体。起初很难看明白，后来我仔细端详，揣摩左边侍女手指贵妇人冠冕画面的意义，这才恍然大悟：冕下应该就是中国公主私自偷带的蚕种，篮子中盛放的是蚕茧，多面性物体就是纺丝用的纺车。

我所考察并仔细清理的建筑遗址大约有12座。其中有几座经发掘证明是小型佛寺。在这类佛寺因被沙土淤塞而保存好的墙基角落里，我首先发现的是长条形纸质写本文书。接着又发现一小捆散乱的书页。看到它们时，我第一眼就认出那是用古代婆罗迷（Brahmi）字体书写的佛经文书（图4-8）。其中一部是用古印度梵文书写的经典，另一部所用文字书写的语言以前不曾见过。当然，现在已经搞清楚了，那是当时和田居民通用的一种语言（图4-9）。

这些古代文书所用的字母字形，以及书法排列形式显然来

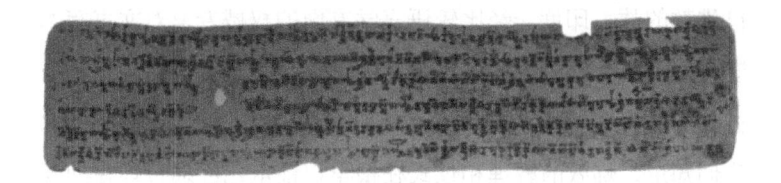

图4-8 丹丹乌里克遗址出土的梵文婆罗迷文字草体文书残片

图4-9 丹丹乌里克遗址出土的于田文佛经文书残片

自佛教的故乡印度。经比较语言学方面的权威专家对文书写本进行研究，证明古代和田语是伊朗语的一个分支。这种语言与古代大夏和阿姆河中游一带各部族所使用的语言有密切关系。我们知道，佛教的教理和仪式在很早以前就已经通过现在的阿富汗传入东伊朗地区。那么，佛教以及印度文化的影响传播到塔里木盆地，即便不是只通过阿富汗一条线路，但有一点应该是没有问题的，那就是阿富汗这个地区肯定是佛教最初传播的必经通道之一。在这条传播路线的沿途地方，可以见到许多佛教仪式、衣饰与造像吸收伊朗文化影响的迹象。

有一座寺院的小型方形建筑遗址被完全清理干净之后，发现一块被当作供养物品的保存得很好的木板画。这对于这种交互影响的文化现象是一个最好的说明（图4-10）。画面上是一个孔武有力的男子像，其体格与服饰完全是波斯风格。但是这个人物显然应该是一位佛教神祇。他的长条红润的脸庞长着一圈浓密的黑色虬髯。这样的形象，是任何庄严的佛像所不能采用的。大而卷曲的胡须和浓重的黑眉毛，进一步加强了画像面部的男性气概。男子头顶长长的卷发上戴着一块金色的高头巾，头巾极像波斯萨珊王朝万王之王的帽子。在身材方面，细腰保持了波斯传统的男性风采，身穿一件锦缎外衣。腰部以下，腿露在外面，脚穿高筒黑皮靴，腰悬一柄短小的弯刀，围巾从颈部垂下缠绕在臂端，与通常所见的中亚菩萨像并无二致。人像画有四臂，以示其为神道。这是此类神像比较常见的形式。其中三条手臂擎有法器。法器中只有两件可以辨识出来：一件是

第四章 沙漠遗址的首次发掘

图4-10 丹丹乌里克遗址出土的木板画——波斯菩萨罗斯坦木像

酒杯，另一件是矛头，这些都是人世间的物件。

木板画背面画面与正面形成一种鲜明的对比，画的是一种典型印度风格的三头魔王。魔王的一身肌肉作暗蓝色，裸体，腰部以下围裹一块虎皮，交叉的两腿下面绘有昂首挺身的两头牛，四臂各执法器。画像的所有特点都与印度佛教密宗神道像极为相似。这幅画的主题和绘画技法、风格等方面与另一面的波斯菩萨像相去甚远。二者之间是否有联系，明显存在疑问。

对这块木板画两面画像各自的内容，以及它们在各个方面相互对立的原因应当如何解释？15年后，我对这一难题才找到答案。那是第三次中亚探险考察即将结束时，我去波斯东南部边境地区锡斯坦（Sisitan）的哈孟（Hamun）沼泽地带的科伊赫瓦贾（Koh-i-Khwaja）小山遗址进行考察。在这个遗址中一堵年代很晚的墙壁后面，我发现了一大块严重残破的壁画。壁画上方画的是一位端坐在台座之上的青年武士像，下方绘有一个正向他礼拜的供养人。武士右臂扬起，手擎一只弯曲的锤矛，矛头扎着一个牛头。这种形状的锤矛与波斯史诗传说中的主人公罗斯坦（Rustam）所使用的著名兵器——牛头戈（Gurz）正好是同样的东西，这是伊斯兰教时期波斯造像中共同使用的一种标记。

科伊赫瓦贾壁画中的主要人物是罗斯坦，这点应该没有问题。根据菲尔杜希（Firdausi）的沙纳马地方保留下来的波斯民族史诗内容，罗斯坦与锡斯坦地区是有关联的。把罗斯坦的形象面貌与丹丹乌里克木板画上的波斯菩萨做一比较，如果去掉罗斯坦手中那柄牛头戈上端，那么他右手所持的物件无疑就成

第四章 沙漠遗址的首次发掘

了曲柄斧，而这正好是丹丹乌里克木板画菩萨的手持之物。

比较科伊赫瓦贾的壁画，也使我弄明白了丹丹乌里克木板画反面所绘三头魔王的含义。壁画中的罗斯坦对面有一个与丹丹乌里克三头魔王极为相像的人物在那里扬手礼拜。根据波斯史诗传说故事，罗斯坦曾力战群魔，强迫群魔效忠于他的国王。这个三头魔王大概就是群魔中的一个人物形象。至此，丹丹乌里克木板画两面所绘人物的关系也就明确了。

科伊赫瓦贾的壁画年代属于萨珊（Sasanian）王朝时期，大致在7世纪前后。丹丹乌里克佛寺出土的木板画以及其他文物的年代与之非常接近。和田当地佛教寺庙中掺入了神话的伊朗古代英雄人物，说明佛教传入中亚途中还接受了其他外来文化的影响，这是一个十分有趣的现象。

关于丹丹乌里克沙漠遗址的废弃年代，可以根据我们目前获得的用古代中亚通行文字书写的文书写本来确定。在可能是佛寺的一些遗址内，我们发掘出土了一些书写有婆罗迷文字的小纸片。后来的研究证明，这些文书记录的是古代和田语材料。所记的大多为本地琐事，如借贷、政法命令等。这些文书所用字母的字体，以及其所书写的佛经内容，大多是8世纪时期的东西。之所以能够得出是8世纪这个大致的年代，完全是我一个最愿意帮忙的同事兼老朋友霍恩雷博士（Dr. Hoernle）的研究成果。这一结论，同时也得到了一些在其他遗址中出土的中文文书（4—11）的进一步证明。

汉文文书交由巴黎大学汉学家、我的中国历史文献方面的

西域之路

图4-11 丹丹乌里克遗址出土的781—782年的中文文书

导师、已故沙畹（Chavanmes）教授研究。结果证明，这是一些要求偿还债务和小额借款的字据，以及当地小官吏的行政报告。中国人具有很强的关于年代之类的时间观念，所以这些文书上都写有十分正确的年号，从建中二年（781）一直到贞元六年（790）不等。汉文文书还称丹丹乌里克为列谢，其中还写有一个名叫护国寺的寺院。更令人觉得奇怪的是，有几个僧人在其宗教身份之外还兼作高利贷者。从这一类汉文文书的内容和所记录的人名来看，寺院里的这些僧人之中有汉族人，而借贷人和保人都是当地人。

但是，这些汉文文书更为重要的价值，在于其所记载的年号所具有的年代学意义。这类文书大多散置于居室或厨房的地表之上，有些在房屋外面的垃圾堆里。从文书的性质和出土时的情况来看，可以肯定地断言，文书的书写年代应当是他们占领此地的最后几年。随后放弃这里时，这些文书也就被随手弃置于屋内。这一点，也可以用在遗址出土的中国古钱币年代得到证实。这些古钱币的年号只到上元元年（760）。

如此推定的丹丹乌里克遗址废弃年代，与中国正史记载的历史事实异常吻合。正史记载，唐代政府最终于贞元七年前后失去对塔里木盆地的控制权。中国在西域权威的衰落以及吐蕃人的入侵，导致和田此时必然陷入一个特别黑暗的时期。这个时期，世界上政治大变动的影响，在绿洲这种敏感的小地方往往变得非常严重。绿洲地区完全依靠灌溉系统来维持，而灌溉又必须要求稳固和谨慎的管理。从这一方面看来，丹丹乌里克遗址出土的文物资料可以帮助我们探寻此地其他沙漠遗址废弃的原因以及彼此之间的关系。当然，这也涉及前章所述的这些废弃绿洲不能重新复垦居住的一种或几种原因。

在发掘所获的东西之外，对于当地古代居民的生活状况和相关的其他情况，我也进行了考古调查。我仔细考察了在沙漠中发现的古代园林、道路、水渠等遗迹，基本搞清楚了这些绿洲基础设施的布局情况。同时，通过调查，我还发现了贫民的居住遗址和垃圾场遗迹。在这些地方所收获的大量出土文物以及学术认识与心得体会，对于我随后的发掘与考察工作大有裨益。这些，我将在后面的章节逐一介绍。

在这里，有必要另外再介绍一些通过考古调查所获得的情况。遗址区的所有遗迹现象，都说明当年这个绿洲的废弃是渐进的，决非所谓的塔克拉玛干大沙漠中突然天降黄沙埋没古城。这一点，与迄今所有欧洲旅行家普遍相信的这种传说大相径庭。以前认为，自然环境出现变化，进而导致古代绿洲荒漠化，古代城市被流沙掩埋，这一切，全都是突然之间发生的事情。实际上，塔里木盆地广泛流传的流沙索墩（Sodom）和果莫尔哈（Gomorrha）古城被突然埋没了的故事，要比丹丹乌里克遗址的废弃早得多。唐代玄奘路经此地时听说的沙埋古城传说就与现在流传的此类故事区别不大。传说总归还是传说，而通过考古调查和发掘所获的考古学材料与结论则不应该依据传说，比如在丹丹乌里克以及其他类似沙漠遗址中进行的考古研究，是能接受任何上述传说检验的。

根据以后进行考古学和地形学方面测量所获得的资料，我才知道，丹丹乌里克的田地主要依靠若干条渠道引水灌溉。这些人工渠道将策勒（CHira）、达玛沟（Domoko）、固拉哈玛

（Gulakhma）等几条河流的河水引入南面约40英里的乌宗塔提（Uzumtati）。这些水流首先进入那一大片垃圾遍野的遗址区，然后再进入丹丹乌里克。这种状况至少应该维持了五百年。乌宗塔提，就是玄奘所说的媲摩，马可·波罗所说的培因（Pein）。关于这里废弃的原因问题，我在我的详细报告里曾列举了所有适当的理由。结论是，丹丹乌里克与媲摩的废弃都是由于同样的原因，即这两个突入沙漠之中的小绿洲居住地不再能够维持有效的灌溉。

第五章 尼雅遗址的考古发现

西域之路

在丹丹乌里克南面，离固拉哈玛、达玛沟两个村庄不远的沙漠之中仍然有些可以耕种的地方，也有不少遗址等待我去考察。那里，我曾在第一次、第二次探险时做过简单的调查，初步判断那里废弃的年代可能与丹丹乌里克相当，也有可能晚几个世纪。但是，我现在在尼雅河尽头更远的沙漠中发现了新的沙漠遗址。与此相比，那些地方没有一处有那么古老、那么有趣和那么重要。下面，我就向读者介绍在尼雅遗址考察和发掘的情况。时间与1901年1月大致相当。当时我告别了丹丹乌里克和其他第一次发掘的沙漠遗址，便直接向民丰（Niya）[1]出发了。

向东翻越了无数道沙梁。三天以后，我们才跌跌撞撞地到达克里雅河。时值隆冬，河水已经冻结成为冰面。克里雅河发源于和田东部昆仑山冰川峡谷，它能够蜿蜒流过难以计数的大小沙丘进入沙漠腹地而不消失，实在是一个奇迹。事实上，能够深入塔克拉玛干大沙漠腹地之中的河流，也只有克里雅河一条而已。我们沿河上行，不再步行，而是骑着事先征集来的好马，一直走了四天，终于到达克里雅（Keriya）绿洲[2]。克里雅绿洲地方很大，是于田县城所在地。那时，它的地域范围几乎占有五个经度。当然，不用说大家也知道，这里大部分地方都是沙漠。于田县和蔼的中国县官十分热情地招待了我们。

---

[1] 音译为尼雅。
[2] 即今于田县。

第五章　尼雅遗址的考古发现

于田不是一处古老的地方，找宝的职业不如和田那样兴盛。虽然如此，我刚到的第二天，便有一位年纪老迈的乡民前来告诉我，说在民丰北面伊玛目·贾法尔·沙迪克（Imam Jafar Sadik）圣墓更北边的沙漠中，去年他看见有半埋在流沙中的古代房屋。打听之下，其他许多人也都曾听说过与此相似的古城故事。塔里木盆地所有绿洲的人们对于他们看见的遗址，无论大小，即便是最小的房子，一概都叫作"阔纳沙"（Kona-Shahr，即"古城"）。鉴于这个线索的重要性，于是我决定1月18日出发前往民丰。沿着塔克拉玛干沙漠边缘的昆仑山山前砾石地带整整走了四天后，我们终于到达民丰这片小小的绿洲。

到达时，刚好是伊斯兰教斋月末期的拉马赞（Ramazan，即封斋）日子。不得已，我只好同意白天停止活动。虽然活动受到影响，可是关于我准备前往的那个年代古老的遗址，我还是得到了一些珍贵的实物材料，这真是让我喜出望外。

哈桑·阿洪（Hassan Akhun）是我雇用的一位年轻机智的驮夫。他替我打听到，说是一个乡民家里藏有两块从那个遗址里找来的带文字的木板。当那两块木板拿到我面前时，着实让我大吃一惊。木板上的文字与1世纪使用的文字异常相近，竟然是用古印度西北部极为偏远地区通行使用的佉卢文书写的。这次探险考察之后的所有探险活动我都一直雇用哈桑·阿洪，他成为与我同甘共苦的好伙伴。

那个乡民是在通往伊玛目·贾法尔·沙迪克圣墓的路上拾到这两块木板的。他还带领我到捡到东西的地方去看了看。

随后不久，我便搞清楚，原来找到这些木板的人叫伊布拉音（Ibrahim），是村里年轻胆大的磨坊主。一年前，他来到圣墓近处沙漠古城的两间破房找宝。在那里，他掏挖了半天，结果只找到了一些在他看来全无用处的这种木板。他带走了六块，除了在路上扔掉的，全部都给了他的孩子当玩具，现在已经不知让孩子们玩到哪里去了。伊布拉音看到我重重奖赏了那位拾到木板的乡民，异常懊恼悔恨。

我不能放过这样的一个好机会，马上请伊布拉音做我探险队的向导。那天晚上，我一直琢磨欣赏刚得到的木质简牍文书，真是欣喜异常，心情极为愉快。木板上，满是曲折的字体，仿佛还散发出淡淡的墨香。对它们，虽然当时不能释读，但是要知道，握在我手里的文书是用一种古代印度文字字体写成的。这种字体的文字，在印度本土时至今日也只发现了些石刻而已，比我手里更早的东西还未曾出现过。这一点毫无疑问。仅根据字体，我就能判断出，我将要去的遗址年代十分古老。但是对于此行后来如此丰富的收获，当时却完全没有想到，只是抱有期望而已。

沿着尼雅河一直走了三天才到达伊玛目·贾法尔·沙迪克圣墓。因为有这个意外的新发现，我的心情非常愉快，并不觉得疲劳。当然这与近日天气晴好也有一定的关系。不过天气仍然很冷，夜间的气温往往降到华氏温度零下8度。伊玛目·贾法尔·沙迪克是一处有名的圣地。据说神圣的伊斯兰教领袖伊玛目·贾法尔·沙迪克率领数百名教徒，与秦（Chin）和马秦

第五章 尼雅遗址的考古发现

（Machin）那些不信仰伊斯兰教的人激战，战死在此地。所谓的秦和马秦就是古代的和田。

我决定不在圣墓耽搁。沿途有一些为朝圣者设置的避荫建筑，是一种小型清真寺。一些道边的大树上悬挂着成千上万块布片，这些都是朝圣者所做的供养。继续走下去，在露出白色盐碱的山坡上，有许多用碎石堆成的奇异的小石丘。我们很快就走到了河流的尽头。剩余的河水经过一条小渠，被引入一个很小的湖泊中存储起来。于是我们把从加尔各答带来的两个外面镀锌的铁桶，以及在当地临时制作的袋子和绳网全都拿了出来，装满冰块。我们全队有四五十人，离开这里将不再有水源，不能不多准备一些冰块作为饮用水储备。

走过麻扎（Mazar）[①]以后，茂盛的红柳灌木丛和野生胡杨林带逐渐转变为一望无际的低矮沙丘。沙丘上面，仍然点缀着一些矮小的树丛和许多年代久远且枝干扭曲的枯树。走到第二站末了之时，来到一处地势较为宽广平坦的地方。在这里，地表有一些破碎的陶器，同时发现有一道用厚厚的芦苇草把圈成的篱笆、一排枯死的果树和人工种植的白杨树。这些人类活动的遗迹，说明我们所看到的是一处农庄遗址。我们终于来到了向导伊布拉音所说的那两间破房子（图5-1）。

这些古代房屋所在地，初看起来好像是一座隆起的台地。后来我才逐渐搞明白，原先的房屋建筑起初都修建在黄土平地

[①] 伊斯兰教墓地。

图5-1 尼雅古代居民遗址未发掘前的景象

上，现在所见到的台地是风蚀形成的。房屋建造的形式，使用的材料等与丹丹乌里克遗址的房屋完全一样，只是规模大多了。竖立在沙土地面上的木柱框架也要精巧坚固得多。屋内满是沙土。在一间居室遗址内，我找到一块雕刻精美的木片。木片上面是那种希腊风格佛教雕刻中常见的装饰图案。由此，我进一步肯定，这片遗址的年代比以前我所见过的其他遗址都更为古老。

再向北行进了两英里左右，经过一些高大的沙丘，看到一座土坯砌成的建筑遗址（图5-2）。遗址有一半已经被埋在一个圆锥形的高大沙丘中。这是一座古代佛塔。我选择了一处适中

第五章 尼雅遗址的考古发现

图5-2 尼雅古代建筑遗址中的垃圾堆

的位置扎营，以便于发掘散布四周的遗址。营地离向导伊布拉音所说的发现有字木板的地方也很近。当我第一夜住在这片四周沉静的古人居所时，禁不住思绪万千，心潮跌宕。收获的期望与失败的恐惧相互交织。真不知道伊布拉音所说的是否确凿可靠，也不知道他遗留在那里的木牍文书到底还有多少等待我去发现。

　　第二天清晨，我急忙带领伊布拉音和发掘民工来到遗址所在地。动身时，希望与担心的感觉再次交织在一起，令我心情恍惚，忐忑不安。等我走到那里时，所有的不安便一扫而光。伊布拉音带领我们去的遗址离帐篷大约有1英里，位于一个高

图5-3 尼雅遗址中最早出土木质文书的古代房屋

高的小台地上。刚刚爬上斜坡,在一堆风蚀倒塌的木料里面(图5-3),我就一口气捡到了三块有字的木牍。

登上台地顶部,令我更加惊喜不已。在一间建筑物室内,到处散落着木牍文书。我又捡到了许多。这些木牍文书,上面堆积的沙土并不很厚,不足以保护文书不受积雪侵蚀。这应该是伊布拉音一年前丢弃在这里的。幸好这里很少下雪。对于这种天气特点,我在离开于田以后的这些日子里已经有了比较深刻的感受。

因为严寒,被成捆丢弃在背阴坡地上的木牍文书并没有直接的损坏。但是由于经受了一年的风吹日晒,最上层木牍的字迹已经部分受到了影响。让我大感幸运的是,在伊布拉音发现并丢弃它们后不久我便来到了这里,还算是比较及时。

第五章 尼雅遗址的考古发现

伊布拉音马上指给我看他以前挖掘木牍的地点。那是一个小居室的角落，位于这个遗址北面房屋建筑的中间。在一个用土坯砌成的炉灶旁和西墙的一个小角落，当时他用手刨开了堆积的沙土，就挖出了这些木牍。由于木牍不是他所期望的宝物，一怒之下，他便把这些本来显然是按顺序排放的东西扔进了相邻的房间。

我安排的第一件工作，就是要民工们把这间屋子清理干净。屋子不大，地面的沙土堆积也只有4英尺多点，所以清理起来比较容易。清理过程中，在原来的地面位置以及炉灶旁边用作板凳的土台上，我们又找到了两打木牍文书。而后，我又在伊布拉音曾经掏挖的位置之外自行仔细搜寻了一番，又找到了大约85件木牍文书。再后来，清理北厢房与这间房屋相邻的房间时，又得到了不少木牍文书。因此，在第一天工作还未结束时，我所收获的珍贵文物数量已经非常可观了。

我所得到的这些木牍文书，其保存状况良好。因此，当时我很容易地搞清了它们的用途及其外部封装形式的重要性。除了少数长方形木牍外，那一天所得到的木牍基本都是楔形的。木牍的长度从7英寸至15英寸不等，原来显然是每两块拴系在一起的（图5-4）。现在，我来简略介绍木牍的这种巧妙拴系方法。木牍正文全都是用弯弯曲曲的佉卢文书写的，读法从右向左。较长的部分则呈平行格式，写在木牍里面。外面的木牍有一道下陷的凹槽，槽内填有印泥，并加盖有封印。由此证明它是用来做封套的。凹槽旁边常常有很简单的记录，成单行，这

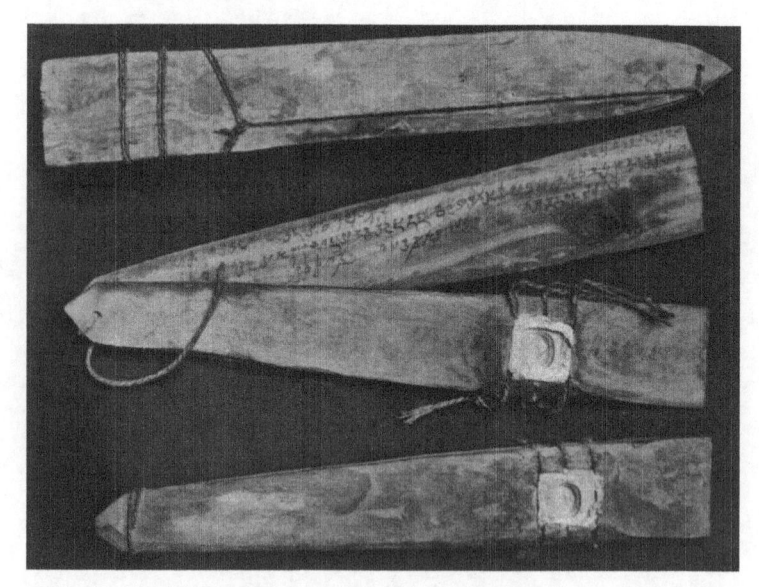

图 5-4 尼雅古代建筑遗址中出土的楔形佉卢文木牍文书

应该是收件人的地址或发信人的姓名。两片木牍紧密地拴系在一起,彼此可以相互保护,以防泄密。也正因为如此,我打开它们时,里面的墨迹依然很新,犹如昨日才书写上去的一般。

这些木牍文书虽然出自不同的作者,可是上述的那些共同文字特点,却鲜明地表明它们是佉卢文。这是贵霜(Kushana)王朝石刻所通用的一种字体。因为在现今的旁遮普以及印度西部的一些地方,贵霜王朝诸王统治的时间是3世纪,所以在没有进行任何细致的考古调查与研究之前,我已经初步断定这些匆忙收集起来的材料的年代一定很古老,而且拥有特别了不起的价值。

第五章 尼雅遗址的考古发现

那一天的工作虽然很顺利，但是有一点还不够圆满。那就是，我的学术良知告诉我，当天的工作算不得是完全意义上的学术胜利。到达尼雅遗址的第一天，便已收集到数百片佉卢文木牍文书。毫无疑问，这么大数量的文书，即使不能够胜过，那么至少也相当于以前世界各地所收藏佉卢文木牍文书的总和。但是我所收集的这些木牍文书会不会都是同一种内容的复写本？会不会是祈祷词或是佛经中某部分内容的重复性抄写？对于这些，我一时无法断定。

回到帐篷后，我马上挑出保存状况最好的几片木牍文书进行仔细的研究。佉卢文字体弯曲，语义不定，识别特别困难。我以前研究佉卢文石刻碑文，对这方面已经多有了解，可谓是有心理准备。在这寒冷刺骨的夜晚（第二天早晨温度计显示的最低气温为零下41度），我裹着厚厚的皮大衣坐在帐篷里研究这些木牍文书，最终确定了两方面的重要认识。第一，根据已有的语言学研究成果，可以确定，该文书使用的是一种古代印度俗语；第二，文字内容虽然相差很大，但是就已经开封的多数文书而言，大部分都使用同一种简单的起头格式。后来我把这种起头格式试读出来，写的是"mahanuava maharaya lihati"（大王陛下敕书）几个字。使用这样的文字表达方式，当然只能是公文了。单就佉卢文而言，可以得出这样一个结论：一种古代印度方言曾经被移植到中亚这个十分遥远的地方，至少是统治阶层曾经使用过这种文字。尼雅遗址所在的地方是那样的封闭和不开化，而所有这些考古发现，将很有可能给我们展示一种全新的、完全出乎意料的真实的历史面貌。

当我继续清理南厢房的其他房间时，仍然心怀再找到一些简牍文书的希望。后来的发掘事实，证明我的期望没有落空。有这样一处建筑，它是由一间很小的房屋和一间较大的房屋组成。小间房屋好像卧室，搭建的则像现在当地维吾尔族家室建筑中的客厅。大房间有26英尺左右，三面各有一道隆起的灰泥平台。房间现存八根柱子，呈方形排列。与现代维吾尔族民居一样，房间原先可能有一个隆起的屋顶，并用以通风采光。很快，我就摸清了各处建筑遗址的形制与功用。总的来说，它们与现在绿洲地区民居的基本形式、布局和功用非常相似。

由于年代过于久远，而风蚀力量又过于强大，遗址上那些用木料和灰泥建造的墙垣，除了一些不完整的支柱外，大多都已经不存在了。覆盖和保护这些遗迹的沙土也只有两英尺厚。遗址毁坏的情况虽然如此严重，可喜的是，我在那间客厅南边的土台上又找到了60多件木牍文书。刚被发现时，有些地方的木牍文书捆绑得很紧。显然这是房屋主人最后曾准备带走，后来又不得已留下的。另外，从它们放置的位置来看，很多木牍显然曾经被搬动过，时间大约就在房屋废弃之后不久。比如，有些是在一大块编织得很坚固的席子上找到的。这块席子显然应该是屋顶的建筑材料。还有一些发现在一个露天灶台旁边，上面也覆盖着一块屋顶掉落的席子。这些木牍文书之所以能够完好无损地保存下来，就得益于这片人为放置的席子的掩盖。

就我所得到的这些简牍文书，以及它们在我之前未被找宝

第五章　尼雅遗址的考古发现

人触动过的保存状况而言,这所客厅一般的大房间原来很可能是官署。后来,经过研究搞清楚了木牍文书的内容之后,我进一步明确了这些木牍文书的公文性质。这些文书的大小、形状、规格相差很大。同时还发现了一些楔形木牍文书,但是其数量远不如方形木牍多。当然,方形木牍的内容和大小形式也不一样。其中有些体积比较大,最长的达到30英寸。字体基本上排列得参差不齐,有些行列虽然短小,但还可以辨识,行末还记有数字。书法也不统一,较为随意,一些地方可以明显看出曾经削去重写的痕迹。显然,这类木牍不是正式文书,也不可能是连贯的报告,大多是一些备忘录、账簿、文书草稿以及随笔之类的东西。

从另外一个房间里得到的长方形木牍文书,形制规整、书写也相对比较整齐。虽然说发现时还不能够辨识,但是大体上可以分作两组。其中一组为直角长方形,长度从4至16英寸不等,书写正文的木板两端高出一块,形成卡住上面盖板的凹槽（图5-5）。文书开始的一行,都写有一种很容易辨识的当地习惯用语:"……年……月……日。"显然这是一种有明确纪年的正规文书。另外一组,也是直角长方形,体积较小,木牍平坦的一面很少有文字,另一面中央部位隆起,刻有方形或长方形的凹槽,槽内填有封泥并加盖封印,文书的侧面还写有一两行文字。我前面提及的垃圾堆是一个埋藏古代文物的宝藏。那里出土的同类型木牍文书同样表明,这些有封印的木牍是书信或公文的封套,用来安装在另一片木牍凹槽之内,以保护书信或公

西域之路

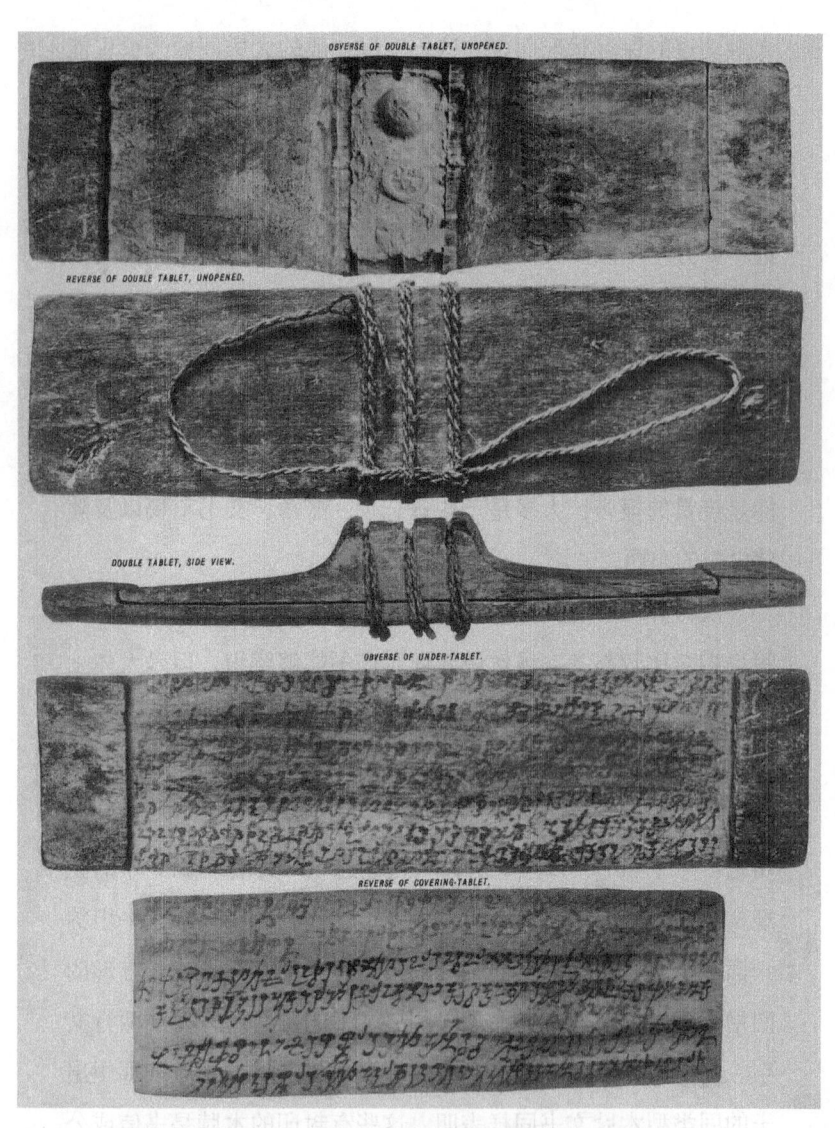

图5-5 尼雅遗址中出土的长方形佉卢文木牍文书的构件和不同侧面

第五章　尼雅遗址的考古发现

文内容不被泄露。

出土大量木牍文书的这座建筑物遗址被流沙掩埋得并不很深，不能有效地保护较大的古代遗物。不过遗址本身的现存状况，倒是很好地显示出了当地环境和古代建筑遗址受风蚀影响的程度。遗址位于一个不大的小台地上，台地与周围地面相比大约高出 15 英尺，形成这种高差的原因就是风蚀作用。台地地面应该是遗址使用时期的原始地面。强大而又残酷的风蚀作用在遗址废弃之后，长年累月地带走地表沙土，而建筑遗址以及其他遗迹所在地面因为有遗址的庇护，沙土得以保留下来，并使得台地与周围地表逐渐形成较大的高差。不过，古代建筑遗址所在的地面或多或少地还是受到风力的剥蚀作用，以致逐渐下陷。在遗址的现场照片上，可以明显看出这种缓慢侵蚀的痕迹。遗址前方较大的木料堆，原本是一处古代建筑，现因风蚀作用而完全倒塌。

在遗址区，又清理了两组古代遗址群之后，对于沙漠中风蚀作用对古代遗迹的危害，我有了更进一步的认识。在第一次进行清理的遗址西北约半英里左右，有一块足有 500 平方英尺的地方，这里遍地都是古代房屋建筑倒塌之后残余木料堆积形成的小沙丘。沙丘仅高几英尺。因为风蚀的影响，遗址的墙壁损毁得极为严重，可谓已经荡然无存。房屋建筑内几乎也没有什么东西保存下来，不过在仔细清理之后，居然大有收获。

在那个遗址的一个单独房间里，堆积有半英尺到一英尺深的流沙。清理之后，出土了大约 50 件木牍文书，另外还有捕鼠夹、靴子和熨斗之类的家用物品。所不幸者，由于保存环境不当，大多数木牍都已经残破不堪，且表面泛白，字迹也已经模糊不清，难以辨识了。其他佉卢文字迹尚存的木牍文书也都已经严重弯曲变形。这些文书，大部分内容记录的是人名与账册，由此可以判断其为官署保留的记录文书。从文书规格的大小，可以看出当年文书制作和在木质板面书写记录的难度。其中有一件木牍文书损坏特别严重，不过其体积也大得惊人，竟然长达7英尺半。

这个地方的流沙堆积较深，遗址大多掩埋在沙土下面。我安排人迅速清理出许多小的房屋建筑，进而搞清了当地人的住房、牛圈等建筑的基本结构与布局。清理过程中出土的文物很少，不过收获还不错。我在一间外室建筑内找到一个无可置疑的冰窖。冰窖内还堆积有厚厚一层用来覆盖冰块的古代杨树叶，它们至今保存完好。

离开第一处遗址，我们又另外清理了两处倒塌的古代房屋遗址，出土了一批性质更为复杂，但是也更为有趣的文物。一处遗址在东面。从它的规模和房间数据来看，主人的社会地位一定很高。各个房间流沙掩埋的程度较深，因而建筑保存状况良好。这处房屋遗址以处于中央位置的大厅为显著特征。大厅长40英尺，宽20英尺。承架屋顶的大白杨木梁也长达40英尺。大房梁和安放房梁的斗拱一样，都有美丽的雕刻纹饰。还保存有一堵很高的用石灰粉饰过的墙壁，墙壁上用胶质染料仔细地绘制有用以装饰的大卷花形状的图案。

大厅里干干净净，显然应该是后来的入住者或来访者收拾的结果。但是我们在与大厅相邻的一间小房内找到了非常有趣的古代文物。这些文物足以说明那个时代的工业与美术状况及其发展水平。遗址出土的当地纺织物品中有一件非常漂亮的毛织品残片（图5-6），毛布上织有细致的几何图案。与之相配的颜色和谐相容，拿起来稍做清理，马上呈现出固有的美丽与灿烂。但是，最有价值的还是在厨房里清理出来的残旧木器和在后面仓库里发现的诸如弓箭、木盾之类的武器。我所获得的木制雕刻物品则以图5-7所展示的古代木椅为最好。当时，它们散乱地堆放在一间外室的地面上。木椅上所有的纹饰雕刻都显示出印度西北部边区省份常见的那种古希腊佛教艺术风格。更令我兴奋的是，这些雕刻艺术品所显示的年代特征与佉卢文的年代非常一致。

在遗址区更西南一些位置的大型房屋遗址中，我们也出土了大量奇异的古代文物。在一间公署性质的房间内，除了发现和出土了一些有字的木牍之外，还有空白的、未曾使用的木牍原件和其他文房用具，以及在木牍上书写使用的红柳木笔和中国至今仍然普遍使用的餐具——筷子等物品。更令人兴奋的是，我们在过道里清理出了一件保存得很好的上半截六弦琴，和一张已经残破但雕刻极为精美的靠椅。椅腿作立狮形状。扶手为希腊式怪物。所有构件的颜色全部保存了原来鲜艳的色彩。

在遗址近旁，还有一座果园。果园的布局仍然十分清楚。裸露在地表的白杨树干至今还保留有8至10英尺的高度。它们

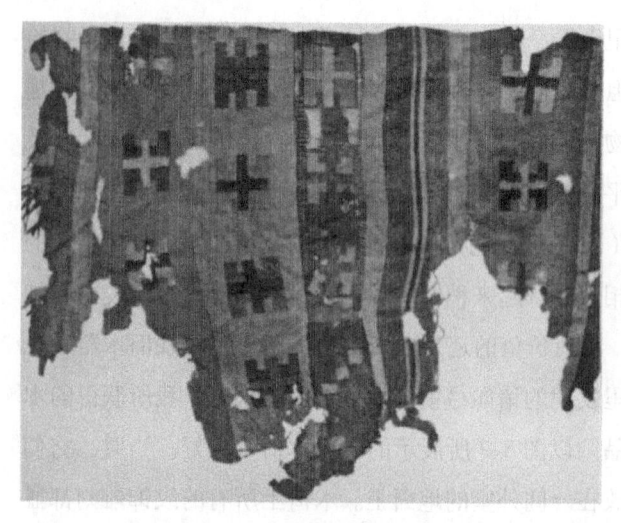

图5-6 尼雅建筑遗址中出土的彩色毛毯残片

图5-7 尼雅遗址建筑中出土的古代木椅残件

有序地排列成小小的方形，甚至连林带边的小路都还依稀可辨。这种情况与现在的喀什和于田绿洲的农庄景象完全一样。我曾经多次在两道篱笆之间行走，那是一条古老的乡村小道。但是与现今的绿洲乡村道路几乎一模一样，甚至如同17世纪以前的欧洲乡村小道，每每引起我异样的思古幽情。恍惚间时间跨度好像突然消失了，真是不知身在何处。我用手杖在篱笆墙脚的沙土中随便拨动翻弄，竟然找出许多白杨树和各种果树的枯叶。这些树叶在各个遗址的每一个角落，以及在那些倒卧在地上的古树树干旁十分常见。我的发掘工人都能够很好地辨认那些种植在道路旁边的杨树，或者遗址任何地方的桃树、苹果树、李子树、杏树和桑树之类的果木。这恰恰说明了所有果木都是他们惯常熟悉之物。

从上述的发掘清理情况来看，有一种情况是显而易见的。那就是尼雅遗址古代居室中所有有价值以及还可以继续使用的东西，如果不是被最后的居住者，便是在他们离去后不久被人收拾一空。鉴于这种情况，为了能够得到更多有价值的东西，我只有寄希望于垃圾堆了。这个希望很快便被来自垃圾堆的大量可喜的收获所证实。

最早考察尼雅遗址北部地区时，我曾经发现一处地方。这地方南北长约3英里半，东西宽约两英里，散布着半打以上已经倒塌的古代建筑遗址。其中一处遗址已经严重损毁，从外表来看，没有任何吸引人注意之处。不过就在那里，我发现了一些褪色的木牍暴露在沙土外面。让人稍加挖掘，还未用去半个小时，便收获了两打以上写有文字的木牍文书。在这些木牍文书中，有两件特别引人注意：一件是写有汉字的狭长木片，另外一件是上面用佉卢文记载着年代的树皮。

这样的发现让我对这片遗址充满了期待。不过尚未发掘之前，对它西侧那间大半墙壁保存完好的房屋建筑内是否埋藏有丰富的古代文物，我仍然无从判断。等到系统发掘开始以后，露出一层层与各种废物混杂在一起的木牍文书时，我才看出这是一处因多年连续使用堆积而成的一个古代垃圾场。让人惊喜不已的是，这个古代垃圾堆内居然出土了一些当时可能称之为"废纸"的珍贵文书。只不过因为杂乱堆积，年代序列稍显混乱而已。

从那一堆高出原先地面4英尺以上的垃圾堆里，最后我总共清理出200多件木牍文书。这些文书全部都混杂在破碎的陶器、乱草、毡片、各类毛织物残片、零碎皮块，以及其他仍然发出恶臭的、硬质的废物层中。发掘时，微微的东北风从刚刚挖掘出来的垃圾堆上吹拂而过，不时卷起阵阵尘土。而对这一切自然的不适我已经全然不再顾及，只是用冻僵了手指仔细地记录每一块有字迹的木牍文书。这可不是一件容易的事，但是我必须把所发掘出土的每一件文物和它们的原始位置仔细地记录下来。这种记录工作不容许出现任何差错。将来为这些文书建立年代顺序，以及要搞清楚这些文书内部的联系，必须依靠现在所做的这些记录。我整整加班加点地干了三天，饱饱地享受和吸够了古代垃圾堆尘土的气味。这些垃圾虽然已历时许多

第五章　尼雅遗址的考古发现

个世纪，但是气味却仍然异常刺鼻。

文书的形制和用材异常复杂，保存状况却是异常良好。刚开始清理垃圾堆时，便出土了一张写在皮革上的完整佉卢文文书（图5-8）。那是一张长方形的制作得非常完好的羊皮。这样的文书一共获得了大约两打。大小虽然不完全相同，然而它们全都以同样的形式卷成小卷。卷在内里皮面上的佉卢文书写得非常清楚，黑色的墨迹仍然很新鲜。每一件文书的开始部分，都使用上文已经介绍过的习惯格式，说明文书的来源。这是我唯一能够认识的文书内容，我还发现文书的日期另外书写在文书下方，不过只有月和日。

图5-8　尼雅遗址垃圾堆中出土的佉卢文羊皮文书

西域之路

出土的木牍文书中，许多还完整地保存着原来的封印（图5-9）和用来捆绑木牍的细绳。更为有趣的是，其中有一些竟是书吏练习书法的习作。至此，我判断，木牍无疑是当时的主要文具之一。而且令人高兴的是，我同时也搞清楚了这类文书制作使用的所有技术。

楔形木牍只适合于短篇通讯。作为一种特别的形式，它们可能具有半官方的性质。

图5-9 尼雅遗址中出土的佉卢文木牍文书上的胶泥封印

那是一种用大小能够相互契合的两片木板合成的。两块木板的一端削成方形，另外一端削成逐渐向下收缩的尖形。两块木板的尖端各凿有一个绳孔。文字写在下面那片的内侧，其上加盖另外一片作为保护，类似于一种封套。如果书信内容过长，可以继续在上面那一片的内里一面接着书写。上面那块木板，越靠近方形那头，厚度也逐渐变得越厚。其上隆起部位凿有一个方槽，用以填塞封泥和加盖封印。

用一根两股的麻绳，采用很聪明的方法，首先穿过绳孔，然后拉向右手方头处紧紧地捆绑好。麻绳通过与印槽相同的沟

第五章　尼雅遗址的考古发现

槽，绑束成十分规整的十字形。尔后再在印槽内填塞封泥，压住穿过其中的麻绳，再由发信人将其个人的封印加盖到封泥上。这样，在传送过程或其他情况下，要想分开两片木板阅读文书的内容，只有弄破封泥，或者剪断麻绳才行，因而绝对防止了私拆书信的可能。

根据从那个宝贵的垃圾堆中出土的木牍文书来看，长方形木牍文书的束缚和密封方法之精巧一点也不亚于前者。我在那堆垃圾中获得了许多完整的双板方形木牍文书，并随之搞清楚了。原来，底下一块木牍较长，两头各高出一部分，中间形成一块凹槽；上面的一块木牍较短，恰好放入底下那块木牍的凹槽之内。较短的木牍背面，中央部位隆起，并刻有一个方形或长方形小凹槽，用以填加封泥和加盖封印。用一根麻绳通过槽沟将两块木牍束缚牢固。麻绳之上再填入封泥加盖封印。这就防止了任何私自拆阅木牍内文的企图。这些双木牍文书出土之时，有的封绳已经破裂断开，有的则完好如初。套封的两块木牍出现分离的情况可能由于两种原因，一是原本已经打开，另一则是在抛入我所谓的古代"废纸篓"之后，再因一些外力作用而分开。不过，后来经过著名的历史语言学家拉普森（E.J.Rapson）教授在大不列颠博物馆和其他地方所进行的细致研究之后，这些已经散开的双木牍文书大多得以重新复合。

关于古代所有这种木质文具的进一步研究所得，这里就不再多说了。不过还有一件事需要再交代一下：根据后来在塔里木盆地和其他遥远的东部地区遗址中所发现的木质文书来看，这种巧妙的文书器具来自中国，而且传入的年代很早，且非常古老。在这里，我还要再加一句：纸张发明于105年。此后的几个世纪，木质文书器具的使用逐渐衰落进而废弃。新的书写材料既然比前者方便许多，自然会流传到遥远的中亚，不过这个传播和流行的过程应该比较缓慢。比如，尼雅遗址的废弃年代在3世纪下半叶，但是我在那里的数次发掘竟然没有发现一片纸。这就完全可以证明这种传播过程之缓慢。

就另一个方面而言，从那些木牍文书至今仍然保存得完好无损的封印来看，也存在着明显的西方文化影响的痕迹。由此可以看出西方古代美术文化向遥远的塔里木盆地传播的历史事实。在仔细地清理干净第一块发掘出土的完整封泥时，所看到的东西令我惊喜交集。这是一个手执盾牌和雷电的雅典娜的形象。我一眼就认出来了。毫无疑问，这是完完全全的古希腊风格。另外一块封泥的图案也是希腊神像，如同似立或坐的伊洛斯（Eros）[①]、赫拉克里斯（Heracles）[②]或其他形象的雅典娜。封泥上的印章也与1世纪希腊或者罗马的美术作品风格完全一致。

好像存心要将遥远的东西方文化进行融合一般，在我找到的一块密封的木牍文书上，封泥上并排压盖了两颗封印。一颗封印的图案是中国篆字，文字内容表明，那是管理罗布泊地区的古代鄯善行政长官的印章；另一个图案为一个人头，显然是

---

① 希腊神话之爱神。
② 希腊神话之大力神。

第五章 尼雅遗址的考古发现

按照西方古典样式刻制的。

由于我第一次考察尼雅遗址时所获的大量文书都保存得异常完好，所以判断这些古代文书的性质与用途相对比较容易。不过，随后想要释读与搞清楚所有文书的佉卢文内容就不那么容易了，可以说这是一项非常艰难的工作。佉卢文字母的书写变化过于复杂，加之读音又没有标准，另外还具有古代印度西北地区的一些方言特点，所以虽然有剑桥大学的拉普森教授、巴黎的塞纳（M.E.Senar）先生和耶稣会波耶（Pere Boyer, S.J.）神父三位历史语言学大师的通力合作，费尽心力，也一直到1902年才能够刊布这些佉卢文文书的释读成果。

我在尼雅遗址所得到的佉卢文文书，加上后来在东部地区所得到的佉卢文文书，数量非常可观。因为数量太多，加上战后的各种困难，只能逐册刊行，一直到1928年才最后刊布完毕。这些已经刊行的文书，要想全部解释明白，仍然需要印度学家许多年的努力才有可能。这些文书所记载的内容，对于当地民族所拥有的经济形态和政治情形以及种族文化方面的关系等问题，只有等到历史语言学的进一步研究，利用一切可靠的材料，并最终全部解决转写和释读问题之后，才有可能得以解决。但是在这里，能够弄清楚其中的个别问题也已经足够了。根据我最初的考察与研究，大部分文书可以确定是各种类型的公文，其中不少是地方官的报告及其接收到的命令。这一类文书所涉及的，大多是申诉书、传票、护照（路引）、海捕文书以及地方管理和社会秩序的有关文书。当然，也有一些私人书信。

至于付款凭证、请求文书、账目、工人名单等杂项，则通常写在那些不规则的单片木板上，各行之后一般还缀有数字。

下一章，我将介绍第二次在尼雅遗址考察发掘时的情况。在一个巨大的地窖内，我得到了一些仔细押盖有封印的尚未开启过的文书。后来我才弄明白，关于那些数量不菲的长方形双木牍文书，它们中的绝大部分都是正式契约和借券，其余一部分则是私人往来信件。书写者不愿意收信人之外的其他人知晓其内容，所以用这种密封信函。另外还有一部分木牍用梵文雅语抄写某段佛经，颇具语言学研究的趣味。

所有的佉卢文文书都使用一种古代印度俗语。不过，其中也掺杂有大量的古印度雅语名词。我有充分的理由认为，这种佉卢文不仅是字体，连语言的出处都应该是现今旁遮普及印度西北部地区和邻近外印度河一带。印度目前保存下来的记载古代社会生活与政治情况的文书，都没有我的这些佉卢文文书的年代那样古老。而这些佉卢文文书竟然出现在喜马拉雅山以北的地方，应该说是十分有趣的事。据说，和田一带在公元前2世纪前后，曾经被旁遮普及印度西北地方的呾叉始罗（Takshasila，即希腊史书中之Taxila）所征服，并成为其殖民地。更为奇怪的是，塔克拉玛干地区发现的这些文书，其所记载的当地古代传说居然与玄奘和古代西藏的文献也都完全吻合。还有以国王名义发布敕谕所用的命令，以及那些保存完好的文书所记录的国王年号（如摩诃罗阇，即梵文Maharaja，意为大王；梵天子，即梵文Devaputra之类）也都是纯粹的印度模式。这与

第五章　尼雅遗址的考古发现

1世纪统治印度西北地区及阿富汗一带的贵霜朝诸王的名号异常地相似。文书中出现的人名也几乎都是印度式的，有些甚至显示出与贵霜王朝有关。不过，除了我们已经熟知的印度官职名称外，也有一些称呼显然不是印度的。至于到底是哪儿的，还有待考证。

在文书中，我们时常见到"Khotan"这一名称，其形式与现在通用的称呼几乎完全一样。不过，这个名称有时也作"瞿萨旦那（Kustana）"，意思为"地乳"。玄奘对这个名称也曾做过记载，很可能是一种附会之说。在书信文书中还可以找到其他一些诸如尼雅、且末之类的古代地名。在那些地名里，我最后确定Chadota就是现在的尼雅遗址，也就是古代中国所称的精绝。根据中国史书《汉书》的记载，精绝是和田东边的一个小地方，正好与尼雅遗址所在位置相吻合。

拉普森教授第一次解读佉卢文文书，就发现了许多奇异的事情。其中，他曾经考证出，许多木牍文书都曾使用一个共同的官名。对此，我在这里略作说明。楔形木牍文书在文书中被称作Kilamudra，意思是"印楔"。拉普森教授进行了多年的辛勤研究后，按照文书记载的各位国王在位的时间，排出了这些统治者的先后顺序。并由此证明，这些国王所在地点不是和田，而是鄯善，即今日的罗布泊一带。

让人觉得奇怪的是，这些远在印度北边，被印度古代传说隐隐约约提及的所谓大沙海的地方，竟然为我们保存下来一批用古印度语言书写的材料，而且这批文书材料的年代比印度本土所发现的任何文献都要古老。这样说的理由有以下几点。首先，在古文字学方面有许多证据说明这一点。最重要的是上文已经说过的，这些文字与2—3世纪印度西北部地区贵霜王朝的佉卢文碑刻文字异常相像。此外，在另一处遗址发现的佉卢文文书上，还书写有几行贵霜时期印度婆罗迷字体文字，也同样证明其年代之久远。还有古代货币的发现也同样重要。我在尼雅遗址发现了许多中国古钱，这些钱币都是东汉时期的东西。

不过，最确凿无疑的证据，却是上面写有一行中文的一片小木简。这样的木简，我在垃圾堆中收集到40多片。这些文书都是官方文件，经过沙宛先生的仔细研究，获得了许多非常有价值的资料。中文木简所记录的大多是关于逮捕某些人，或者准许某些人通过关卡的中国官方命令之类的公文。文书中提到的塔里木盆地以及中国其他古代地方，都很有历史意义。

在这些汉文文书中，最让我感兴趣的是由一位法国汉学家布什尔（Bushell）博士首先发现的一片木简。木简上面确切地记载有晋武帝泰始五年（269）的年号。史书明确记载，晋武帝时期（265—289）中国重新经营西域，其在西域的声威延续数十年不减。直到晋武帝以后，尼雅遗址还有人居住，并且继续经历了很长时期。不难相信，中国军队从这个地方撤退之际，当地的政治和经济形势一定发生了很大的动乱。很有可能尼雅遗址的废弃，就与中国军队的这次大撤离有着直接或间接的关系。

清理北方遗址区的那些房屋遗址，除了发掘出土了一些美

第五章 尼雅遗址的考古发现

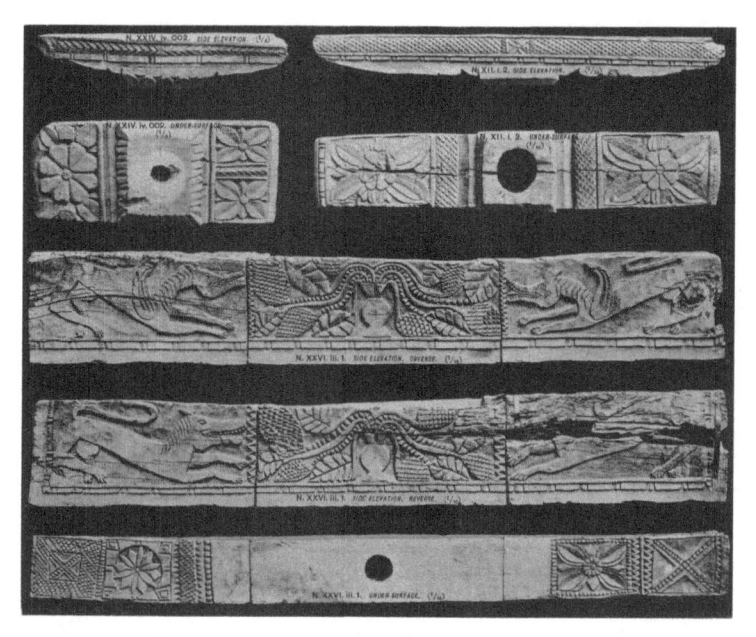

图 5-10 尼雅遗址中出土的木雕复合托架构件

丽的木刻建筑构件（图5-10）之外，并没有发现其他新奇之物。既然出土的木质构件如此有价值，那么就没有必要放弃这一理想之地，另觅他就。在这里，我一连工作了16天。连日劳作，再加上日夜肆虐的风寒，所有的发掘民工，连同我自己都感觉疲倦已极。我十分清楚，在那些还未发掘的沙丘下面一定还隐藏着许多雕刻精美的建筑构件。不过，我派出去调查的人回来都说没有发现任何有价值的东西，这自然是他们不想在此地停留的借口。恰巧，这时我也听说在尼雅遗址东西两个方向都还有其他遗址，心思也已游弋他去。再加上当时我们进行发掘的时日已经很长了，不久沙漠风暴季节就要来临，再向沙漠腹地深入已不太可能，于是不得不停止发掘。

2月13日，我带领考察队全体成员撤离这块给我带来许多欢乐与刺激的遗址，恋恋不舍地返回。即将走完沙漠地带回到尼雅河尽头时，偶然性地又碰到一片房屋遗址。来时由于走得匆忙和被周围高大沙丘遮挡，未曾发现。这件事促使我暗暗地下定决心，这次回去以后，一定要尽快再次返回来。

第六章 重返尼雅遗址，探察安迪尔遗址

西域之路

1901年2月，离开尼雅河尽头以远沙漠深处的遗址时，我确实强烈地希望能够再次回来考察。因此，如同第三章介绍的那样，1906年夏末，我又第二次带领我的中亚探险考察队来到了和田。在这里，我按照计划认真筹备，准备重返尼雅遗址大干一场。在筹备期间，我常常想，如果能够从空中搜寻和考察沙漠深处那些隐藏在巨大沙丘之间的遗址，对于我的探险考察而言一定会有很大帮助。但是，无论是风筝还是载人气球，由于当时各方面因素的制约，都不可能实行。那时虽然说飞机已经发明，但由于同样的原因，也不可能用于实际考察。因此，我只能够等待夏季过去，马上就派出我的向导、以前的找宝人伊布拉音前往各地寻访那些我以前不知道的遗址。

在和田与于田之间的达玛沟做完短期的考古发掘之后，1906年10月15日，我再次来到尼雅绿洲。从伊布拉音的汇报中，我得知他的搜寻结果收获很大。同样让我感到欣慰的是，那些上次曾随我到尼雅遗址发掘的民工又都应召而来。这一次，我准备根据能够携带水量的极限，招募尽可能多的民工前往尼雅遗址。由于有我上一次雇用的那些民工现身说法，以及我的老听差克里雅人伊布拉音·伯克在当地的影响力，竟然在一天之内召集了50位民工。此外，我还准备了足够四个星期需要的粮食，同时还添置了一些运输用的骆驼。

我的探险考察队在尼雅河干涸河道两旁的茂密胡杨林中匆匆行进了三天。秋日中，胡杨树叶和芦苇那火一般的浓烈色彩令人心旷神怡。从荒凉的伊玛目·贾法尔·沙迪克大麻扎朝圣

第六章　重返尼雅遗址，探察安迪尔遗址

归来的香客与尼雅河岸的瑰丽景色相映成趣，恰如一幅绚丽的图画，给这里原本寂静的原野增添了不少人间的情调。在距离那位传说中的神圣战士和殉道者长眠之地还有几英里的河道里，我们把所有的水桶和羊皮水袋都装满了水，然后毅然决然地离开这个能够提供生命之水的地方，向北进入沙漠深处。两天后，我又一次在距离那一大片沙漠遗址不远的地方安营扎寨。根据后来的测量，这片遗址的区域范围很大，从南到北的距离有14英里以上，东西最宽处超过4英里。

第二次进入尼雅遗址时，我所选择的路线与第一次有所不同。这一次，途经的古代遗迹更多，沿途看到多处大片倒塌的古代居住遗址，以及一些环绕古代果园的篱笆墙遗迹。我想，那些早已枯死扭曲的果树、白杨树当年欣欣向荣地生长之时，也正是罗马帝国诸位皇帝耀武扬威无比荣耀之时。时过境迁，我置身于如此遥远过去的遗迹中，浮想联翩，感叹不已。我在一间残破不堪的小屋内稍微搜寻了一下，便发现了一些保存良好的佉卢文木牍文书。如此出色的开始，给了我极大的鼓励。并且也证实，这片区域虽然向南距离我第一次发掘的遗址足有4英里，但是出土文物性质相同，因而遗址年代也应该同属于一个很古老的时期。

第一天傍晚，我于暮色朦胧中漫步走过高大的沙丘，来到一处遗址。1901年那次考察发掘时，我就看见过它。当时就是因为前面曾经介绍过的和一些不可名状的理由，当时勉强放过了它。现在来到这里，我看见一根雕刻得非常精美的壁柱就那

样横躺在地上，壁柱上覆盖着一层薄薄的流沙。当时我个人的感觉，好像我从来就没有离开过这里，一切是那么熟悉，那么亲切。感谢上苍，命运居然能够允许我再次回来。不过，此时我还完全没有料想到，会有那样丰富而巨大的一个考古学宝藏就在咫尺距离的地方等着我。

第二天一早，我带领民工走过4英里左右的荒凉沙丘地带，来到当年伊布拉音所发现我们上一次曾经发掘过的遗址区西面两英里左右的地方。那里是一大片房屋遗址区，我们在这片遗址的最北部开始了新一轮的发掘工作。上一次由于高大沙丘的遮挡，这些古代建筑遗迹未曾被我们发现。古时候，这里显然属于这块绿洲西北部边缘的延长地带。当时应该有一条人工渠道通向尼雅河终点引水灌溉。

我们首先清理的是一处比较小的房屋遗址。在这个遗址上，流沙堆积不过3—4英尺深。之所以选择这样一个遗址，是为了让我的印度助手奈克·拉姆·辛格和其他新招募来的民工增长见识和练练手。对于没有做过沙漠发掘的新手而言，这个小遗址是非常合适的练兵场所。遗址周围因为风蚀形成较低的洼地，而遗址本身所在地也因风蚀变成一个狭长的舌形台地。台地仍然与一条至今两旁还有枯死的白杨树的渠道相连。在遗址西侧的居室内，发掘出土了一些佉卢文木牍文书。对那些首先发现木牍文书的民工们，我现场奖励了他们几块中国银币。看到这些，民工们士气大振。很快，正在发掘之中的其他三间居室也相继传来好消息，分别发掘出土了这种用古代印度字母书写的

第六章 重返尼雅遗址，探察安迪尔遗址

佉卢文公文和书信文书。这样的发现速度和数量让我大为满意。这些木牍文书大概是最后居住在这里的一个小官吏丢弃的，时间大约在3世纪中叶。

让人高兴的事接连不断。出土物中有一些长方形、楔形木牍文书，它们原来的密封麻绳依然完好如故，个别几件木牍文书的封泥封印也还基本保存完整。封泥上面压印出来的图案是赫拉克里斯神像，还有一个似乎是罗马尼（Romani）的像。这些图案，都是加盖古代印章之后留在封泥上面的（残件图）。眼看着这些珍贵文物不断地出土，我快乐、兴奋的心情难以言述，可以说是无比的高兴啊！在亚洲腹地荒凉的沙漠遗址中，与古希腊、古罗马的精美艺术品共处一处，好像时间和空间的历史距离忽然间消失了一般。这种确切的历史联系和时空感受，使我长时间处于精神亢奋状态。

这处遗址出土的家具和农具都是木制的。这些东西对于我而言已然很熟悉了。木制器物有一把雕刻精美的古希腊风格木椅、织布机、靴楦、大食盘、捕鼠夹等。由于有第一次探险考察的经验，对于这些出土文物的功用和性质，一眼之下便已辨别得十分清楚。此外，还出土了制作精美的木柱以及用柳树枝条编织起来再涂以灰泥的木骨泥墙（篱笆墙）。

我们的第二步发掘工作是清理营地附近一处规模较大的建筑遗址。这个遗址中，大部分居室内的东西现在都已经腐蚀殆尽，只剩下一些褪色破裂的大木柱耸立在那里，标示着房屋建筑原来的木框架结构形式。不过，我的运气依然很好，在一间

形状像门房或厩房的建筑底下，我发现了一大堆由一层层垃圾堆积而成的古代垃圾堆。根据以前的经验，我们完全有必要立即发掘这种臭烘烘的地方。虽然时间已经过去了1 700多年，然而这堆掩埋着的垃圾堆依然发散出刺鼻的臭味。发掘时恰巧又刮着东风，于是千年的尘土与细菌弥漫混杂在一起，不断地扑进我们的眼睛、口腔和鼻孔里。大家强忍着尘土与恶臭的折磨，一层一层地掘开垃圾堆。在挖到7英尺深的时候，出土了一个大概是原来居民用来盛垃圾的小木箱，木箱里装有许多稀奇古怪的杂物。如用丝、棉和毛混合织就的纺织品，铜质和骨质的印章，木质的笔，漆器残片和其他残破的木制用具等。

最让人高兴的，是发现了一打以上的书法精美的汉文木简（图6-1）。根据沙宛先生后来的考证，这些文书中大部分是礼品清单和书信，是专门附带在给当地长官家族赠送的礼物上面的。其中一件文书是写给当地长官夫人的。《汉书》记载，精绝国位于且末与克里雅之间。根据上述文书记述的内容，我们断定尼雅遗址古代属于精绝国的行政区划。在木箱底部，还找到捆成一把保存得非常完好的谷物。谷物近旁还有两具已经成为木乃伊的老鼠尸体。

接下来，我们发掘的是一处规模很大、破坏也很严重的建筑物。很早以前，这里起码应该是当地一位重要人物的住所。因为这个建筑物中厅堂很大，长达41英尺，宽35英尺。后来再次到这片遗址考察时，在遗址区西南部发现了一大片有半英里多长的平坦地面，地面上到处散布着破碎的陶片和其他硬质

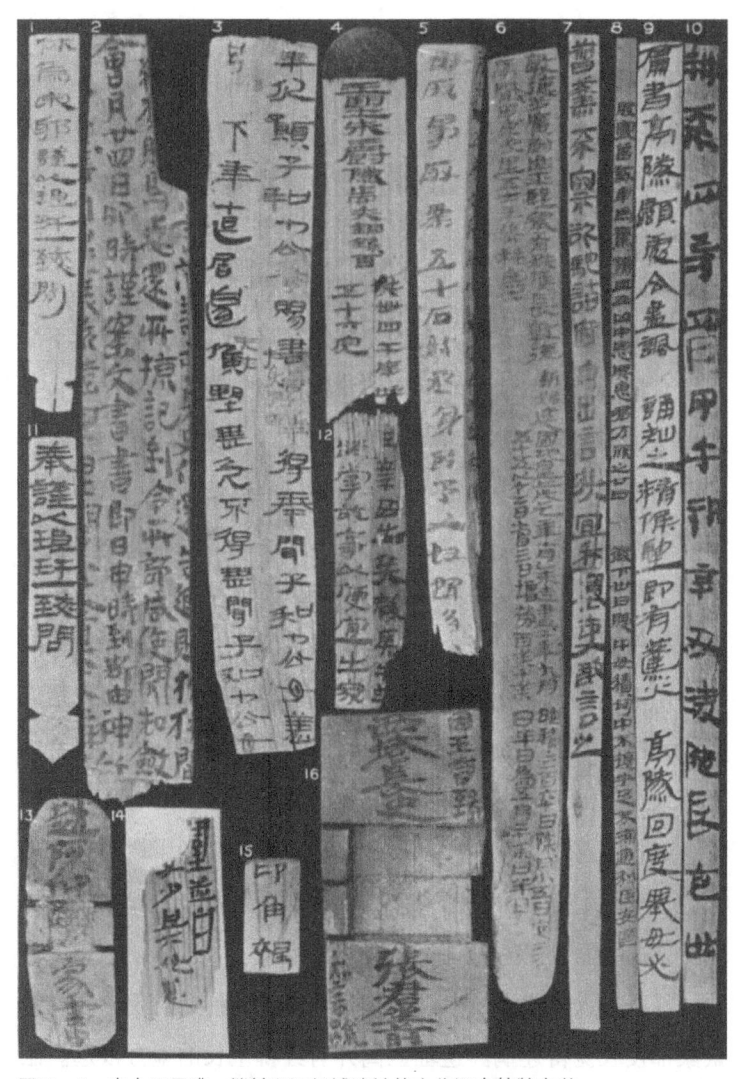

第六章 重返尼雅遗址，探察安迪尔遗址

图6-1 出土于尼雅、楼兰和汉长城遗址的古代汉文简牍文书
（注释：1、11出自尼雅遗址，2、13、16出自楼兰遗址，3—10、12、14、15出自汉长城遗址。）

物品残片。这样的地方当年一定是一处房屋稠密的地点。所有房屋很可能都是用土坯之类容易被风蚀破坏的材料砌筑而成的（就像现在这个地区平常人家使用土坯建造房屋那样），所以不能像富有之家使用木材和红柳枝条建造的房屋那样，能够持久地抵挡风沙的侵蚀。

随后，为了寻找遗址区南面的古代居住遗址（图6-2），我们前后忙碌了好几天。调查的具体情况这里就不多说了。下面简单介绍一下大致情况。有些建筑物已经残破得非常严重，其他一些保存相对完好的建筑物大多掩埋在堆积很厚的流沙中，清理起来很费工夫。在每一所房屋建筑的遗址中，几乎都有书信、账簿、草稿、杂记一类的佉卢文木牍文书被发现。此外，还出土了不少能够反映当地日常生活以及流行工艺的木质刻花建筑构件和家具。在这个东方小庞贝古城中，最后的居民虽然没有留下多少有实在价值的东西，然而他们遗弃的物品已足以说明，他们所拥有的绿洲生活当时一定非常安逸。许多居室中都有火炉、舒适的炕床、木制碗柜等物件。房屋附近几乎一律都有围着篱笆墙的花园，以及两旁种着白杨树和果树的林荫道（图6-3）。因为有沙丘保护，果园中那些早已枯死的桑树至今依然挺立在那里，有些枯树高达10—12英尺。

每次进入沙漠遗址，四周茫茫沙海的那种绝对荒凉空阔的景象都使我觉得迷惘。遗址区离开有红柳生长的地方很远。眼前的黄沙漫无边际地铺展开去，犹如汪洋大海一般。单调的沙丘如同波涛一样，连绵起伏，漫无边际，几乎让人感到绝望。

第六章　重返尼雅遗址，探察安迪尔遗址

图6-2　尼雅遗址房屋建筑未发掘前的情形

图6-3　尼雅遗址房屋建筑发掘后的情形

遗址区内那些枯树树干、残垣断壁以及成行排列的枯朽木柱，时隐时现地出露在沙丘顶上，成为这片荒凉之地的奇特点缀。这种奇异的景象，常常使人联想到波涛翻滚的大海中那些只剩下龙骨桅杆的沉船。在这个季节，就连徐徐清风所带来的也都是那种海风般的沉寂与悲凉。

我们在这里整整进行了14天的考古发掘。所得到的丰富收获，绝对无法在这里做详细的介绍。但是那些大量出土的古代文书，由于其出土发现之时情况较为特殊，我还是在这里做一简单说明。在遗址区西部一群残破的建筑中，我们清理出了一所规模较大的房屋（图6-4）。以前我曾经到过这里，由于时间原因，担心不能够全面清理，因而放弃发掘，任其保留了下来。幸运的是，现在它一如以往，仍然没有被任何人触动过。在遗址的中央大厅旁边，又出土了一些雕刻非常精美的建筑构件残片，这表明当年居住在这里的人一定很富有。在另外一间似乎是会客室的房间，我又发现了一些体积很大的佉卢文木牍文书，其中有一件足有3英尺长，可见其主人应该是一位重要的官吏。

在中央大厅隔壁的一间窄小的房间，我们发现了一些排列整齐的书架。发现的那一瞬间，我就意识到我们已经进入了主人的书房，从而认定会有更多有价值的东西将被发现。很快，我的预感便得到了证实。仅仅一小会儿工夫，出土的木牍文书数量便已经超过了100件。这些木牍文书大多都是用来传达命令的楔形文书，当然也有方形木牍文书。文书性质主要是账簿、目录和年代被颠倒乱用的公文。很显然，我们发现的是倒在地

图 6-4 尼雅遗址中清理出来的中央大厅及办公房间所在位置。)
（注释：房间右侧墙壁即为罗斯坦壁画所在位置。）

上的公文架。由于流沙堆积的深度有5—6英尺，所以这些木牍文书都保存得非常完好。在随后继续进行的清理过程中，老队员中经验最丰富的挖掘民工——老实的罗斯坦居然又有了奇异的新发现。

在刚开始清理这间房屋遗址时，我就曾经注意到靠近墙根的地方有一大堆土。罗斯坦就是在那个土堆里发现了大量成捆的木牍文书。当时我没有让民工去动它，以为那里面不会有什么重要的东西。偶然间，我看到罗斯坦像我的猎狗刨开鼠洞那样用两只手在掏挖那个土堆，还未等到我说话，就已经看见他从土堆和墙壁之间抽出一件保存得十分完好的楔形双板木牍文书。正当我惊讶之时，他又从深约6英寸的沙土里拽出一件完整的长方形双板木牍文书。两块木牍上的封泥完好无损，封套都还未曾打开。把洞口挖大了之后，我看见在墙壁与墙基以下的部位全是捆绑得很紧的一层层木牍文书。

很明显，我们找到了一处隐藏着的档案库。我对这样一个有趣的发现大为满意。因为除了文书本身的价值和非常完善的保存状况之外，发现时的情景，更能够给我们提供有价值的指示。除了少许例外，最后到结束时，我所得到的长方形木牍文书足足有三打之多，密封用的捆绑麻绳都依然完好，封泥也完整地保留在封套上，说明文书并没有被打开过。基于对以前所得到的这类文书的研究，我曾做出过这样一个假设，即这类木牍文书都是契约、合同这一方面性质的文书，之所以密封保存，为的是在一旦需要时可以保证文书的确实可靠性。现在发现的

第六章　重返尼雅遗址，探察安迪尔遗址

这个文书档案库，证实了我的设想。

很特别的是，有两件拆封的木牍文书被后来进行的研究证明，是以适当的形式写给"神与人喜见的尊贵的科者波苏甲伽（Honourble Cojhbo sojaka）"的信。我清楚地记得，以前我所发掘出土的文书中也有许多使用这种名称。根据罗斯坦的推测，这个土堆的本来作用，就是仔细收藏和保护这些遗留下来的文书，同时也是为以后需要取用时所设的标记。我非常赞同这一看法，这样的收藏保护方法也表明，文书的主人是因为意外的原因被迫匆促离开这里，然而仍然怀有回来的希望。

主人搬迁的时候一定十分谨慎，小心避免损坏木牍文书的封泥和封绳。其中一件木牍文书的封泥上甚至加盖了三个封印。夜幕降临，返回帐篷之后，我继续小心地清理这些出土文书。很快，我的细致谨慎便得到了回报。几乎所有的封印都如同新近加盖的一般，封印的图案中很大一部分是古希腊宙斯的形象。此外还有身围狮皮、手持棍棒的赫拉克里斯、伊罗斯、普洛马科斯，以及一些身着甲胄的半身像。令人称奇的是，古希腊刻印工人的精湛技术居然成功地传播到了遥远中亚的沙漠腹地。细究起来，这份已经被流沙掩埋了近1700年的关于这片土地和其他财产的苏甲伽文书，其所有者今天竟变成了我。说出来，这当然是一个令人瞠目结舌的结论。但它是真实的，只不过我又应该去哪个法庭要求权利呢？

后来，我们的发掘工作逐渐向遗址区南部转移。这里虽然还有一些红柳丛存活，但是整体环境条件反而更加恶劣，到处

都是顶部长着枯活参半的红柳丛和高达40—50英尺的密集而巨大的沙丘。我们就在这些沙丘之间寻找古老的过去遗留下来的痕迹。我们找到的遗址都在沙丘边缘，而这些地方又有很深的风蚀洼地。这几种景观综合起来，形成了一幅奇异荒寂的图画。不断吹过的东北风刮起一阵阵尘雾，给这种环境增添了几分生气。最后，我们来到遗址区最南端，找到一块空旷的地方，又发现了一些新的遗址。直到这时，我那一直高悬着的心才得以放下。这里的遗址都不大。不过在进行一次细致的调查之后，发现了许多有趣之处。

离我第一次发现佉卢文文书所在遗址约60码远，有一块耸立着许多枯死桑树的方形地块。这些古老桑树的树干至今仍然高达10英尺以上。它的旁边，从前曾经是绿荫笼罩的池塘。现在池塘还在，只不过已经变成了一片洼地。我判断，古时引水入池的渠道必定不会离此处太远。一番搜寻之后，在西面最近的一座红柳丛覆盖的大沙丘后面，发现了一座长约90英尺、横跨在一条干涸河床上的小桥，两个清晰可辨的桥墩依然耸立在那里。古河床左岸有一个已经遭受严重侵蚀的长约200码的果园遗址。我还可以看出河床向西北方向蜿蜒而去的依稀遗迹。河床的可见长度达两英里以上，已经满是黄沙覆盖了。不过，河床来到我们所在的位置时，又出现在低矮的沙丘与灌木丛之间。纵观周围环境，我们所发现的地点无疑是一个断层地带。

尼雅遗址为何发生如此重大的变故？其原因何在？我所找到的能够直接揭示它的证据离小桥不远，就在一片被高大沙丘

第六章 重返尼雅遗址，探察安迪尔遗址

图 6-5 尼雅遗址中的古代葡萄园

围绕的风蚀低地之中。那是一处很大但保存状况依然很好的果园遗址（图6-5）。各种果树与葡萄架排列得都很整齐。它们虽然已经枯死了16个世纪，可是布局模样清清楚楚，可以明白无误地进行确认。

1906年11月，我从尼雅遗址出发，向东北方向，途经且末抵达若羌，在沙漠中总共走了400多英里。其间，我利用机会进行了地理学和考古学方面的考察。在安迪尔河东边，我曾经无意中得到过一些东西。这些东西对于解决一些有趣的古代问题可以提供充分的证据。在安迪尔河尚未消失在塔克拉玛干沙漠腹地之前，有一道可怕的高大沙岭将安迪尔河与民丰的牙通古斯河（Yartungaz）两条河流分开。我们从伊玛目·贾法尔·沙迪克大麻扎动身，越过这道沙岭，最后到达了若羌。

1901年，我第一次来到安迪尔遗址考察时，在一个有圆形城墙护卫的城堡内进行过考古发掘。在那里，我曾清理了一座小型佛寺（图6-6）。佛寺的形制与丹丹乌里克遗址佛寺很相近。出土发现的大量有趣文物中有一些吐蕃文佛经残本，这是现在已知用古代西藏文字书写的最古老的文书标本。佛寺内殿的墙壁上镶嵌有一块汉文碑铭，记述一位中国官员来到当地的情况，年代为唐玄宗开元七年（719）。根据碑铭资料，再加上所获得的吐蕃文文书材料，我可以非常肯定地断言，这个古代堡垒在8世纪已经被吐蕃人占领，甚至在8世纪结束之时，连整个塔里木盆地都已经为吐蕃人所有了。

图6-6 安迪尔小佛寺遗址发掘后的情形

第六章　重返尼雅遗址，探察安迪尔遗址

奇怪的是645年左右，玄奘循着同样的这条道路从尼雅遗址到达且末，在沙漠中行走了10天，便已经不见人烟。但是他曾明确说过路经了吐火罗故国。吐火罗是中亚史上一个有名的地方，位置正好与安迪尔遗址相当。

根据第二次在这里获得的资料，证实了我们总结的一个有关沙漠地区的历史情况的正确性，即沙漠中以前放弃的古城，经过若干个世纪之后，仍然可以让人重新居住。清理干净古堡附近的低矮沙丘之后，暴露出一片因风蚀而被极度侵蚀的古代居住遗址。这是我以前所未曾留意到的。我让人小心地掘开那些支持着某些建筑遗迹而使其不至于倒塌的硬质垃圾堆，得到了一些佉卢文木牍文书。显然，这是公元初几个世纪的物品。而这个时期正好就是历史上的吐火罗时期，也就是大月氏最兴盛的时期。

对于已经被证明正确的玄奘记载，这里又发现了更为确凿的证据。我发现，那个城堡的圆形围墙显然修建于玄奘来过之后。其中有一段城墙真的是修建在垃圾堆上。这些垃圾大约是1世纪时期的东西。关于这个年代的确定，有从其中出土的佉卢文文书为证。小城堡的修建时间，以及玄奘曾经看到的废墟被重新利用再有人烟的时期，与中国的政治力量重新返回塔里木盆地，使盆地得到宁静与平安的时期正好相符合。我可以有把握地说，如果以后我还能够再次造访安迪尔遗址，我一定会在玄奘路过时已经废弃的遗址上找到更多的珍贵文物。

第七章 米兰遗址

西域之路

1906年12月初，我已经到达若羌绿洲。现在的若羌虽然只是一个小村庄，然而却是县城所在地。全县虽然不过500多家，其中还包括半游牧半渔猎的罗布人（loplik），但它的行政区划从东到西却占有经度5度多。由此可以想象，其荒凉程度有多么严重。若羌东北部，即是本书第一章提到的那片荒凉无比早已干涸的盐泽湖床，以及史前时期海洋的最后残余——罗布泊。塔里木河水注入罗布泊，这个大盆地也因此而得名。

这里现今的名称叫罗布。13世纪末，马可·波罗前往中国途中，在横越罗布沙漠地区之前，曾经路过这里。由于自古便十分贫瘠，可以耕种的土地极为有限，所以此地物产十分稀缺。只因为从中国河西地区进入西域首先必须路经这里，所以在中国古代历史上，这片贫瘠荒凉的地方便显得十分重要。中国的历史文献从《汉书》开始，向下的诸朝史书无不提及此地。起初这里称为楼兰，后来改称为鄯善。

645年，玄奘从印度返回中国时，若羌绿洲即已经成为罗布地区的重要地方。当然，在此前的几个世纪，这里也就已经如此。这一点有确凿的证据给予证明。就像我们今天所见到的若羌绿洲一样，这里曾经有过长期的屯垦历史，也有放弃一段时间之后重新复垦的过程。因此，遗留下来的考古学意义上的古代文物并不多。即便如此，这个若羌绿洲对于我而言依然十分重要。因为很久以来，我一直在谋划对1900年首先被赫定博士所发现的位于罗布泊北部荒漠中古代楼兰遗址的考察。我为之筹划如此之久的探险考察工作只能搁在最后也是唯一的绿

第七章 米兰遗址

洲——若羌进行。

这是一片可怕的滴水全无的荒漠。在以下各章节中，将介绍第二次、第三次探险考察时我在这里进行的各种学术尝试以及所获得的极为丰富的成果。不过在没有说到这些事情之前，有必要先简要说说米兰（Miran）遗址的发现与发掘经过。1906年10月7日，我由若羌绿洲出发前往罗布沙漠。首先，我到了米兰。在做了一次紧张而短促的发掘之后，我意识到了米兰遗址的重要性。因为有更为重要的楼兰遗址的探险考察工作要做，我便决定先放一放，一个月以后返回来时再进行彻底的考古发掘工作。米兰遗址位于若羌县城东北50英里左右，其所在地极为荒凉。处于一片从昆仑山逶迤延伸下来一直到达罗布泊湖盆西端的寸草不生的戈壁滩尽头。罗布泊湖水在相当长的历史时期曾经大为减少，一度曾经缩减到米兰遗址北面。

这里有一条名叫加罕萨依（Jahan-sai）的小河。河水以前曾经被用来灌溉米兰遗址所在的整个区域，而今仅只能流入遗址所在区域几英里。在靠近河岸的地方，来自塔里木河下游一带的阿布旦（Abdal）人开辟出一小片绿洲，一面种植小麦，一面靠打鱼为生。我们到达那里的季节，正值阿布旦人迁移去了别处。不过在河道狭窄之处，我们还是找到了一些干枯的芦苇、胡杨树枯叶和带刺灌木的树叶，作为骆驼和马匹的饲料。在那里，因为有河流存在，我们不必考虑从其他地方运送生活用水。但是，连续三个星期在刺骨的寒风中进行艰苦的发掘工作，却是我们每一个人永远也不会忘记的苦难经历。除了我那聪明、机智而又老练的中国秘书蒋师爷之外,所有人员都无一例外地病倒了。

我站在一个用土坯砌成的已经完全倒塌的佛塔顶部,仔细地观察了一遍全部遗址区域。初步确定,我所站的是一座佛塔遗址,找宝人曾经挖掘了一条地道进入佛塔内部。站在这个佛塔遗址的顶部观察其他遗址的情况非常方便,这里的其他遗址全都稀稀落落地散布在东部宽广平坦的细石沙滩上,就好像大海中星星点点的岛屿一般。从远处看起来,我的向导、坚毅的罗布人托合塔阿洪(Tokhta Akhun)所说的米兰遗址区域的主要建筑——古堡显得非常庄严雄壮(图7-1)。但当我走近它,

图7-1 发掘清理后的米兰吐蕃城堡遗址(东南部)

第七章 米兰遗址

满怀热情地爬上西面较高的残墙,看清遗址非常糟糕的建筑结构时,才明白这是一处年代较晚的古代遗迹。这令我不禁大失所望。

在东墙内侧,沿着墙垣进行试掘的结果是一无所获。这也证实了我的上述判断。不过,清理后露出来的一些房间也似乎在暗示,这里仍然存在着一座很富饶的矿藏,还有待考古来揭示其神秘面纱。那些半埋在地下的小房间内堆满了差不多一直到屋顶的灰土与垃圾。开始发掘垃圾堆后不久,便陆续出土了一些书写有吐蕃文字的木片和纸张。在这些由古代居民遗留下来的一层层垃圾之中,不断出土着这一类古代文书,完整无缺者有之,残缺不全者亦有之,连续不断,一直到垃圾堆底部。第一天所发掘出土的文书数量近 200 件。同时出土的还有大量各种残破不堪的器具、破破烂烂的布片以及兵器等物件。各种出土物件都明确地显示,这些既富于考古学的价值和趣味,又极为肮脏污秽的垃圾堆,应该是在吐蕃人占据此地的一个相当长的时期内慢慢堆积起来的。据中国古代史籍《唐书》的记载,证明吐蕃人占据此地的时间是在 8—9 世纪。

第二天早晨,我安排工人去东北方向约 1 英里半处的一座建筑遗址进行发掘。据托合塔阿洪说,那里曾经有人挖出过一些带有雕塑图案的物品。发掘清理的结果证明,这处遗址是一所佛寺(图 7-2)。现在保存下来的仅仅是佛寺的基础部分。在佛寺残存墙基破碎的表面上,依然保留有作为建筑装饰的石膏浮雕图案(图 7-3)。佛寺东部墙基被发掘清理出来一部分之后,

西域之路

图7-2 米兰遗址中清理出来的古代佛寺基址（东北部）

图7-3 米兰遗址西侧发掘清理出来的大厅建筑内螺旋雕刻的圆柱

第七章 米兰遗址

我发现了一些面积较大的石膏雕塑残片。根据这些雕塑残片的风格，我断定佛寺的年代要远远早于吐蕃人的古城建筑。经过一番细致的考察研究之后，我基本确定米兰遗址是一处非常古老的遗址，曾经一度被放弃，后来又被人重新占据和使用。这种情况与我所考察的那个位于尼雅与且末之间的安迪尔遗址情形大致相同。

像这种极有可能蕴藏有重大考古发现的遗址，在不能够完全彻底地发掘清理干净之前，即便是离开片刻，心中都觉得十分不踏实。不过，由于气候方面的一些客观原因，迫不得已还是暂时停了下来。这里我要特别指出的是，只有事先制订好那种适合各种特殊气候情况的十分缜密的筹备计划，才能够保证我进行第二次和第三次的探险考察，也才能为在那些广阔的地域做好全面细致的地理学和考古学方面的研究工作提供保障。因此，一直到1907年1月23日，我才能够再次返回米兰遗址这片绝对荒凉的沙漠地带，继续从事发掘清理吐蕃古城的工作。那时，我们的营地就驻扎在城墙脚下。原本希望借此度过那些从昆仑山麓横扫而来的冰山寒风，却不料风势居然从四面包围而来，致使我们的一厢情愿完全落空。

对古城遗址的初次发掘，便充分地满足了我们的期望。8—9世纪荫庇了吐蕃戍军近两个世纪的房间，以及那些半地下室的小房间，无论规划还是建造技术与施工都粗陋不堪。有些房间内的垃圾堆积常常高达9英尺以上，好在还有优质垃圾堆可供挖掘清理。在一些房间的炉灶内，清理出来许多分辨不清楚是尘土还是灶灰的东西，此外还有草席、破布以及其他各种破烂器具。其中许多木板和纸片上都写有吐蕃文字，但大多已经残破不堪，很少有很完整地保留下来。有一间小屋子，它那被烟火熏得乌黑的墙壁还保存下来一部分。在那里，我们一次就清理出土了100多件吐蕃文书。

出土文物中，常常会有很多东西表明，这些堆积着垃圾的房间曾经被用作地窖，所以地表的尘土才会越积越高。这种情况的出现，只有一种可能性，那就是居住在这里的人根本不理会尘土和垃圾的污秽肮脏，才有可能让自己的居室一间一间地成为垃圾箱，以至于有些房间的垃圾竟然堆积到屋顶部位。

正因为如此，我才有机会得到清理古代垃圾堆的广博经验，知道如何鉴别那些垃圾堆。不过要论废物抛弃之多且密集、气味恶心且年久不变者，我常常把那些吐蕃战士丰富的"废物"列在首位。一年后，当我在和田以北500英里以外的麻扎塔格（Mazar-tagh）清理一座小型城堡遗址时，甚至在还没有发掘出土任何古代文物之前，仅凭垃圾的气味，我便十分准确地判断出这座古堡曾经被吐蕃人所占领。在米兰古城出土的众多奇异古物之中，特别值得一提的是数量很大的漆皮鱼鳞战甲残片。这些残片大小装饰各不相同，自然应该是很多件漆皮鱼鳞战甲的残余物件。

发掘工作期间，寒风凛冽整日不停，很难找到机会和时间来专门研究具体的出土文物。大部分时间，我都必须站在米兰古城东城墙墙顶，守望遗址区域内各个发掘地点的工作进展情

第七章 米兰遗址

况，因而也充分体会到被寒风侵袭的痛苦。无论何时，只要我下到工地直接介入发掘工作，便不得已享受和欣赏那些大多由极为坚硬的垃圾块被破碎后扬起的昏暗尘土。受到侵蚀最为严重的是已经完全倒塌的古城东南角以及附近的建筑，这里也是所有人都感觉最不舒服的地方。正是在这里，两间清理出来的大屋子塞满了垃圾和大量的古代文书。

发掘工作结束之时，我在米兰古城遗址所获得的木简和纸质文书数量达1 000件以上。根据著名的藏学学者托马斯（F.W.Thomas）和弗兰克（A.H.Francke）两位教授的研究，这些吐蕃文书，以佛经的数量最为丰富。其次是军事方面的内容，涉及的主要有边陲屯戍需要粮草、求援和军队调动的情况等。除此之外，是一些琐碎的公文文书，如报告文书、请求文书、契约等。所用的语言均为日常生活用语，但涉及古代吐蕃人日常生活情况的却极为罕见。这些门类繁杂的公文文书格外有趣和重要。从这些文书中，可以大致了解塔里木盆地处于吐蕃人长达一个世纪之久统治之下的情况。佛经之外的文书内容大多还涉及许多地名。这其中，我能够考证落实的有大诺布（Nob）城，即若羌；小诺布城，即米兰。诺布这个名称，与玄奘《大唐西域记》书中记载的纳缚波相同，显然指的就是罗布泊整个区域。文书的内容还提出这样一个证据，即在更为古老的时期，米兰遗址很可能是扜泥旧地，中国史籍称此地为鄯善的古代东城。

所有出土文书中没有发现一件汉文文书。这种情况说明，8世纪末以后，中国势力及其统治在塔里木盆地完全消失。不过，

西域之路

另外还有一种情况，我拆开一团胡乱揉卷在一起的纸包，发现它竟然是一些使用北欧字体的突厥文文书。突厥文文书的出现，显而易见地说明，当时在塔里木盆地遥远的一隅仍然有一些强悍坚毅的西突厥人活动。西突厥人如果不是吐蕃人的同盟，便一定是他们的仇敌。而中国在这里统治力量的崩溃，一定程度上应该也与这些人有关。释读出最古老的突厥语鄂鲁浑古代碑铭的已故汤姆森（Thomsen）教授曾经研究刊布了这些文书。他的研究结果所显示的年代与上面所谈到的年代恰好相同。其中很多人名大概都是突厥士兵。文书的性质属于发给这些突厥士兵的护照或通行证一类的公文。

吐蕃古城的实际作用，自然是保护从塔里木盆地南部有水草分布的地带通往敦煌的交通通道。罗布泊南缘的这条道路，与我将要在下一章中介绍的罗布泊北部的另一条道路一样，自汉朝以来就一直是沟通中国的主要交通路线。玄奘以及几个世纪之后的马可·波罗都是利用这条道路穿越罗布沙漠的，所以我个人对这条艰难的沙碛道路充满了浓厚的历史兴趣。实在是幸运之至，在我离开米兰踏上这条道路之前，从米兰遗址中发掘出土的佛教美术文物精品，比吐蕃人占据此地时期留下来的东西更为古老，所涉及的人类历史也更为广泛。我在这里的探险考察工作算是得到了最为恰当的报偿。

在米兰古城遗址附近，散布着一片遭受到严重风蚀的佛寺遗址。这些佛教艺术品就是在其中发现的。根据发掘过程获得的考古学材料来看，这些佛寺废弃的年代一定早于吐蕃人入

第七章 米兰遗址

据此地的时间。对于第一次考察此地便引起我注意的那个遗址，有两件事需要在这里说明一下。一是佛寺建筑的毁坏倒塌原因主要是强烈的风蚀作用。建筑物上部的石膏浮雕装饰已经完全消失。但是在我们发掘清理了下层堆积废物之后，发现了一些半埋在墙体之内的柱子。这些柱子显然是俳尔色颇里坦（Persepolitan）风格的。二是这里还有几尊镶嵌在壁龛中的大小与真人相等的残破雕像。长方形佛寺的过道很久以前就被许多破碎的建筑物碎块填塞住了。清理开这些建筑碎块，我发现一个大佛的头部塑像。我测量了一下，头像居然探出佛寺之外17英寸。头像的雕塑材料只是草拌泥。要拆解下来这种质地的塑像，并将之完好地包装起来，确实不是一件容易的事。

在大佛头像之外，还陆续发现了其他一些巨大的佛头塑像，它们也都是依照希腊模式的佛教美术风格制作而成的。完全清理出过道之后，看见紧靠外墙排列了六尊跌坐无头的大像，至此我才明白这些大佛头像的来源。雕像从膝部向上高约7英尺以上。从这些坐像衣褶的制作和表现手法来看，当年那位雕塑师在雕塑制作塑像衣褶时，完全是模仿犍陀罗希腊古典样式的佛教美术风格进行工作的。

在靠近一座佛像的底部，我们清理发现了一片保存完好的梵文贝叶经文书。从贝叶材料看，这片贝叶经书写于印度。从书写使用的婆罗迷字体特点看，贝叶经的年代最晚不会超过4世纪。于是，这座佛寺在吐蕃人入据之前好几个世纪便已经废弃的推测，又增加了几分可信度。

古城西侧1英里左右有一大群土堆，很可能是佛塔倒塌后严重风蚀形成的。当我开始发掘这些土堆的时候，希腊古典美术的影响更为生动地展现在我面前。发掘清理了最小的一座土堆之后，出现在我们面前的是一个外方内圆的坚固建筑物遗址。很多迹象表明，这个建筑物以前是座圆顶小型佛塔。从佛塔圆形建筑体顶部塌落下来的大量碎石砖瓦完全填塞了底部的圆形走道。在清理过程中，我们发现一些带有壁画痕迹的石膏墙壁残片。由此可见，佛塔圆型主体建筑的内壁原本装饰有壁画。清理工作进行到距地面4英尺左右的地方，露出一截绘制非常精美的有翼天使壁画护墙版（图7-4）。初次看见这种形象的壁画，我禁不住大吃一惊。很难想象，在亚洲腹地中心如此荒凉寂寞的罗布泊湖岸边，居然能够出现这种完全古典的希腊模式天使（Cherobim）。

极度兴奋之下，为了不损伤壁画，我让所有民工停工，自己也摘掉手套，一幅壁画一幅壁画地用手仔细清理。壁画轮廓露出以后，我马上明白无误地认定，在所有这里各处遗址中搜寻获得的古代精美的绘画美术作品之中，要以这些壁画的构图和色调最接近古希腊风格。有翼天使那完全睁开的大眼睛和活灵活现的注视目光，微敛的樱桃小口唇部表情，刹那间把我的心绪接引到古埃及托勒密和古罗马时期穆纳伊古墓出土画上，仿佛重新见到了那些画上希腊少男少女青春美丽的面容。

更令人费解的是，这些有翼天使显而易见为古希腊风格，而且有翼的天使形象无疑也是借用基督教的造像形式。但它们

第七章 米兰遗址

图7-4 若羌米兰佛寺遗址走廊下部的有翼天使壁画

为何会出现在佛教建筑内呢？幸运的是，根据随后在环形走道内发掘出土的丝质彩幡，我得以确定了壁画的年代。这些丝织彩幡显然是一种佛教供养物品，其上所书写的佉卢文字体与尼雅遗址出土的木板以及羊皮文书上的字体几乎完全一样。彩幡上的文字墨色鲜艳如新，一定是在佛寺废弃前不久才供养的。因此，米兰一带早期遗址的废弃时间应该与尼雅遗址相同，大致在3世纪末或其后不久。

其他数量众多的小件出土文物，这里不及细说。不过在靠近过道东南角直立残墙的下部，我们又发现了新的大块墙体残片。这就是一层层紧紧叠压在一起的石膏墙面壁画。对此，确有必要给予简略的介绍。这些绘在石膏墙面上的壁画原来都在高大墙垣的上部。它们是在遗址废弃之后掉落下来，并叠压在墙角的建筑残块之中。可能当时还没来得及被破坏，随之便又被流沙掩埋，因而得以保全至今。壁画绘在很薄的石膏层面上，极易碎裂，要想搬起、移动、包装，实在是一种难度很大的工作。

我是如何尝试完成这种难度极大的清理移动工作，以及在资源如此贫乏，很难找到合适的包装材料的情况下，最终完成装箱加固等方面的工作的，在这里就不再进行细节性的介绍。让我十分满意的是，两年后，当我在大英博物馆重新开启装运这些壁画的包装箱时，因为当初包装和装箱时分外仔细和谨慎，所以这些泥质墙体壁画居然全部安然无恙。这不能不说是一个奇迹。这一切都是我那得力助手，也是我的忠实朋友安德鲁斯（Mr.F.N.Anderews）先生当时巧妙地利用石膏在残破壁画墙块背

第七章 米兰遗址

面进行加固，而后再使用膨胀性能优越的铝质托架予以支撑的效果。各个出土壁画墙块被仔细拼对以后，我才搞清楚，原来大部分壁画残块，其实是圆形建筑中石膏墙装饰壁画整体构图的组成部分。

所有保存下来的壁画内容，反映的都是佛教故事。比如在其中一块画面上，释迦牟尼佛身穿一件托钵僧式的红色袈裟，右手高举，做著名的施无畏手印。佛像身旁侍立的六位弟子全都披剃作和尚状（图7-5）。画面情景显然是在一处花园或树林之中。可惜的是画面已经残缺不全，不能够提供进一步的材料说明所画究竟是佛本生故事中的哪一个。

图7-5 若羌米兰佛寺遗址的佛传故事壁画残片

这里有必要说明，米兰佛寺遗址壁画的特别之处和学术或美术价值，不在其造像方面，而在于其构图以及色调的美术方法。壁画题材是佛教的，但是绘画美术表现的所有细微之处，均使用源自古希腊的美术构图与技法。关于人物形象方面，佛祖与那些弟子的眼睛大而直，而中亚以及远东地区一些图画人物的眼睛则是长而歪。二者存在明显的差异。只需指出这一点，便已足够了。更重要的是衣褶和从袈裟里伸出的手掌和屈指的姿势。关于技法方面，这些壁画在表现肌肉的地方通常使用光与影进行烘托，这是一个最为显著的证据。这种颜色浓淡交替绘画技法的使用，在古希腊美术绘画中是相当常见的，但是在印度、中亚以及远东的古代绘画作品中，确实从来未曾见到过。

现存这些壁画的装饰图案复杂多样、变化无穷，表达或蕴含的意义也丰富深刻，其中尤以我初次所见佛寺护墙版上绘制的有翼天使画像最为出色。这种天使画像一共发现了七尊，全都被安全地揭取下来并十分妥当地运走。现在分别保存在大英博物馆和新德里我的收藏品保管处。就天使壁画的表现内容而言，其目的显而易见，是在表达适合于天国博爱境界的一种和谐思想。人物面部的描绘强烈地突出了个性，比如眼睛所表现的各种视觉表情，头部的各种不同姿态等详细情形，只有对壁画原件，或者我的《西域考古图记》中精心复制的图版进行相应的研究，或许才能揣摩一二。关于装饰画的绘制者所采用的营造特殊宗教气氛的构图技法，在这里我还可以指出来一些，如圆形过道下部护墙版上有翼天使的姿态曾经进行过精心设计，

第七章 米兰遗址

以使其与所处的位置相适应。而天使向上扬起的视线与环绕佛塔进行礼拜的信徒的目光恰好相对。

有翼天使的形象是古希腊佛教美术造像中所常见的。就此而言，米兰佛教遗址护墙版壁画上的那些有翼天使的原始模型，无疑要追溯到古希腊神话中有翼的爱罗斯（Eros）。不过，作为古希腊有翼天使绘画形式的直系后代，米兰佛寺遗址中的有翼天使壁画由于经过了一些中间传播阶段，来到最接近东方的亚洲腹地东部，受到一些东方文化观念的影响，自然是情理之中。一般来说，这里的有翼天使画像本身，就暗示了其与古代基督教的天使形象有着某种奇异的亲属关系。不过需要指出的是，把有翼天使作为上天使者的观念，在基督教兴起之前，就已经普遍存在于西亚的一些宗教系统中。

时至今日，我们并不知道在近东的什么地方还存在更为古老的天使画像。对古希腊罗马神话中的爱神形象加以改造，而最终绘制在米兰佛教遗址的护墙板上。这一文化传播与变化的历史现象究竟开始于什么时候？什么地方？对于这一点，我觉得还是有线索可寻的。这一类天使成为中国内地佛教寺院的装饰画像，也并不难解释。在犍陀罗风格的希腊模式佛教雕塑（雕刻）中，所有抄袭有翼的爱罗斯的画像，其实际用途在于他们代表着来自印度教传说的乾闼婆（Gandharvas）的飞天形象。这些有翼的天使画像曾经遍布叙利亚、美索不达米亚和波斯西部。当年米兰佛教兴盛时期，如果有人前往拜谒上述地区，看见并问起了的时候，肯定会立刻得到回答说，这就是乾闼婆。

当发掘到离这个佛塔遗址约 60 码远处的一个土堆的时候，发现一座同样的圆形建筑佛寺。佛寺过道护墙板壁画中的人物形象完全是人世间的样子，并且明显带有古希腊罗马绘画的风格特点。由此可见，这种造像学方面的联系毫无疑问是真实存在的，甚至不用解释。

这处遗址的中央为一座佛塔，佛塔四周有圆形过道环绕。佛塔与过道都比以前发现的规模要大。在遗址的方形建筑和过道的残余墙壁上，绘有同样的天使形象，说明它们的年代大致在同一个时期。佛寺内部的佛塔建筑被找宝人乱挖乱掘，破坏得非常厉害。塔顶上坍塌下来的破砖碎石壅塞了过道。在瓦砾堆中，还能找到一些雕刻精美的原先用来装饰塔顶的涂金木质装饰构件。从东面入门的地方开始，我们把过道进行了清理。结果发现，残留下来的过道墙壁上仍然保存有壁画。壁画呈画版状排列，靠下面部分为护墙板。壁画中的两尊人物画像身旁书写有不长的佉卢文和古印度文字。由此判断，这些寺院以及壁画的年代是在公元初期的几个世纪。

西面正对入口处有一段弓形围墙，但是由于找宝人的破坏早已完全倒塌了。现在可以看到，带有壁画的墙壁向两旁伸出，形成分开的两个半圆形。因为残破的程度过于严重，北边剩余下来的，只有墙体上部壁画块的少许部分。下面的护墙板保存完好，只是壁画已经褪色，好在那些非常漂亮而又极为地道的古希腊罗马样式的构图还十分容易地辨识出来（图 7-6、图 7-7）。与此相联的，是一个宽条花圈和一位持花的青年人像。

图7-6 米兰佛寺遗址圆形建筑南墙下部的壁画

这个人像是真正的蒲蒂（Putti）样式。在这些没有翅翼的天使形象之间，分别画有头戴弗里格（Phrygian）帽子的人物。显然，这是模仿流行于罗马国境内的波斯太阳神（Mithra）神像。连续不断的宽边之间的空白处，交互绘有男女的头部与半身像。所有这些人物的面部表情、头饰以及手中所持之物，似乎都在明白无误地表达人世间的快乐。南面半边护墙板上，是保存完好的携带花圈的蒲蒂和其他一些人物画像。这两处画像在佛教信仰或者其他神话传说中都找不到任何联系。这些人物画像都是一些手持酒樽、头上盛饰香花的漂亮女郎和一些弹琵琶的人。他们的希腊式面容似乎还杂有地中海东部塞卡兴（Cicassian）式的

西域之路

图7-7 米兰佛寺遗址壁画
（注释：上图为玮珊多罗王子把自己的白象施舍给人；下图中间为一印度王子，两侧各一蒲蒂样式人像。）

第七章 米兰遗址

美丽。不过那些精致的首饰却又显示出近东或者是伊朗的风格。

尤其值得注意的是，男性半身像所使用的极为复杂的表现手法。这些男性画像都是青年，面部特征十分像罗马人。其中一幅画像右手高举，手指屈伸不一，如同正在做古希腊罗马风行的猜拳游戏一般。其他半身画像大多浓髯厚发，衣饰华丽。看上去很像是来自北方或东方的野蛮人。人物面部表情凝重，嘴唇较宽，额头较低，给人的直观感觉，好像是在表达对现世善良美好事物的直白忠诚。手持的透明酒杯上举齐胸，姿态十分优美。与前面那些代表西方和北方部族男性风度的画像形成对比的是一位印度王子的半身像。王子的头发剃得很干净，头部用珠宝装饰得富丽华贵，上戴一顶峰峦状的头巾，面部表情柔和，两眼显露着一种梦幻般的眼神。这幅画像令人十分自然地联想到希腊式佛教美术雕塑中乔达摩王子未成佛以前的那个著名形象。

遗址四周极度荒凉的景象，更加增强了壁画中这种光辉灿烂的人物形象的感染力。在我看来，这些画像的意义似乎在于象征各种世俗生活的快乐。画像所表达的内容，与我们这些在遗址中终日忙碌操劳不已而又郁郁寡欢的现状是多么的不同呀！面对壁画中的那些年轻人，我总是情不自禁地以为自己正身处叙利亚或者罗马帝国东方诸省的某一处别墅遗址之中，而完全不是在中国境内的佛教寺院遗址中！

然而，只要一看见佛寺遗址东南面剩余残墙上长达18英尺的壁画，我心中的一切疑虑便都消失无余了。在分隔壁画内容

西域之路

的长条状行列的庞贝红底色上,还有一组玮珊多罗(Vessnatara)王子本生故事画。这个故事是释迦牟尼前生诸多本生故事中最为有名的一个。画面是从大门入口左面开始的。首先是虔诚礼敬佛法的王子因为过度施舍,而获罪于父王被驱逐,正骑马走出宫门的场景。王子的前面行驶着一辆四马两轮的马车,车上乘坐着与他一样虔诚信仰佛教的妻子和两个孩子。再向下,画面景物变化成为森林。此时王子已经下马步行。有四位婆罗门正在向他请求布施。王子则立刻把自己那头神奇的白象送给他们。再往后面,因为墙体已经倒塌,故事的其余场景已经不得而知。不过从北面与之相对的半圆形护墙板上残存壁画的片断来看,画的应该是王子夫妇隐居在丛林中修行的场面,以及最终以欢欢喜喜地返回王宫团聚的故事作为结尾。

护墙板和装饰带上的壁画都应该出自一人之手,只是在装饰带内,画师所用的是希腊式佛教美术技法。这种绘制方法在当时久已习惯用来表现这类宗教故事。半世俗样式的护墙板壁画却完全由画师自己发挥了。所有的风格特点全部为当年罗马东部流行的美术画派。非常幸运的是,我们在白象胳肢窝部位发现了一小段有关画师的佉卢文题记,题记内容为我们前面的那些判断提供了进一步的证据。法国著名古文字学者马利努斯(Marinus)一直在帮助我整理研究所有佉卢文文书。根据他的释读,这段佉卢文题记记录的是画师的名字叫褅塔(Tita),以及画师所获报酬的数目。表示数目字的字母在释读确定含义方面存在一些争议。不过关于画师名字的释读却完全没有疑义。

第七章 米兰遗址

"Tita"这个名词在印度语和伊朗语中都找不到根源。我个人判断，这很可能是把罗马人名"Titus"的读音用梵文雅语或梵文俗语习惯使用的读音方式加以表达的结果。

"Titus"一名在公元初几个世纪中通行于罗马东部边陲。那时候的一位画师也取用这样一个名字，他还曾因其卓著的美术造诣而被不远万里邀请至东方中国境内。根据托勒密《地理》一书中所保存下来的关于泰罗的马利努斯的记载，我们得以知道，有着同样籍贯的罗马欧亚人（Roman Eorasians）也常常前往相当于现今中国本土的"丝国赛里丝（Land of the Seres）"做丝绸贸易。而那个时代还要远远早于米兰佛寺的使用年代。

画面上与玮珊多罗王子相关的以及其他的佉卢文题记，如果能够完整无缺地与壁画一同揭取下来，待方便时仔细地反复推敲，便不难确定文意。但是由于气候和其他方面的困难，那时候我甚至连给所有发现的壁画拍照，以便为今后美术方面的研究留下资料这样极为重要的事情都无法全部做到。我心里非常清楚，壁画所在的墙体特别容易破碎。如果贸然揭取大面积的壁画，最可能出现的结果是壁画画面的彻底损坏。除非首先把壁画背后厚实的墙体系统地拆除，仔细地与壁画墙面剥离出来。这种揭取壁画的工作十分消耗时间，起码需要一个多月。但是，一个多月后冰冻的罗布泊盐泽开始融化，而我计划经过罗布沙漠前往敦煌的长途旅行，在许多路段必须得到水的供给，这时如果把时间花费在米兰佛寺，随后的旅程将面临极大的危险。无奈之中，怀着万千割舍不下的心情，只好放弃全面揭取壁画的计划，把这项耗时费力的工作留待将来再做。

没有能够及时揭取米兰佛寺壁画的悔恨，被后来的事实所证明。1908年3月，我专门安排我那精明而又时常幸运的印度助手奈克·拉姆·辛格从和田再次前往米兰佛寺遗址揭取壁画。不幸的是，奈克·拉姆·辛格在壁画揭取工作开始之前得了青光眼病。这位勇敢的锡克人（Sikh）在一只眼睛失明的情况下，坚持在那种恶劣环境中工作，以至于双目俱盲。这是一种十分英勇的行为。但却是一个悲惨的故事。在这里不便于详细加以叙述。一方面，是因为故事过于漫长；而另一方面，则因为这件事过于凄惨。

1914年1月，我得以再次返回米兰佛寺遗址。这次所见到的情况令我大吃一惊。想不到，当年我与奈克·拉姆·辛格用沙土瓦砾辛勤掩埋保护起来的佛寺遗址，现在完全暴露在了光天化日之下。据说，在我发现此地以后若干年，一位光有考古学热情，但缺乏必要准备和专门技术以及野外考古发掘经验的日本人来到米兰遗址，打算使用一种极为愚蠢的方法把所有的壁画揭取下来搬走。结果是，进行了一场全面的毁灭性的破坏。我这样说，绝非恶意诋毁。这从佛寺南半边过道里遍地狼藉的壁画残片来看便是有力的证明。这位无知狂妄的日本人幸亏只挖掘到北半部边缘便放弃了。我们得以对剩余的这部分壁画进行长时间艰辛的揭取工作，最终完整无损地全部揭取下来。但是，最初我所发现而未及照相的精美壁画大多不复存在，只能依靠笔记本上的那些记录了。

ced and remunerated.

第八章 古楼兰的探险考察

前面的章节曾经说过，1906年12月最初的几天，我在若羌绿洲为前往楼兰遗址进行准备工作，以便开始我谋划已久的探险考察。我计划在对楼兰一带所有遗迹考察完毕之后，带领我的驼队横越马可·波罗所曾记述过的罗布沙漠，沿着他走过之后便一直荒凉寂寞了好几个世纪的古道前往敦煌。为了避免旅途中出现重大危险，运输工具和粮草等一切事宜都必须仔细认真地予以安排。其中，同样重要的是必须尽一切可能节省时间。在滴水俱无的罗布沙漠中工作，合适的季节只有冬季的几个月。在这段时间，我们可以驮运冰块作为饮用水，进而保障探险考察工作得以顺利进行。

若羌名为县城，实际上只不过是一个小小的村落。绿洲范围很小，几乎全部都是沙漠，能够供应的物资非常有限，所以我们的准备工作异乎寻常的艰难。不过有一点出乎我的意料，在三天之内，无意中居然召集到可以用于发掘的50多位民工。粮食准备了足够我们所有人员食用五个星期的量。同时尽一切可能搜集骆驼，以便运输所有的物资。我们所带的粮食和饮用水，必须能够维持全体人员七天的沙漠行程，以及在遗址停留期间和最后返回路程的需要。

问题十分严重。我把若羌当地所能够提供的物力资源全部动员起来之后，也只不过仅仅找到了21峰骆驼。其中，甚至包括我自己从且末带来的久经考验的十分吃苦耐劳的7峰骆驼。

阿布旦是一个小小的渔村，靠近塔里木河流入罗布泊的沼泽地带。对于进入罗布泊地区而言，这里的地理位置十分便利。

第八章　古楼兰的探险考察

所以如果我不把自己的给养仓库设在阿布旦，给养供应方面的问题必将更加严重。在阿布旦，我可以把暂时不需要的行李和给养安顿下来，以待完成古楼兰遗址方面的工作之后，前往敦煌的探险旅行时再用。

所幸的是这片荒凉绿洲的长官——若羌县知县廖大老爷非常愿意帮忙，时间不长就帮我从阿布旦请到两位强壮的猎人。其中，一位年长而略显消瘦的名叫穆拉（Mulla），另外一位身材较胖的名叫托合塔·阿洪。这两人都曾帮助过赫定，不像当地其他人那样惧怕我将要进行的沙漠探险所面临的危险。不过，这两人都未曾从阿布旦一带直接进入过楼兰遗址。所以我的队伍离开阿布旦沼泽地带之后，不能指望他们做向导，但是他们熟悉我将要前往地区沿途的情况。再者猎人拥有丰富的野外经验，习惯于艰苦的环境，能够勇敢面对冬季严酷的沙漠。那些挑选雇用作为挖掘民工的当地农民，当知道要随我们在这个严寒的冬季离开他们的家乡，前往东北方向无水的沙漠地带进行一次遥远而且不能预知前景的旅行，全都十分恐惧。这些乡民的亲戚也都认为他们将要倒霉了，都十分担心和悲哀。直到看见这两位猎人出现，大家的情绪才为之一振，稍稍放下心来。

经过最大限度的努力，12月6日早晨，我们终于离开阿布旦出发。我的民工队伍按时在这块最后的绿洲田野边集合起来。当我视察情况，清楚地看见那些罗布人坚毅的蒙古人面容时，不禁大感意外。他们都是当地半游牧的渔人后裔，与从北方草原地带迁徙而来的突厥族后裔大为不同。所有的亲属与亲人告别时都高呼"遥勒保勒松（Yol bolsun）"，意思是"一路平安"。此情此景中，再也没有什么话语，比这句维吾尔语的告别寓意深远和含蓄了。

穿行走过大片的戈壁荒漠地带，又走了大约两站地，才来到米兰遗址。至于在米兰遗址所进行的考古发掘工作，上文已经做了介绍。12月10日，我安排自己最忠实的突厥族后裔仆人提拉·巴依（Tila Bai）在米兰照管一切事物。我那位忠实的汉文秘书蒋师爷也被留在后方。虽然他个人非常想跟随我一同前往，但也只能由他去抱怨了。主要原因是蒋师爷的双脚不能适应在前方严酷的环境中作长途旅行，当前的条件又不允许我们准备一些骆驼来驮运他和他的那些用具，更何况蒋师爷和所有的骆驼一样，都非常瘦弱。

第二天早晨，渡过还没有结冰的塔里木河之后，就开始向沙漠深处进发。我们向东沿着最初的罗布泊沼泽走了一天，在一个没有出水口的由塔里木河水形成的潟湖中取得了大量质量上乘且足够使用的厚冰块。每一峰可以驮运的骆驼都背负着满袋的冰块，重量达到400—500磅。四个镀锌的铁桶也装满了水，以备万一之需。不久，这些铁桶内的水就冻结成冰了。此外，还有30多头毛驴也都驮上了小袋的冰块。离开最后这一处有可饮用水和冰块的地方之后两天，我们便把所装载的饮用水（冰块）都卸了下来，就地建立了一处中转站。虽然荒漠环境中毛驴也需要饮用水，好在只忍受两天，卸下负载之后自然可以很快返回到塔里木河边。

第八章 古楼兰的探险考察

至于骆驼,最初我们就曾让它们做过一次畅饮,每峰骆驼大约都喝了六七桶水。根据我们的经验,这样的饮水量大约可以维持骆驼几个星期不至于干渴。在极为寒冷的冬天,骆驼队草料的需求远甚于水。离开最后一处生长植物的地方,一直要到罗布泊腹地遗址附近才可能会有一些芦苇作为骆驼的食物。我数次旅行之中的驮夫头目哈桑·阿洪为应对这种严酷的环境,给骆驼准备了几皮袋菜籽油,每经过一段时间便喂食骆驼大约半升气味极为难闻的生菜籽油。我的驮夫们称这些菜籽油为骆驼茶。实践证明,骆驼经过长距离跋涉之后,在得不到草料的情况下,这些骆驼茶非常有营养价值。

又走了整整一天,穿过一片可怕的盖满盐卤的草地,在柴努特库勒(Chainutkol)附近一个小池塘旁留下两个人。池水已经结上了一层薄冰,正好可以供牲畜饮用。这里可以作为临时休整地点。我安排把为工人准备的粮食留在此处。下一步的前进方向从此地起将转向东北。在改变方向之前必须确定,我们已经靠近赫定1900年所走的路线。当然,我们的方向与之正好相反。现在可以用来确定方向的东西,除了赫定当年绘制的地图上所标示的路线和遗址方位外,我也只有一个罗盘,再无其他的辅助工具。而自从上一次赫定从北方穿越此地以来,这块不明地域的地理面貌发生了极为显著的变化。我们来的这一年塔里木河洪水泛滥,向北流淌,形成一些新的没有泄水口的大湖。现在这些大湖都已经完全干涸了。在大湖干涸之后裸露出来的湖底盐床上,仍然分布着几个小小的水池。水池中剩余的水盐化得非常厉害,以至于在目前这种严寒的天气下竟然都没有结冰。12月14日傍晚,我们走过了仍然生长着红柳同时分布有大片枯死胡杨树丛的低洼地带,在一片红柳怒生的沙丘高地上安营扎寨。毛驴驮负的冰袋都卸了下来,仔细地堆放在一座最高的大沙丘的北面背阴地方,做成一个储藏所。所有的毛驴另外安排了两个人,押送返回柴努特库勒中转站搬运存放在那里的粮食。

从临时转运点再出发,很快走过大片风蚀剥离极为严重的地带。这样的情况在罗布泊沙漠北部地区形成了一道奇异的风景线。无数险拔高峻的土崖,被一些巨大的沟壑十分明显地分

图8-1 历经艰难穿越风蚀地带之后到达楼兰遗址

割开来（图8-1）。我所雇用的当地罗布人为这样的地貌取了一个很方便的名称，叫作"雅丹"。所有的雅丹都是被夹带沙粒的风吹蚀切割形成的。风吹起的沙粒成为极为厉害的侵蚀工具。这种台地雅丹的方向一律呈东北—西南方向。由此十分清楚地显示出，这一带持续时间最长、风速最大、风向最为固定的，应该是由于大气环流的关系，从蒙古高原横扫而下直接刮来的季风。

在这样的地貌中行进，路线不可能成直线，只能曲折地迂回前行，所以人与牲畜在那些硬泥雅丹以及深沟中行走都异常困难。骆驼行走在雅丹地带尤其困难，因为骆驼柔软的脚掌踩踏在这样的地面之上极易破裂。所以每次宿营，总有几头可怜的骆驼要接受"打掌子（Re-soling）"的痛苦。打掌子是用小片牛皮缝在骆驼脚掌之上，以保护其足部伤口。虽是好意，但也是酷刑，骆驼当然不愿意。每次打掌子都需要技术极为高超的行家操作。幸好我的哈桑·阿洪是精于此道的专家，并且时常训练其他驮夫。只不过他的训练方法不太和气，往往是叫骂踢打一并俱来。

在这片风蚀侵害极为严重的雅丹地区，每走出不远，便会遇到一段枯死的胡杨树干。它们或倒伏在地上，或狰狞矗立。这类低地一眼望去，弯弯曲曲伸展远去，就像河道支流，蜿蜒延伸流入沙漠深处逐渐消失。根据我的实际经验，以及我们仔细测绘的地图，我十分肯定地认为，这些低地及其沿途附近枯死的胡杨树林，原先都是河流的终点。很显然，早期的库鲁克

西域之路

河曾经流入干涸的罗布泊盆地及其附近低洼地带。支持这种观点的地形学和考古学理由，我已经在《西域考古图记》和《亚洲腹地考古图记》两书中做了充分的论述。在这里，我只补充说明一点，关于此处古老三角洲及其东部一带干涸的罗布泊湖床，在中国古代史籍中也有许多有趣的记载，这足以说明我的上述观点。

在风化剥蚀严重的地表，常常可以捡拾到石器时代的石箭镞、石斧和其他小件石器，以及许多制作粗糙的陶器残片。走到这里，我们仍然没有能够深入罗布沙漠的腹心地带。继续前行，每隔不远便会遇到前面提到的那一类同样的东西。就我们的行进路线而言，我极力要求队伍按照直线方向行走。为了保持方向，实际上不准许大家左右四顾寻找东西。虽然如此，一路上还是发现不断，这种情况充分证明，这些地带在史前时期末叶，必然已经为人类所占有。

由于地形地势对于旅行过于困难，我要求所有的人与牲畜每天都从清晨开始，一直走到天黑才停下来扎营。可是尽管如此，每天的行进里程充其量也只不过14英里。在这种破裂不堪的风蚀地带，想要按照罗盘所指示的方向维持正确的路线，的确非常困难。出于同样的道理，对于我们所走过的路段，在一些容易看到的特殊地点，我们往往用枯死的树干或者土堆很仔细地做成一些路标，以便为后面尾随而来运送冰块和粮食的人指示方向。

在将近第二行程时，我们在裸露的地表发现了许多小件铜

第八章　古楼兰的探险考察

器。其中，有中国汉代的铜钱，以及数量众多的陶器残片。我由此断定，我们正走在远古时期曾经有人居住的地方和曾经使用过的交通路线上。不过，根据我们的测量数据，从当时我们所在的地方还要一直向南再走12英里，才能到达赫定所追踪寻找的遗址。

这个季节，我们完全被冰冷刺骨的东北风所包围。第二天半夜，狂风几乎吹倒了我的帐篷。在我们停留于罗布泊的整个时期，除了短短的一段时间外，这种冷风总是持续不停地刮着。气温很快就降到了华氏气温表零度以下。我们全体队员的生活也因此陷入极度的困苦之中。好在古河床旁遗留下来的成排的枯树干能够给我们提供丰富的燃料，要不然我们所受的苦就更难于言表了。为了防止冻伤，我把头和手都包裹得严严实实。即使是这样，哪怕是在阳光灿烂的日子里，也还是感觉不到一丝暖意。

到了12月17日，我们所找到的汉代中国古钱、青铜箭镞以及其他小物件越来越多了。最后一天下午，穿越宽广的干河床之后，作为遗址标志的那座已经倾塌了的土塔已经隐约可见。那里正是赫定草图上极度吸引我向往的那个地方。我的民工队伍也因为就要到达目的地而大为兴奋起来。目视所及，距离我们还有大约8英里的路程。穿越一些高峻的雅丹和许多深削的土沟，天黑以前，我们终于赶到了那里。千百年来巍然屹立的遗址群在亘古荒原上显现出一派凄凉的景象。我们在作为其主要标志的佛塔脚下扎下了帐篷。

第二天一早，发掘立即开始。使用相当多的人数持续工作了

11天，我把在各个遗址中所能够找到的古代遗物全部清理了出来。据托合塔·阿洪说，荒凉的库鲁克塔格山麓碱泉子附近有一片芦苇草地，我立刻安排人把大部分骆驼送往那里喂食。其余的骆驼则派往南部中转站，驮运储存在那里的冰块等给养物资。

那天早上，我站立在佛塔顶最高处，放眼四望，那些已经非常熟悉，但是依然新奇的立木行列马上展现在我的面前。正南面与西南面两个方向，耸立着一些由木料和灰泥构筑起来的建筑遗迹，聚集成小的建筑遗址群。看到这些遗址群，我马上

第八章　古楼兰的探险考察

图8-2　楼兰古城佛塔附近古代居住遗址的南侧

想起尼雅遗址的那些建筑群。所不同的是，这里因为风力作用远大于尼雅遗址，所以掩盖在各种遗迹上面的流沙要大大地少于尼雅遗址。遗址群所在地方之外，极目远望，只有无穷无尽剥蚀得奇形怪状的雅丹和深削的沟，与形成它们的东北风同一方向。同时也很像由无数条波峰浪谷凝固成的广阔无垠的海面。

　　发掘工作是从佛塔南面开始的。这是一座倒塌了的房屋，位于一座足有18英尺高的台地上面（图8-2）。这座房屋原先建筑得很好，现在已经破败不堪，大多数建筑木料散乱地堆积在斜坡上。出现这种情况，是因为猛烈的风沙完全剥蚀了房屋基础部分的土层，导致房屋倒塌，进而将房顶的泥土又全部无情地刮走形成的。在仅存泥土的堆积中略做搜索，便发现了一些写在窄木片和纸上的汉文和佉卢文文书。佉卢文文书的形式与尼雅遗址所发现的一模一样。

因而发掘刚一开始，我便得到证据表明，在尼雅遗址用古印度文字母书写的文书，在遥远的罗布泊地区也同样被广泛地使用于政治统治、商业贸易以及其他方面。试想一下，楼兰遗址所在的罗布泊湖岸地带离古代于田地区在地理空间方面具有多么遥远的距离，而这种古印度语言与字体竟然如此完整地发展到了这里。毫无疑问，这是一个富于历史意义的新发现。在那个遗址中，我还发现了其他一些奇异的古代遗物。在这里，我只能简略地提及一块堆绒羊毛地毯残片和一小捆保存状况非常完好的黄绢（图8-3）。此后陆续又发现了一些木制度量器具以及一块有字的绢边。从而使我得以搞清楚，那一小捆黄绢正常的宽度应该是19英寸，并了解了古代手中国工业中这种最为著名的出产物品运送到古希腊罗马的真正形式。

发掘刚一开始时，便在房屋遗址附近的空地上捡到不少金属、玻璃和石质的各类小物件。其中往往有金属扣、石印、青铜镜残片之类的东西，青铜镜背面的图案刻铸得十分精美。我们捡拾到的玻璃和石珠也不在少数。汉代方孔式铜质制钱散布极多。这种现象非常重要。由此可见，这种小钱流通传播范围极广而且数量极多，同时也说明了使用钱币作为中介的普通贸

第八章 古楼兰的探险考察

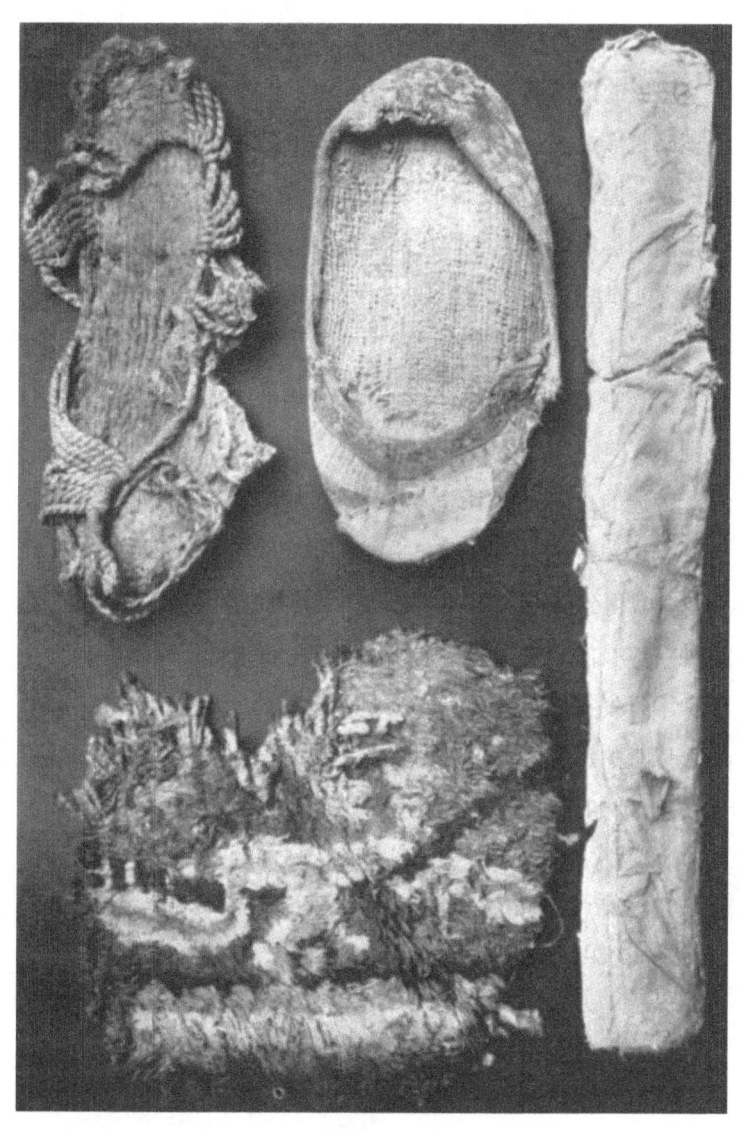

图8-3 楼兰古城遗址中出土的古代编织、纺织物

易在当时已经大为盛行。

房屋的西南部有一座大型建筑物。这座建筑物一部分使用土坯砌筑而成。虽然已经严重损坏，但是还可以看出，它原来应该是一座衙门。在它中间有一间小室，原来可能是作为监牢使用的。赫定博士曾经就在那里找到许多写在木片和纸上的汉文文书。有些文书的年代是265—270年[①]（晋泰始元年至六年）。我安排民工仔细地把整个建筑清理了一遍，又找到不少这一类文书。其中有些弯曲的木质薄片，显然是从有一定规格的木板上削下来的。

旁边的小屋虽然粗陋，建筑形式却与尼雅遗址常见的形式一样。这种建筑大概是供非中国人的本地官吏使用的。在这间房屋，我得到了于我而言样式已经十分熟悉的佉卢文简牍文书。这种佉卢文简牍文书的格式和内容同尼雅遗址所得到的极为相似。不过发掘的最大收获，还是置于衙门西面直径大约在100英尺以上的那一大堆垃圾内。就在那些臭味依然刺鼻的一层层硬质垃圾和其他废物之中，我却得到了很多写在木板与纸片上的汉文文书。这些文书无疑是被作为废弃物从公事房中清扫出来的。其中，不少木简破裂不堪，有的还曾经被用作点火木条，有明显的烧灼过的痕迹。

在这堆包罗万象的垃圾堆中，我们还找出一些写在木板、纸片和绢上的佉卢文文书，只不过数量不多。当时独一无二的

---

① 斯坦因原文作264—270年。

第八章 古楼兰的探险考察

发现是一片破纸，纸上写着一种不知道的文字。字体看上去像阿拉米（Alamic）语文字，后来被证明它是粟特（Sogdian）文文书。这种文字此前已经完全消亡和不被人知。粟特文于公元后起初几个世纪流行于先进的撒马尔罕和布哈拉地方的古康居国（Sogdiana）一带。

所获得的汉文文书（包括我第二次探险考察所得）的释读工作，由我尊敬的朋友、已故大汉学家沙畹先生完成。沙畹先生撰写的大作已经由牛津大学出版社出版发行。这些文书的内容同以前赫定博士所得到的一样，可以确凿证明，这一遗址的所在地名为楼兰。楼兰这一名称，既是古代指的这一片整个地域，同时也用以称呼这里的驿站。在公元前2世纪末，中国所开辟的进入塔里木盆地的古道上，楼兰正是进入西域的桥头堡。

所得文书中有年代记录的大部分是263—270年的东西，那时正值晋武帝在位。他在汉朝倾覆以后，重新在西域树立了中国的声威。最后一件文书的纪年是330年，文书中又作建武十四年，其实建武年号在十四年之前就已经终止了。由此可见，当时这个小小的驿站与国家中央政权的交往联系已经完全断绝。此地以及以此为起点的沙漠交通路线离最后放弃的时间显然已经不远了。

此地站点既小，整个地域的本地出产又极为有限。然而我所获得的汉文文书仍然足以证明，当初这条古代交通路线对于贸易是多么重要。在这些文书中，有从西域长史方面发出的文书，也有呈送给西域长史的报告，以及明显不属于当地军事行动记录的文书残片。但是大部分文书却都是关于一个中国小屯田区域的相关统治事项，比如粮食种植、储存、运输之类的记载。对于官吏以及士兵，常有减少口粮的命令。当地不能自给的窘迫状况，由此奇异地被显现出来。

这里发现的佉卢文文书字体、语言以及其他方面与尼雅遗址所发现的极为相似，现在已经由拉普森和博学的法国同事进行释读、研究和刊布。根据他们后来寄给我的节译本，我考证出此地原来的名称是"Kroraina"，汉语"楼兰"一词很可能就是它的译音。实际上，单从二者读音非常近似这一点而言，就已经十分具有说服力。

清理垃圾堆及其周围其他居室所获得的一些零碎出土文物，这里就不一一细说了。不过有一件稀奇的事情还有介绍的必要，这件事情充分展示了大自然对遗址的毁灭力量。我对整个遗址区域的狭小台地从南到北进行了细致认真的考察，结果发现，这些狭小的风蚀雅丹并非自然之物，而是原来城墙的残余。城墙原来是用泥土和红柳枝条相间夹杂筑成的。这是中国古代建筑师在罗布荒原这种地方修筑军事防御堡垒时通常使用的方法，其最显著的功效是能够十分有效地抵御风沙的剥蚀。

但是，这座直径达1 020英尺的古城，其顺风方向的那几面墙体，现今只残留下来些许遗迹。而迎风面的那些城墙却早已经消失得干干净净，最终仍然没有能够抵挡住风沙毁灭性的力量。同样类似的情况，在东部相隔很远的一片残破遗址中再次出现，让人真切体会到了风力在罗布荒原所能够达到的巨大破

第八章 古楼兰的探险考察

坏程度。也正是基于这些经验，当1914年第二次造访楼兰遗址的时候，我能够立刻辨识出那些面向东西两个方向未被风沙完全毁掉的城墙遗迹。

到12月22日傍晚，我们在古城的发掘工作结束了，接下来要做的工作是发掘西面8英里左右的一个遗址群。这些遗址是被赫定首先发现的。但是赫定只是从楼兰古城到那里去了一次，仅仅停留了一天，而他带往那里进行发掘的民工也只有5个人。显而易见，那里仍然应该还有大量的古代文物在等待有系统的发掘。目前的关键，是我们是否还有足够的时间到那里去工作。我们储备的冰块消耗得很快。托合塔·阿洪从库鲁克塔格返回来报告说，那里碱泉子里的水含盐量太大，以至于到现在都还没有结冰，因而无法得到可以饮用的冰块。这个消息令我十分焦虑。可是当时我们在遗址区域测得的最低温度已经达到华氏温度计冰点以下45度了。因为同样的理由，骆驼也不愿意饮用那里的咸水。所幸的是，从中转站出发的骆驼这时已经安全地返回来了，带来了急需的给养物资。12月23日，我们终于得以把营地转移到新的遗址群所在的地方。

以后的五天里，我们一直在那里努力发掘。许多民工因为不适应这种严酷的环境而病倒了，不过能够工作的人数仍然达到30个人左右。发掘收获很大，在这里只能简要介绍少许考察结果和一些有趣的考古发现。在仔细地清理了一座小佛寺之后，出土了许多精美的木刻残片。其中，有长达7英尺以上的雕花木梁。木梁的装饰样式和雕刻风格显然是希腊的，或者也可以

图8-4 楼兰佛寺遗址中出土的木雕建筑构件

说是希腊式佛教美术风格（图8-4）。

此处以及离此处东南1英里左右的一些大型建筑遗址所在地风蚀程度十分严重。虽然如此，我们依然在那些遗址中发掘到很多非常有趣的古代文物。其中有雕刻精美、油漆仔细的家

第八章 古楼兰的探险考察

具构件，有罗马构图样式与雕刻风格的木板残片（图 8-5），有装饰性纺织品纹饰。还有一件保存状况良好的鞋子，鞋面上装饰有纯粹西方样式的地毯图案。在靠近另外一座小佛寺的地方，有一处用篱笆围绕起来的果园。早已枯死的果树树干依然挺立在那里。这个果园是这一处遗址群落中所能见到的唯一一个种植园遗迹。这处楼兰古城外围的遗址之所以重要，有证据显示，经过此地沟通与中国内地的商业贸易，远比当地的物产显得重要。

有了这些发现，我的心中早就酝酿的想法越发变得强烈了。这就是立刻穿越那片迄今仍然未被人触及的沙漠，沿着这条古道一直向东走下去。但是当时的气候和各方面的物质条件对于

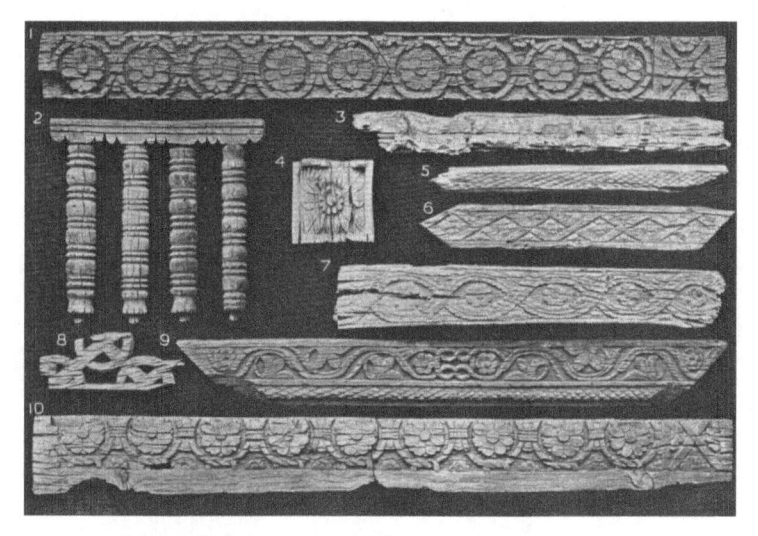

图8-5 楼兰古城遗址中出土的木雕残件

我的企图给予了最坚决的拒绝。在我们的储备物资中，冰块的数量已经很少了。民工患病的人数却不断增加。这都是长期暴露在寒风中的结果。因此，1906年12月29日，西边那些遗址的发掘工作告一段落之后，我马上安排测量员拉姆·辛格带领大部分民工押送所有出土文物返回阿布旦。派拉姆·辛格是因为他长时间在寒风中工作，使他不幸得了风湿病，在此期间他已经不能够活动了。我自己带领剩余很少的一些人出发，穿越不为人知的沙漠向西南转移。经过七天艰难的旅行，我们平安到达了冰冻的塔里木河边。沿途沙丘越走越高大，西南方向的路况远比从罗布泊出发的那一路要困难许多。途中没有发现遗址，只见到一些石器时代的遗物，就是连那些以前常见的作为古代河道标志的死胡杨树丛也见不到了。气温下降到华氏气温表冰点以下48度多，使我们深切地感受到没有烧柴取暖的痛苦。这次探险旅行从开始一直到最后返回若羌和米兰，沿途我都极为用心地进行地理学考察，做了许多测绘工作，这里就不一一详述了。

第九章 沿古道穿越干涸的罗布泊湖盆

1907年2—3月，我从罗布泊沿着马可·波罗曾经走过的古道向敦煌出发，并在古代中国本土最西端的敦煌沙漠地带发现了古长城遗迹。关于在这一段沙漠地带长途旅行的情况，我将在下一个章节中做简要介绍。这次长途探险考察，使我得以确定那条连接中国和中亚以及西方的重要交通路线——凶险的楼兰沙漠通道最东头的出发点。但是要想追寻这条古道旅行，而又不发生错误，那只有从楼兰古城出发。不过从楼兰出发的实际难度太大，所以我也是一直等到七年之后，在进行第三次探险时才能够尝试。

1914年1月8日，我到达若羌。于是，这片小小的绿洲再一次成为我考察罗布泊的根据地。不过由于中国内部正在进行革命，新疆自然不免受到影响，我进行探险考察的难度加大了。在这里，我只简单地介绍一二。我从且末出发前往若羌，是在年末最后一天。在这之前我已经听说，一队革命军已经向若羌进发。还说若羌已经被攻占，县官也已经被捕。驻守且末的中国县官无力制止这类暴动，所以他只是很谨慎地为我写了两封介绍信。一封信写给那个不幸的按办，假定他已经重新恢复自由和获得权利；另一封信写给革命军领袖。且末县官估计他们可能已经接掌了政权。

从且末到若羌一共有十站。一路大致都是沿着车尔臣河行走，沿途没有遇见一个行人。这样的旅途情况很使我诧异不已。到达若羌以后，两封介绍信都无法投递。那一小队革命党捉到知县以后很快就残酷地处死了他，而所谓的革命党的头目则立

第九章 沿古道穿越干涸的罗布泊湖盆

即自封为按办。当地的伊斯兰教徒却对发生的这一切漠然视之。一个星期以后,远远地从焉耆开来了一小队汉人与伊斯兰教徒混合组成的军队。这支军队由若羌当地一位极为善于应变的伊斯兰教徒头目接应进入绿洲,乘那些革命党人还在睡梦中,抓的抓,杀的杀。等到革命党人惊悉此事时已经被一网打尽。因为地方所发生的政治变乱,导致了现政权中文官的丧失。而缺乏了文官,要想从那些平和的罗布人以及他们吃苦耐劳的头目那里得到任何帮助都没有指望。

这期间,为了征集旅途中必备的粮食、驮夫、民工以及骆驼等牲畜,我遇到了无数困难,使我蒙受了极大的损失。而所谓的革命,实际上只是一场假仁假义的政治活动而已。从若羌出发后,由于没能够筹措到足够的物资,没有办法,只得在米兰遗址又花了将近两个星期进行考古发掘工作,抢救我于本书第七章所曾提及的在一所大院塔内发现的那些精美珍贵的佛教壁画。正当我们全力进行发掘时,接到喀什噶尔英国总领事马继业爵士的通知,说新疆省当局命令地方当局禁止我在当地的任何测量工作。这道命令的现实意义,其实就是要停止一切我想要进行的探险活动。我那位机警的朋友立刻请求北京英国公使出面调停。这样的努力让我十分感激。在当时的情况下,如果没有英国驻外机构官方的极力干预,仅仅是中国人的消极拖延方法就足以破坏我的所有探险计划。所幸的是,意料之中应该发自若羌的禁令居然没有到来。后来我才搞明白,我能够这样侥幸,是由于"革命党"的暴动凑巧于此时爆发,合法的知县还未来得及发出对我的禁令之前就被解决掉了。接手的革命党占据了衙门，也看见了命令，但是在他们自己立足未稳之时，还有更多急切和重要的事情要做，根本无暇顾及此事。后来的中国军队官员严守中国官场规矩，极力避免干涉民事，把衙门中的文件封存起来，等待来自迪化的新知县接掌权力。如此一来，却直接救了我，我得以安然收集我所需要的一切东西，然后向干旱无水的沙漠地带进发。到了那里，一切人为的干涉都将不复存在。

这次的主要目的是，在干涸的库鲁克河三角洲进行新的探险考察工作，发掘所遇到的任何遗址，寻找从楼兰古城遗址往东所有可能出现的古代交通路线。为了使比较麻烦的最后一项工作能够得到充足的时间，最要紧的便是抓紧时间迅速完成发掘工作。因此，我就安排尽量带上足够的水，也就是冰块，同时招募尽可能多的民工。携带冰块的数量，经过计算足够35个人一个月的消耗量。全体民工的口粮也足够支撑一个月。此外，我还额外为我自己的人准备了一个月的粮食，还充分准备了保暖用具。为了驮运全部物资，总共雇用了36峰骆驼。再加上我自己带来的15峰骆驼，仍然不够用。在这种情况下，所有人员只能步行。

1914年2月1日，我带领大队人马从米兰正式出发了。第二天，在塔里木河终点的一个湖边，我们把所需要的冰块都装入袋中。从现在起算，再走四站便可以到达目的地。在那里，有几年前我忠实的罗布人随从托合塔·阿洪所发现的一处大遗

第九章　沿古道穿越干涸的罗布泊湖盆

址群。遗址所在地的地表被风沙剥蚀得非常厉害。风蚀最为严重的地方连坚固的城堡也完全被摧毁无遗（图9-1）。那里的城墙也是用一层树枝加一层泥相间筑成的，与敦煌西部中国古长城城墙的修筑方式完全一致。清理了城内的房屋遗址以后，我获得了大量古代遗物，其中主要是木雕建筑构件、日常器具、铜铁物品之类的东西。从这些古代物品来看，这个遗址的废弃时间与楼兰遗址大致在同一个时期。有一条河道十分明显地经过古城堡。河道两岸还有成排死去倒伏的胡杨树，因而河道的走向十分容易追寻。单从河道延伸的方向，便可以断定，这是库鲁克河南部的一条支流。河水以前是流向楼兰遗址的。

我们追寻这条河道来到第二处一个规模稍小一些的城堡遗址。城堡北面有一片很大的地方，那里到处散布着古代遗迹。因为风力的剥蚀作用，用木柱和树枝修筑起来的房屋损坏得非常严重。遗址的原始地面已经基本无存，幸好垃圾堆表面坚硬的板结依然顽固地指示出过去曾经的地面。我们在这里发掘出土了用古印度佉卢文字体和古印度婆罗迷字体，以及汉字和粟特文字书写的木牍和纸片。当然还有其他一些非常精美珍贵的古代文物，比如漂亮的漆盒、有图画的丝织品和毛织物残片、木制农具等。这个地方的废弃一定也与楼兰遗址一样，不会晚于4世纪初。

出土文物所提供的证据，对于判断这一地区人文遗迹的年代大有助益。在远古时期，罗布泊地区的水文和人文政治情形都可以从这里找到一些线索。在风蚀地面上，我们捡到许多新

石器时代的箭镞、玉斧一类的石器。这些只能归属到史前了。

在前往楼兰遗址的两站路途中，又经过了一些连续不断的古河床。河道两岸都有成排枯死倒地的胡杨树。河床延伸的方向非常明确地指示出，它属于古代库鲁克河三角地区。风蚀地面上，有些处所除了石器时代的遗留物品外，间或杂有许多汉代钱币以及金属零件、陶器碎片等物件。我们所走的路线和1906年我第一次造访楼兰遗址时的不同，而所获得的古代文物和沿途观察所得到的资料都与那一次基本一致。这也就充分证明了当时所做结论的正确性。

2月10日，天黑已经很久了，骆驼仍然努力挣扎着翻越那些连绵不断且难以逾越的雅丹台地。终于，我们走到了中国的楼兰遗址。我们的营地依然安扎在那座熟悉的大佛塔遗址下面。次日，我向楼兰遗址东边以及东北方向未知的沙漠地域推进侦查，以期有新的遗址发现。我的民工全部留在上一次考察发掘时没有注意或者来不及挖掘的那些外围小遗址和垃圾堆上，全

图9-1　罗布沙漠中楼兰古城遗址的北部地区

力进行发掘工作。很快，我们就有了大量的新收获。在这次发掘清理中，我又得到了一些用汉字、佉卢文字体和粟特文书写的木牍和纸质文书。而粟特文，正是1906—1907年的考察中由我发现以后才被世人知晓的。

邻近楼兰遗址的地方，从古代中国政府放弃这里以后，河水仍然时常短暂地回转，不时地涨落，在很大的程度上阻止或延缓了风力和其他自然力量剥蚀的作用。在这期间，由于沙漠植物的复生，地表黏土也因此得以保持下来。我曾经对这类河水的涨落水平线做过详细的观察和测算，结果非常有趣。正是基于这方面的观察、测算资料，可以十分清楚地看出，在楼兰遗址废弃以后的1 600多年中，河水返回这片荒漠的频率，以及每次返回时河水水量的大小并不是一定的。资料显示，罗布沙漠各处遗址的情形大致都是如此。在那些红柳丛和芦苇塘都早已枯死的低地里，偶尔还可以看到这里或那里渗出一些水来。这些水的唯一来源只能是库鲁克河。实际上，当1915年我再次回到沙漠中的库鲁克河时，在更西面一些沿着库鲁克塔格，也就是干山山麓，可以很清楚地看见库鲁克河。在河床低洼的地方稍微挖个小坑，便可以看到咸水渗出。在我做第四次塔里木盆地旅行时（1930—1931），得知当地的水文情况近期内发生较大的变化，直接影响到了塔里木河河道。夏季洪水暴涨时，大部分河水竟然向北流进了孔雀河下游河道。这样，两河汇流之后高涨的水势斜逸，再次进入库鲁克河干涸的河道，并直接流向楼兰古遗址一带。看到这样的事情发生，我并不觉得奇怪。因为它已然在我的预料之中。当时我非常想抓住这个难得的机会，深入研究这种水文变化对罗布泊盆地所可能产生的影响程度。可惜由于中国政府方面的阻挠没有能够进行。

现在到了从事更令人兴奋的工作之时。2月中旬，我又重新返回长期吸引我的楼兰地方，开始此行最为重要的工作。阿弗拉孜噶勒汗（Afrazgal Khan）是一位年轻聪明的穆斯林绘图员。他来自开伯尔来复枪队（Khyber Riles）。起初，他是以警卫身份加入我的队伍。后来因为工作成绩优异，在印度测量局谋得了很高的职位。此次探险考察之所以能够准备得如此充分恰当，很多方面都得力于他的大力协助。我们准备进行探险考察的所有地方，都是几个世纪以来不曾有人走过的不毛之地。在楼兰，我曾一直渴望追寻古代中国军队和商队从敦煌穿越沙漠通往楼兰的交通路线。考察开始不久，便在楼兰东北部地带发现了一连串的遗址。这些遗址十分确切地指示了那条路线的走向。这个走向即使不是全程路线，也至少标示了楼兰地区的起始处。

第九章 沿古道穿越干涸的罗布泊湖盆

最接近这些遗址的地方是一处古代墓葬群。它们距离楼兰遗址大约4英里，坐落在一座距离风蚀地面约35英尺高的孤立的雅丹台地上。由于风蚀导致崖岸侧面崩落，那些古墓有的已经部分暴露在外，个别甚至已经塌落下去了。雅丹台地上面尚未被风沙剥蚀破坏，那里分布着大群古代墓葬。我们抓紧时间急速清理了这些古墓葬，发掘出土了数量众多的古代文物。随葬物品的清理和出土情况较为混乱。

人骨和棺木残片之外，还杂有各种殉葬器物，比如，有死者个人生前使用的带纹饰铜镜、木质兵器模型、家具、汉文木简、纸质文书等。最令我目眩的是那些光怪陆离的仿制品，其中有美丽的彩绢、精美的地毯、精致的刺绣织品残片、堆绒毛毯以及粗制的毛织物与毛毡。在发掘现场，当即我就弄明白了，出土的这些各类衣饰残片原先都是用来装殓尸体的。中国为了直接与中亚以及遥远的西方交往而开辟的这条古道，其最直接的目的就是服务于古代的丝绸贸易。这方面的情形我就不多说了。根据出土的古代物品，可以相对容易地判断出这些古墓的内容。这些东西保留至今，很可能就是按照中国古老的风俗习惯予以安葬的结果。所有这些古代遗物，可以确凿无疑地断定其年代为汉代。其实古代中国的贸易与国力第一次向中亚扩展，应该是在公元前2世纪末。对于这里发掘所得的许多五彩和红色丝绢（图9-2），后来的研究结果充分证明，它们完全表现出了当时来自中国的丝绸贸易取道楼兰进而通往西方的盛况，以及充分反映出了中国丝织物美术方面的风格和技术的完美。公

深棕色 浅棕色 浅黄色 深黄色 蓝色

图 9-2A 楼兰地区古墓葬出土的彩色织锦

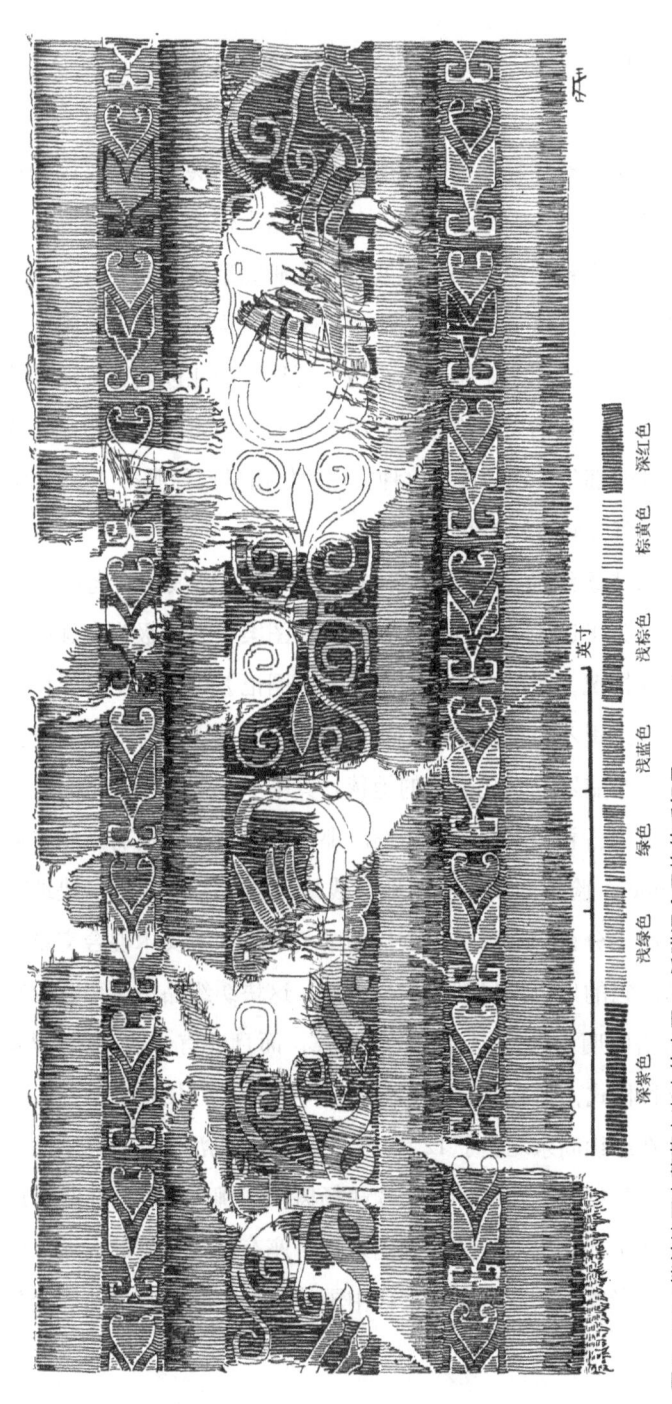

图9-2B 楼兰地区古墓葬中出土的中国－希腊混合风格的毛织品

元前后中国丝织物的残遗之所以引起特别的关注，乃是因为这些东西就是直接在最为古老的丝绸之路上保存至今。而同样重要的是其中精工织造的地毯残片。在研究远东和西方古代关系的学者看来，这类毛织品所显示出来的风格则是毫无二致的古希腊特点。它们无论是本地织造，还是从中亚以西更为遥远的地方输入，我们由此都可以看出一种文化力量的显著影响。我所追寻的那条沙漠古道为这种文化的传播早已经服务了数百年，只不过其方向恰好相反而已。

这些纺织品是目前所知中国装饰性织物最为古老的美术标本。关于这些标本的技术、材料、图案等方面极为有趣的详细研究情况，我都在《亚洲腹地考古图记》中做了十分详尽的介绍，这里不再赘述。但是我要特别提请读者注意的，是一些显示古希腊罗马文化影响的地毯。其中一块地毯残片上有着非常明显的古希腊罗马样式图案。那是仍然清晰保留有赫尔墨斯（Hermes）脸部图案的美丽地毯残片（图9-3）。另外一块地毯残片则十分奇异地反映出古代中国美术与西方美术混合交融的情形。它的出产地显然应该是中亚。这块纺织品边缘部分的装饰风格明明白白是古希腊罗马样式，而且还有一匹有翼天马。而这种样式，则是中国汉代雕刻艺术中十分常见的。

在继续向东北走了12英里以后，库鲁克河水养育起来而今早已枯死好几百年的那一大片胡杨树和红柳所在的河床被远远地抛在了我们身后。随后我们来到一座有城墙拱护的古城。根据实地考察的情况，这是古代中国使节和军队从敦煌前往楼兰

第九章　沿古道穿越干涸的罗布泊湖盆

途中第一个可以休息和补充给养的驿站。古城的墙垣是使用泥土夹杂芦苇仔细地夯筑起来的。这种修建方式与敦煌沙漠地带所有汉代长城边墙的修建方法完全一致。古城的年代与中国第一次向塔里木盆地进军的时代极为相符。它们暴露在荒野沙漠中两千多年后仍然保存完好,不能不说是一个伟大的奇迹。古城所标示的古道由此向西延伸,而它自己却是从敦煌西进的第

图9-3　楼兰古墓出土的带有希腊赫尔墨斯神头像的毛毯残片

一个桥头堡。

城墙建造的技术与敦煌古代长城完全一样，能够很好地抵抗当地恶魔一般的风沙侵蚀。因此，尽管极具破坏力的风沙狂野地肆虐了两千多年，而古城厚重的城墙却依然保存得如此完好，没有受到太大的损伤。不过城内的情形却大不一样，风沙的力量还是造成了极大的伤害。风蚀洞穴竟然深入地面以下20英尺以上。所幸的是，我依然在北部城墙遮蔽处的垃圾堆内发掘找到了有明确纪年的汉文文书。文书与楼兰古城出土的大部分文书相似，是这条古道最后废弃以前那个时期，即3世纪末的物件。

在这所巨大的古代堡垒外，我们还发现了一些其他遗址。在古城东北方向大约3英里，有一块高出地表约100英尺的巨大雅丹，在荒野中显得格外突出和壮观。在其上面，有一处小小的遗址，应该是古代楼兰土著人建造的一个瞭望台。由于雅丹台地地势高敞，而当地气候自古以来就绝对干燥，台地上的古墓中，外露的男女墓主人尸体保存状况之好令人惊异。许多古尸和随葬品都保存得很好。随葬品包括装饰有羽毛和其他猎获物的毡帽、放置在身旁的箭杆、粗韧的毛织衣物、内里放置有食品的编织小篮等（图9-4、图9-5）。根据随葬品的种类来看，生活在这里的是一个半游牧民族。与《汉书·西域传》记载的罗布泊楼兰道开通伊始中国人所见到的楼兰人情景完全一样。

俯视这些墓主人的遗体，除了身体皮肤已经完全干枯以外，简直如同正在熟睡的人一般。看着两千多年前居住在这里，并

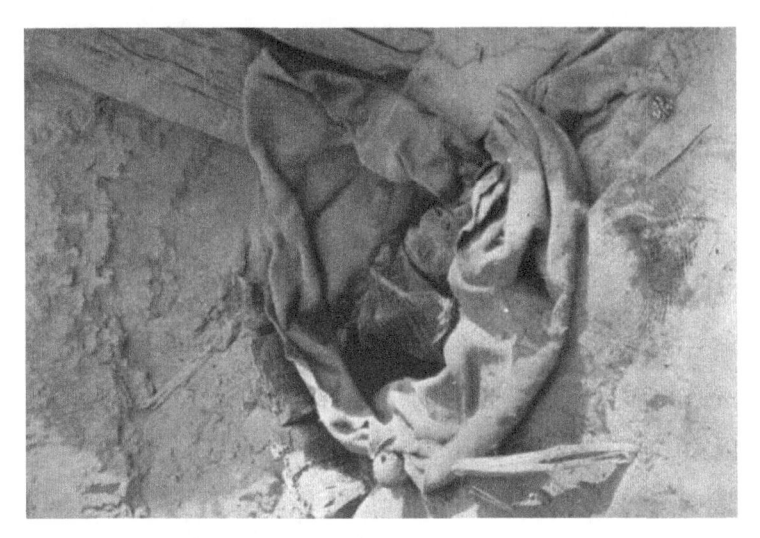

第九章 沿古道穿越干涸的罗布泊湖盆

图 9-4 楼兰地区雅丹台地顶部古墓出土的棺木

图 9-5 楼兰地区雅丹台地顶部古墓出土的干尸

且同样非常适应罗布泊地区严酷的自然、生活环境的人与现在的罗布人相对而望，真是一幅奇异的场景。给我的感觉也极为特殊。墓主人的头型十分接近于阿尔卑斯种型。根据我所收集的人类学测量资料来看，现今塔里木盆地主要居民的种族形态，还是以阿尔卑斯种型最为普遍。

从这个高地向远方眺望，可显而易见地发现，我们所在的地方正位于以前维持罗布泊生命形态的河水所能够到达的最东端。再向东，就是标志着罗布泊干涸湖床的那些一望无际的闪闪发亮的盐壳了。

在我们马上就要穿越可怕的罗布泊大沙漠，向东寻找古代通往中国的道路之前，直观地看看眼前的情景，自然有其特别重要的意义。那就是，可以为我们现实地提供一个可靠安全的出发点和一些有益的提示。话虽如此，但是要想马上出发，却又不可能。由于我们在滴水皆无的罗布沙漠之中，已经经受了相当长时间的刺骨寒风的煎熬，此外还有每天不间断的艰苦的发掘工作，即便我的民工结实得如同坚硬的机械一般，也都已经筋疲力尽了。无奈之下，我在完成东北方的遗址发掘工作之后，马上把民工带回楼兰遗址的大本营，以便他们休息调养，恢复体力。

此前，我曾经派我的老旅伴拉姆·辛格肩负测绘任务，从米兰出发，沿着塔里木河古河道前往孔雀河，然后再沿着孔雀河古河道进抵楼兰古城遗址所在地。现在，拉姆·辛格完成了任务，平安抵达了楼兰古城遗址营地。看见他平安归来，我如释重负，放下了久悬的心。与拉姆·辛格一同到来的还有库鲁

第九章　沿古道穿越干涸的罗布泊湖盆

克塔格勇敢的猎户阿不都拉音（Abdurrahim）。阿不都拉音拥有非常丰富的沙漠经验，并随同带来了许多骆驼。这犹如天上掉下来馅饼，我的队伍突然间增添了许多新生力量。更为有趣的是，阿不都拉音带来的骆驼中的一峰母驼，竟然还在楼兰古城遗址产下一头小驼羔。小骆驼生下来几天后，便能够跟随我们的大队人马穿越那些滴水皆无且满是盐粒碎石的荒漠戈壁。它的精力之旺盛和生命力之坚强实在罕见。

根据以往取得的地形学方面的经验，我感觉前往楼兰的大路似乎还应该向东北方向一些。好在我所要找的是古代长城之外直接通往敦煌边关的道路，这样便可以毫无顾忌地从与传统道路成直角的方向直接上路前进了。这种选择显然在一定程度上降低了我们寻找古代大路的兴致。不过有一点是确凿无疑的，那就是目前我们所在的地方，所有维持生命存在的必需品，包括水在内，一概皆无。

对于这样一种穿越沙漠的旅行，为了保证安全起见，必须进行充分缜密的准备。我估计，前方至少还应该有十日行程。几个星期以来，我们的骆驼已经承担了艰苦卓绝的工作，现在还要走这样漫长的道路，对它们的耐力而言，真正是一种特别严峻的考验。所以出发的第一步，是首先把我的队伍带到遥远的库鲁克塔格山麓的阿特米什布拉克（Aitmish-bulak）碱泉子。这次转移用了三天。途中骑在骆驼上，我一直在俯视观察河道旁边沙地上古代中国的小型墓葬遗迹。在阿特米什布拉克，我们为骆驼找到一些芦苇，并有机会在三个星期之后又一次获得饮用水，同时得以休息几天，恢复气力。对于我们而言，能够看到一小片植物，也是非常令人愉悦的事。

我们在充分补充了冰块并妥善安排好了燃料之后，终于在2月24日出发，开始各自的工作。一方面，由拉姆·辛格负责，测量早已干涸且积满盐层的罗布泊古代湖床的东北岸。另一方面，由我和阿弗拉兹噶勒负责寻找离楼兰古城遗址区较远处的一条古代中国大路，并追踪大路可能行经的任何地方前往敦煌。

我们前方的沿途情况，根据我个人的经验判断，在进入从若羌通往敦煌的商队道路之前，不可能指望有水补充。很可能大多数地方连融化冰块所需要的柴草也没有。面对前方十天左右的艰苦旅程，我们勇敢的骆驼已经在滴水皆无的沙漠中经受了几个星期的折磨，剩下的一点耐力是否能够坚持到底，我心中确实没有把握。在这样一种最为荒凉的不毛之地旅行，会遇到哪些物质上的障碍和困难，如何找到古代大道，如何追踪古道行进，我们完全无法预知。总之，前方肯定充满了艰难险阻。路途中，如果仔细地搜寻古代贸易商队留下的蛛丝马迹，则会耽误大量的时间，根本不现实。即便能够这样做，找到东西的可能性也微乎其微。即便找得到，那也完全是靠碰运气而已。当然，那与我的野外观察和野外经验发挥得如何也有很大关系。实际上，我所遇到的好运气，比我事先期望的要多得多。

当我们向南十分艰难地走了两站之后，地形方面的困难马上显现出来。穿过满是盐壳，而且到处分布着迂回曲折的高大雅丹台地，以及小土丘地带，于2月25日我们到达了一处小型

第九章 沿古道穿越干涸的罗布泊湖盆

堡垒遗址附近。侥幸的是，在那里我又发现了一些遗址，确证了我早先的设想，那就是古代楼兰地区大道开始的位置要靠东北方些。在仍然遗留有枯死植物的地面上，有一个高大的塔形台地。台地顶部有一个几乎完全被侵蚀的古代烽燧遗迹。烽燧的构建方式与我在敦煌一带古长城上看到的样式完全一致。显而易见，我们已经走到古河道最东面的尽头了。从此以后，再也没有古代遗迹引领我们了。我们现在走过的地方，古代一定与现在一样，完全不会有什么植物和动物。如果不把地上的干枯红柳残枝计算在内，我觉得除了我们自己走出来的脚印，完全是从一片死亡之地走进另外一片完全没有生命的地带。

沿着罗盘指引的东北方向，每当我们走过那些绝对荒凉的雅丹或盐壳地带，感觉前途不妙而失去信心之时，幸运之神便降临了。这时，总能够在途中捡到一些中国古钱币、小件金属器物、珠子一类的物件。那意思似乎是在告诉我们，所走的路线与古代中国使节、军队和商队早已经走了四百多年的古道还是非常接近的。在那个时期，这条通向楼兰的古道虽然蒙昧不明，但是并不说明中国人选择这条道路，没有地形方面的理由。而我们沿途所捡到的那些遗物已经足以表明，我所依据判断的理由完全没错。

沿途收获的古物，在这里只能够拣那些最令人惊异和快意的简单做一介绍。当我们把作为古代三角洲重点标志的最后一点枯死草木抛在身后继续前进时，突然间，竟然找到了古道的踪迹。在阴沉沉的盐壳黏土地面上，明明白白地散布着大约200

枚左右的中国古代钱币。这些钱币，彼此相隔的距离大致有30英尺左右，方向是自东北至西南，形成一条非常明显的直线。这些方孔圆钱都是汉代样式。发现的当时看上去仍然就像新铸的一般。显然是商队或某种大型队伍护送人员随身携带的钱。它们可能是在疏忽之下，绳子松了以后，从钱袋或箱子的空隙中逐渐漏出来的。在同一方向约50英尺以外，地面上还散布着一些青铜箭镞。箭镞的外形看上去是那种完全未曾使用的样子。其形状与重量，与我所熟悉的敦煌古代边塞沿线出土的那些汉代箭镞完全一样。这些箭镞一定是汉代运送军需物资的队伍在前往楼兰的途中掉落下来的。毫无疑问，实际情况就是这样的。至于为何时至今日它们仍然暴露在地表这样的问题，其实也十分容易解释，大约是护送人员在夜间开拔行进，稍稍离开了正路，而前进方向并无错误。

在那一天的长途旅行中，我们一直行进在很长的一串雅丹群中。雅丹风蚀的形状十分怪异。许多雅丹时常让我疑心是风蚀毁坏的佛塔，或者是古代的居住遗址，再或者是古代佛教寺院遗址。某一中国古代文献记载，在靠近古代罗布泊湖床西北边缘，有一个被称为"盐泽"的蒲昌海。在蒲昌海，曾经存在着神秘的"龙城"遗址。这些奇形怪状的风蚀雅丹台地让人很容易与之产生联想。我们继续向东北方向行进，经过一段纯粹的黏土或石膏地带，来到大片盐壳地带。这些盐壳地带风蚀强烈，看上去十分可怕。这里显然应该是中国古代文献中常常提及的"白龙堆"路段。我们那些疲惫的骆驼用它们可怜的掌子

第九章 沿古道穿越干涸的罗布泊湖盆

行进在白龙堆的盐壳上面非常困难。尽管驼掌已经按照我前面讲述的那样被钉上了皮子,并且差不多每天夜里都要重复进行一次。但是走过那可怕的罗布泊死海的盐壳地带之后,骆驼的情况都十分糟糕。

我在准备攀爬一座被作为路标和路线观察瞭望塔的高大雅丹台地时,在台地的斜坡地面上,又意外地发现一些中国古代钱币和其他金属物件。其中还有保存状况非常良好的铁匕首。这些东西说明,这里曾经是古代楼兰道路途中休息的地点。再观察当下的地面,我们脚下的地势十分平坦干净,没有盐质土层。古代行旅经过大片辽阔的白龙堆坚硬盐壳地带之后,一定会在这里停下来休整。因此,我做出的此地为古代行旅休息之地的假想完全可以成立。

鉴于这种情况,我马上决定,继续一直向东,穿越罗布泊湖床盐壳地带。第二天行进的结果,证明我所指引的路线果然一点不错。在这片湖床中,坚硬的盐层皱褶呈大角度倾斜的板块,下面还贴压着棱角锋利的小型盐块(图9-6)。因此,穿行在这种地面上,无论是人还是牲畜,都十分困难。这种让人畜耗尽体力痛苦挣扎的旅程大约有20英里。过去之后,我们终于踏上了较为柔软的盐土地带,并得以在那里扎营休息了一夜。在这里,我完全有理由对自己的判断和选择感到自豪。后来大地测量的结果告诉我,我们正是从罗布泊盐质湖床最为狭窄的地段穿行过的,正好逃脱了在白龙堆盐壳地面宿营的厄运。

古代中国开拓楼兰道的先锋队之所以选择这条路线,当然

图9-6 罗布泊干涸湖床上的盐壳

会有上述情况的考虑。我们走完白龙堆临近地带的那一段路程之后,到达古代盐泽的东岸。至于古代贸易商队为什么要选择这条道路,在我们沿途捡拾到的古钱和其他物件之外,很快又有了考古学方面的证据。沿湖岸走了大约三站地,经过一段仍然没有任何生命迹象但却较为好走的地段,我们来到一片低矮沙丘的边缘。这里恰好也是古代罗布泊湖床的最东端。站在东北侧陡峭的悬崖上,俯视下面干涸的古代湖床,茫茫盐壳恰似湖水犹存一般,给人以错觉。我们沿着湖岸走过,看见有一处地方,古道的痕迹非常明显。许多世纪以来,由于大队运载货物的牲畜和车辆往来践踏,遂形成一条笔直宽广的大道。我因此而心情振奋、感觉良好。

从阿特米什布拉克出发以来第九天,我们第一次看见生长

第九章 沿古道穿越干涸的罗布泊湖盆

在干涸湖床岸边沙地上的灌木和芦苇，不禁如释重负般地大舒一口气。尔后接着向东南方向行进了一大站，安然走过另外一处干涸湖湾的盐质湖床，到达通往敦煌大道的标志性地点——寂寞的库木库都克井。

对于穿越这片自古以来便已无水、无燃料、无草木、穷荒不毛的120多英里长的荒漠大路，我在想，中国古代的伟大商贸活动究竟是如何组织的？又是怎样维持供给的？对于这些问题，在这里我暂时不予讨论。仅就文明交流而言，这的确是一个极为伟大的成就。事实上，古代中国政治方面显赫的声威、经济方面富足的产品资源和无与伦比的组织能力，远远超过了他们的军事力量。老实说，这完全可以视为精神胜过物质的一种伟大胜利。

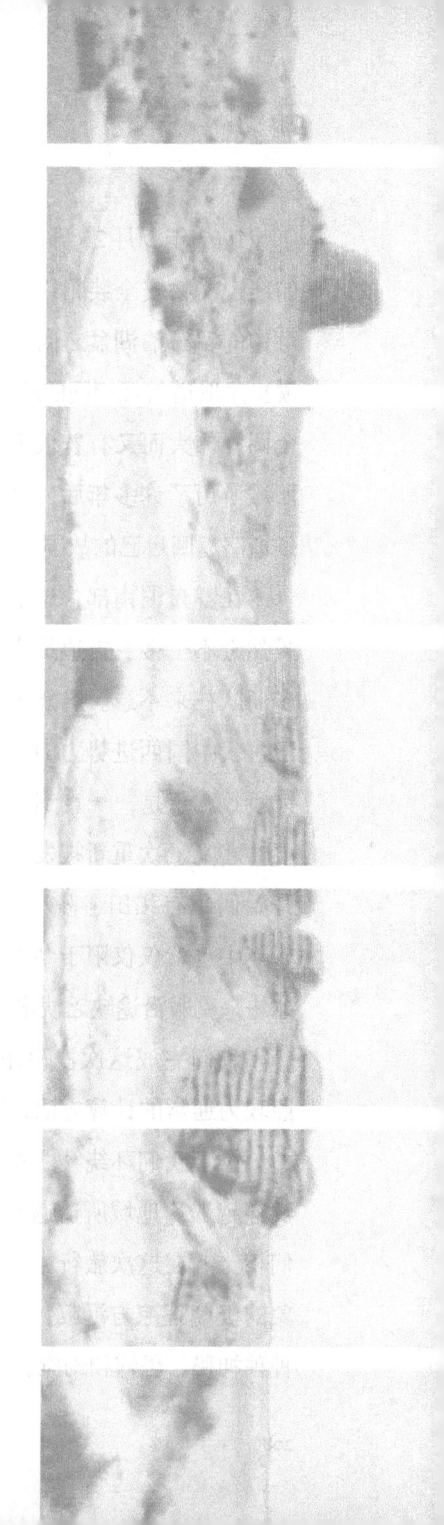

第十章 发现古代边塞

西域之路

1907年2月21日，我完成了米兰遗址的发掘工作，将所有的出土文物安全装箱以后，便开始了沙漠中的长途旅行，穿越可怕的罗布泊湖盆，向敦煌进发。马可·波罗当年通过罗布沙漠也是取道与我相同的路线。马可·波罗之前，6世纪时，有一个同样伟大而又有着极为虔诚的宗教信仰的香客玄奘法师，在西域游历了许多年后，满载着佛教法物和经典，也同样选择这条道路返回自己的故国。

在罗布泊南部，这条沙漠古道的路线长达380多英里。它虽然赶不上楼兰古道那样重要与直接，但是历代以来仍然有很多商队往来不息。这条道路最后之所以会被人遗忘，如不是由于古代中国西进势力的衰弱，便是因为极为严厉的闭关锁国政策所致。于是，一直到中国最后一次征服塔里木盆地，它的重要性才又一次重新被发现。从那以后，这条古老的商道上便又开始偶尔有和田、莎车的商旅出现。但是，这条道路的使用，一年中也就仅仅限于冬季那几个月，因为只有那时候才可以用冰块来克服沿途缺乏淡水的困难。

我们完成这次沙漠旅行，一共行进了17大站的路程。按照较为通常的计算方法，则与马可·波罗所处的时代一样是28站。至于我们环绕楼兰古城遗址所进行的探险和考古活动，以及穿越那片地域所遭遇到的困难，马可·波罗却没有办法与我们相比。在这次旅行中，沿途没有遇到一个行人。毫无生命迹象的极度荒凉与沉寂，很容易让我们体会到古代行旅所产生的种种神秘、恐怖和幻觉。

第十章　发现古代边塞

中国佛教高僧的游记,以及史家笔下的记述都非常准确细致地反映出这种感觉。但是,马可·波罗稍胜一筹之处,在于他对罗布沙漠地理形态的描述更为详细生动。在此,我认为有必要引证于尔(Yule)爵士翻译的马可·波罗传记中的两段文字:

"这一片沙漠很长。据说从这一头行走到那一头,起码需要花费一年多的时间。此处极为狭窄,即便如此,穿越它也得要一个月。全是沙丘谷地,找不到任何可以吃的东西。但是骑行一日一夜后,便可以得到淡水,足够50—100人连同牲畜饮用的需要,多于这个数量则不行……

"这里没有牲畜,因为这一带不存在植物。但是沙漠中却常常有奇怪的事情发生。如果旅行者在夜间活动,只要有人落在后面或没有睡熟,当他想寻找或追上同伴时,就会听到鬼语。于是误以为是自己的同伴,跟随而去。有时还会听到鬼怪叫自己的名字,跟随下去便迷失了方向,以致再也找不到商队。许多人都是这样丢掉性命的。有时候,迷路的旅行者会听到大队人马在正确的路线之外纷乱往来的杂沓声响,就会以为自己的大队人马在那边,并跟随而去。天亮以后他们才能醒悟过来,知道上当走错了,但为时已晚,早已置身绝地了。甚至在白天也会听到鬼语。有时候还有可能听到各种乐器演奏的声音。最普通常见的是鼓声。因此做这种旅行时,人们已经习惯于彼此紧密地团

图 10-1　罗布泊南岸洛瓦寨冰冻的泉眼

结在一起。牲畜脖项下也一定要挂上铃铛，以避免迷路的危险。睡觉的时候还一定要放置一个标识，指明下一站行进的方向。只有这样，才能够安全地穿越沙漠。"

我们沿着广阔无垠、极度干涸的罗布泊湖岸（图10-1）一大站一大站地走了过去，来到东库鲁克塔格山麓与库姆塔格沙漠分界的一片开阔谷地。在那里，当时完全占据我思想的并不是当地古代居民的宗教信仰，相反倒是许多有趣的地理现象。这些地理现象完全吸引了我的注意力。特别是当我们经过那处很像沙漠源头的地方和由那里走向前途莫测的下一个地段。

第十章　发现古代边塞

在库姆塔格山地的南部，布满了 300 英尺以上的高大沙丘，并出现了一个面积宽广的巨大盆地。盆地中央有一连串干涸的湖床。湖床周围以及其间分布着许多异常高峻且迂回错乱的雅丹台地。这个盆地随后便被证明是古代疏勒河的终结处。如今，河流的终点是在更南部大约 15 英里地方的盐泽中。毫无疑问，以前疏勒河水一定是注入哈拉淖尔（Khara-nor）的。但那却是在更东面相差一个经度以上的地方。

我们发现的古代疏勒河终点，极其富于地理学价值。这个发现，对于探究远古时代塔里木河与库鲁克河终点盆地的所有水道变迁是非常难得的例证。这表明远古时代汇集了南山山脉大部分水量的疏勒河，原来曾经是注入罗布泊的。故此，罗布泊来水的流域应该从帕米尔高原算起一直延伸到太平洋。

我有一种想法，在古代中国通西域的道路上持续不断进行的贸易，应该开始于张骞出使西域以后。而这条贸易通道，也充分见证了人类艰难发展的历程。根据《汉书·西域传》寥寥数行的记载，楼兰驿道（我们可以这样较为简单地称呼它）东面的起点一定是一个有着坚固堡垒的边城。中国的史书称此为"玉门关"。玉门关得名于和田美玉。和田玉自古至今是塔里木盆地输入中原的一宗重要物品。但是输入和田美玉的玉门关到底位于何处，中外学者的看法却不尽相同，也就是说大家并不知道它的确切位置（图 10–2）。

我在若羌阿布旦一带考察时，在通往玉门关的道路上没有找到任何可以说明问题的古代遗迹。法国外交官波宁（C.-E.

西域之路

图10-2 中国古代玉门关的标志——小方盘城遗址东北侧

Bonim）先生曾打算从敦煌出发，沿着沙漠道路前往若羌。出发以后，沿途曾经经过一些残破的古代城堡，并曾发现沿着城堡分布的古代边墙遗迹。不过可惜的是，当他行进到哈拉淖尔西边的时候，遇到许多沼泽，不得已只好原路退了回去。1899年，他出版了一本小书，讲述了那次失败的探险经过。我曾经读过此书，大致掌握了他所了解的情况。波宁经过的那些城堡等遗迹年代一定很古老。但是他没有提供任何地图以及他的路线图，所以无从追踪他所遇到的那些遗迹。

所幸的是，阿布都拉帮我物色的向导老穆拉是近代行走于这条道路上的积年老客。他曾经告诉我说，从迂回错乱的高

第十章 发现古代边塞

大雅丹台地一带出发,第一站便要经过我们将要见到的第一座"宝塔"。正因为有他的介绍,我才满怀希望地有所期待。3月7日傍晚,我们走过一片满是石子的高地。在离我们所走的道路之外大约1英里的地方,一个小土堆引起了我的高度重视。来到那里,我不禁大喜过望,原来那是一座用土坯砌筑,高达23英尺以上的保存完好的古代烽燧遗址。

当我看见烽燧的两层土坯之间夹筑的红柳枝条,便马上肯定,这座烽燧的年代一定很古老。烽燧建在深峻陡峭的干河床边,占据着一种易守难攻的地形。与烽燧毗连处,我还发现了一座小型地表建筑的基址,很可能是守护烽燧士兵的住所。可惜的是,它被毁坏得过于严重。简单清理之后,我找到一些残破铁器、带刻划图案的木头,以及一片坚韧的毛织物。这些发现物当即证明了我前面所做的判断。后来有系统地进一步调查证实,这的确是一座防守古代边界线西端前沿的烽燧。

由于驮马背负的粮草开始减少,无奈之下只能减少沿途无谓的停留,加快速度向着五站路外的敦煌绿洲进发。第二天早晨,刚刚离开我们的疏勒河终点营地大约3英里,我便看见东南方不远处一座山岭上又耸立着一座烽燧遗址(图10-3)。我安排大队骆驼继续前进,自己则急忙赶上前去调查。烽燧的建筑方法与第一座完全一致,周围的平沙堤面上并没有发现任何其他建筑遗迹。不过环视之下,我的注意力马上被近处沙地表面出露的一束芦苇所吸引。跟随这道芦苇束,沿着高地走出去没有多远,我的情绪大为振奋。原来这道芦苇束一直向东延伸,

西域之路

图10-3 敦煌最西端的古代烽火台遗址

图10-4 古烽火台附近的古代长城轮廓

第十章 发现古代边塞

直达3英里之外的另外一座烽燧。至此我才明白，芦苇束原本是一道横越洼地的边墙。

略微打量和搜检之后，我发现自己正站在这道芦苇筑成的古代边墙上。清理下去一层薄薄流沙，用大把捆扎的芦苇束和泥土交互叠压方法修筑的古长城边墙马上就显露出来了。墙体经过盐卤渗透之后异常坚固（图10-4）。墙体外部，成捆的芦苇束砌成直角，捆扎得非常仔细，层层堆积，其整体形状则十分像梯形。所有芦苇束的长短大小完全一致，都是长8英尺，粗8英寸。这种材料奇怪、形状诡异却无比坚固的边墙本身并不能说明年代。好在我很快又发现机会，这就大大地鼓舞了自己寻找年代证据的信心。

墙顶芦苇捆中露出一小角丝绢。仔细剥离出来翻拣之后，得到一些五彩绢画残片和木简。那些写着汉字的小木片保存完好，上面的文字异常清晰。不过木简的样式显得非常古老，没有年号，只是写有"鲁丁氏布一疋"的字样。我的那位中文秘书对待木简的态度极为谨慎。他很小心地判断说，仅就字体而言，要远早于10世纪以后所有曾经使用过的文字。我虽然不懂汉学，然而我大胆地做出一个判断，它很可能是汉代的东西。

这些明显非常古老的东西，怎么会和用来砌墙的建筑材料混杂在一起呢？当时我并没有给这一问题以足够的关注，而是把所有的注意力都集中在用肉眼可以十分清楚地看见的那条朝东南方向绵延而去的古代堡垒。为了尽快追上正向敦煌方向行进的大队人马，我不得已离开这里转而向东。对当时这样的做法，直到现在我都没有理由后悔。从一座古堡走向另外一座古堡的途中，古老的边墙一段又一段地不时出现在我的眼前。

古代边墙大多已经变作平地上微微的隆起。仅在个别地方保留有6—7英尺的残墙。不过在所有边墙跟前进行挖掘，马上就会发现与上述芦苇或灌木同样的筑墙材料。傍晚，在抵达营地之前，我已经获得了充分而又确凿无疑的证据，表明这条连绵不断的漫长边墙是用来保卫边防的军事设施。这些古堡和长墙，令我情不自禁地联想到古罗马帝国修筑的那条从诺森伯兰（Northamberland）的哈德兰（Hadrian）开始，一直延伸到叙利亚阿拉伯的那条用于防御异族入侵的边墙。

毋庸置疑，现在的发现意义重大。我的探险之旅当然要继续下去。沿着这个方向又行进了大约两站，估计距离在50英里以上。我发现，这些古堡，即烽火台，实际就建造在古代大道边，而我们所走的路线就是古代道路。一路上，我还发现另外一些十分有价值的古代遗迹。在接近敦煌沙漠的地方，我们被迫改变路线，穿越一片红色戈壁滩向东南方向行进。

在敦煌西部沙漠地区开展探险考察工作，并对发现的遗址进行系统发掘之前，我必须先要筹备好给养和雇用足够数量的发掘工人。有鉴于此，我只有先向南，前往被称作沙洲的敦煌。不久的最后一次回民暴乱，给敦煌这一世外沙漠绿洲造成了极为严重的损害。现如今，在敦煌这座小城四周仍然可以十分清晰地看到战乱的痕迹，满目疮痍，人烟稀少。在这种情况下，想要找到足够的发掘工人，其难度可想而知。幸好，当地政府

第十章 发现古代边塞

文武官员都对我的学术目的表示理解,并对于我面临的困难给予了最大程度的同情,因而尽力帮助我多方筹措。终于,在3月24日,我幸运地得以率领12名吸鸦片的发掘民工再一次向沙漠进发。这里应该特别强调的是,这些民工已经是在当地能够征召的极限数目。

我推测,沿途所见到的那些古长城一定是向东方延伸下去了,并且很可能是沿着疏勒河南岸和许多其他东西方向分布的湖泊修建的。为了证实我的推断,我命令探险考察队改变行进路线向北前进。经过两天的搜寻,没有找到任何古长城遗迹。我的判断没有得到证实,想在北部找到长城遗迹的希望落空了。不过,后来进行的探险考察结果说明,由于疏勒河及其主要支流党河时常洪水泛滥,致使那一带的古长城遗迹全部被冲毁或淹没。好在我调整方向向着更远处的东方行进之后,我惊喜地发现,又有一道蜿蜒伸展的古长城伴随着烽火台出现在眼前。随后的考察使我断定,这段长城距离疏勒河泛滥区域大约有16英里。实际上古长城在那里并没有间断。

古长城位于高地的戈壁滩上,比附近的洪泛区高出许多。长城延伸至低矮的沙丘地带,便突然消失,然后在沙丘地带的另一端显露出很长一段保存得很好的城墙。这段城墙厚达8英尺,两面都没有遭到太大的损毁,耸立在那里现有的高度仍然有7英尺多。墙体构筑方法很特殊,使用一层芦苇加压一层泥土的方法层层叠加而成。因为所用泥土和水中含有大量盐碱,在盐碱天长日久的浸淫之下,芦苇层已经半石质化,竟然有些像化石了。

在这种极度严酷的自然环境中,长城本身就足以抵御任何自然力量和人的力量了。正是由于芦苇束的韧劲和黏着性,使长城抵御住了两千多年从不间断的风沙侵蚀。在这里,芦苇这种材料的选择,比任何其他材料都要高明。眼前这一道道古长城,以几乎垂直于地面的角度,竟然已经耸立了两千多年。我久久地注视着它们,不得不由衷地感叹古代中国工匠的高超技艺和巨大创造力。在这种一望无际的黄沙漫漫的荒漠地带,从来就没有什么物产可资利用,有些地方甚至滴水俱无。而构筑这样一道坚固漫长的城墙,一定是一种极为困难的巨大工程。而事实证明,这条一直抵达额济纳河、全长400多英里的长城竟然是在很短的时间内构筑完成的。仔细想来,这一切是那么的匪夷所思。

在长城戍堡的附近,以及与戍堡比邻的房屋建筑附近都有古代垃圾堆。根据经验,我安排民工仔细地挖掘。很快,我们就发现了不少写有汉字的木片。这让我兴奋不已。那些有汉字的小木片上都有年号。我的中文秘书蒋师爷粗略地检视了一遍,说木片上所书的年代大多是在1世纪。感谢上天眷顾,原来我正站在一座历史宝藏的门口。有字的木片无疑是古代汉文文书——木简,而且是迄今为止存世最早的汉文文献。这些木简的发现充分说明,我眼前的古长城遗迹应该是中国西汉王朝修建的。

尤其令我高兴的是,蒋师爷仅匆匆检视一遍,马上便已搞

第十章 发现古代边塞

清楚了这些木简的基本内容。这些木简内容的性质差异很大。有日常军事活动的简报和下达的军事行动命令,也有接受军事装备和收到日常供给等往来事项的呈报,还有不少关于个人事务的信件。此外,还有一些供学习用的启蒙教材、练习书法的习字帖和练习纸等。显而易见,所有这些材料都蕴含着极为重要的历史文化信息,有必要进行充分详细的解读。当然,这将有待于以后进行长久深入的研究才能够实现。事实上,我心目中早已经有合适的人选。大汉学家沙宛先生拥有深厚的中国文化功底和敏锐的学术思考,应该是进行这一研究最合适的专家人选。

出土的这些纸质文书,就其表面的年代而言相当杂乱。薄薄的木简最为常见的样式是长约 9.5 英寸、宽约 0.25 英寸或 0.5 英寸。每行书写的汉字通常为 30 多个。书法简洁明晰,纸面非常干净。应该是那时流行的书法形式。除了外来的光滑细致的木片和竹片,木简所使用的材料还有大量就地取材、做工粗糙的胡杨木片。这类材料大多用于不太正式的通信或记录,制作上没有一定之规,随意性很强。当然,把它们用来作为正式文稿的草稿用材和练习写字还是很合适的。我猜想,在这片荒无人烟的远隔人世的地区,那些屯戍的士兵们很可能就是用这些材料来打发寂寞难熬的时日的。

每片木简上几乎都有刮削过的痕迹。很显然,那是重复加工使用的迹象,反映出书写材料的匮乏与珍贵。从将士们居所附近的垃圾堆中,我又找到一些其他有历史价值的杂物。综合木简研究所得结果显示，这里的屯戍将士大多数是犯了罪的人，他们是从中国的中原地区被发配到这遥远的边塞绝地戍守边疆的。

4月1日，我们完成了对周围所有戍堡遗址的考察与发掘。酷寒的沙漠风暴刮得越来越紧，遮天蔽日的沙尘暴整日不息。我被迫下令转移营地向东进发。此时，我那小小的一队当地发掘工人早已经筋疲力尽、支持不住了。在这种情形下，无论我怎样不情愿，都只能暂时先撤回敦煌绿洲预先设立的补给大本营。在大本营休整了一天，又招募了一批新的民工，并购买物资补充了给养，准备在绿洲西部沙漠地带进行更为长久的考察与发掘。这次，我改变了路线，首先进入南湖绿洲附近的小片沙漠。南湖绿洲有一片小村落，我在这里找到了《汉书》上与玉门关一同被记载下来的古代阳关遗址。阳关是这一带军事设施的一个关口，用以保卫通向塔里木盆地的西域南道。这条道路沿着昆仑山最东部极为险峻而又荒芜绝伦的前山地带一直通向西方。由于邻近干涸的罗布泊湖床，敦煌通往若羌的沙碛古道旁，所有的泉眼、井水含盐量都非常高，极为苦涩以至于根本不能饮用。每年，一到晚春季节，这里的道路便不再能够通行，直至冬季再次来临才能恢复使用。不过，在其他季节也有少数商旅冒险使用这条道路，但那当然要有足够的利润回报。

4月10日，南湖绿洲周围的考古探险工作宣告结束。随即，全队挥师转向北部沙漠纵深地带。在沙漠中行进了一天。第二天，我们便到达靠近第一次考察时扎营的古长城烽燧线附近。

第十章　发现古代边塞

自从上次在敦煌东北部地区发现中国古长城遗址以来，对出土文物和相关情况的分析研究已经表明，这些长城年代十分古老。现在又回到古长城边上，我感到非常骄傲。更让我高兴的，还是这次因为做了充分的准备，从而有机会对古长城和戍堡遗址进行全面细致的发掘，和对我们能力所及距离内的古长城进行了仔细测量。天气情况越发恶劣下去，而我的给养供给路线却越来越远，工作难度超乎想象，几乎陷入困境。不过，这是一项非常迷人、令人充满激情的工作。它的回报在此后的统计中远远超出了我最初的预计。出土文物收获量之大令我惊喜连连。用了一个多月的时间，我在长城沿线进行了忙碌的考古探察，其中包括有关这些古代军事防御工程——长城的防卫情况、长城沿线古代居民的生活状态，取得了丰硕的成果。限于篇幅，要在本书内把这些成果都进行系统详细的介绍，实在难以做到。在这里获得的所有考古发掘收获以及由此而进行的研究成果，尤其是对那些珍贵的数百件古代文书的释读研究成果，我都在《西域考古图记》一书中做了详细的介绍与描述。这里仅就特殊遗迹现象和对所收获的出土文物进行概略介绍。

在向西绵延而去的长城所经过的一片砾石高地上，傲然耸立着很多间距不等但保存状况良好的古代戍堡。这些戍堡基底大多在 20 平方英尺或 24 平方英尺左右。无论是用土坯砌筑而成还是用泥土夯筑而成，都还仍然异常坚固。所有戍堡都是从基底开始逐渐向上收缩。每座戍堡以前肯定还是一座瞭望台。当然，要想赢得战争，也应该有这些雉堞作为护卫设施。大多

西域之路

数戍堡的顶部只能用绳索攀援上去。现今仍然能够在戍堡墙壁上清晰地看见供托足用的脚坑遗迹。戍堡所在位置也全部经过军事防御专家的特别选择,一律占据着地利,既方便防御也利于瞭望观察。因而各戍堡之间的距离,完全取决于是否便于观察长城以外地方的情势,而不以某一确定距离为定律。当然,戍堡所在地势同样都处于较高的台地之上,以便于发布和传递烽火信号。关于烽火台传递信号,白天使用狼烟,夜晚使用明火。有一套组织严密的信息传达制度在整个长城防御设施沿线全面推广。这种制度,无论是在文献记载方面,还是通过我在长城沿线所获得的用作发布信号的使用材料都可以得到证明。在这干旱无雨的荒漠地区,风蚀破坏是所有古代遗址最大的敌人。它们肆无忌惮地横行于沙土地面。不过,这些古代戍堡在这里却全然不同,所有的戍堡自建成以来已经历时两千年,仍然傲然屹立,保存完好。这充分显示了中国古代建筑水平和技艺的高度发达,令我印象非常深刻。在考察过程中,我还时常可以看到一个月之前自己骑马经过曾经留下的足印,依然新鲜如故。七年后,我进行第三次探险考察时,仍然可以认出自己当年所留下的足印。在某些地带,甚至连野生犬科动物留下的足印也同样清晰可辨。这一切对我而言是那样的神奇,以至于这种奇异感久久弥漫于心间。

巧妙地利用各种自然环境,并用心地借助地势地貌,应该是古代修筑大规模防御性军事设施——长城时最优先予以考虑的问题。我的考察一直向西进行到长城断绝的地方,所有证据

第十章　发现古代边塞

都充分地证明了这一点。重要的发现还有,长城一直沿着通向罗布泊腹地的古代道路延伸,其用意明显在于保护和监视这条交通路线。不过,在疏勒河河床经过的地方,长城止住了脚步,突然向西南转向,继续蜿蜒伸展了24英里之后终止于沼泽地带。非常明显,长城以大角度囊括了疏勒河盆地重点的东北部地带,蜿蜒向北伸展了约300平方英里,而不再布防的沼泽地带在一年的大多数时间里极难通行。这对于古代骑兵的突袭行动有着直接的防御作用。正因为有非常大一片区域可以高枕无忧地不用设防,长城才在这里戛然而止。

第十一章 长城沿线的考古发现

这里，在叙述从中国古长城遗址所获得的那些特别有趣的东西之前，为方便起见，有必要复述一遍曾在本书第二章提及的历史事实。这有助于理解修建这道古代军事防卫设施的细节，以及便于我们了解这道长城的作用。公元前121年，汉武帝在南山北麓将匈奴逐出了河西走廊游牧家园之后，立刻根据他的前进政策，在通往中亚的关键道路上修建永久性的军事根据地。《汉书》记载，当时及时向西延伸修筑长城，开始河西长城修建的第一步，目的自然是为了保护通往塔里木盆地的大商道，同时也可以向西拓展汉王朝的政治影响。

那时，匈奴人在北部沙漠地区依然纵横驰骋、耀武扬威。护卫这条漫长的贸易与军事行动交通线的安全，必然成为汉王朝的当务之急。罗马人的长城边防设施，原本就是帝国边境地带军事防卫系统的一部分，而被汉武帝用作中国向西发展工具的长城，正与古罗马帝国的边墙非常相似。"古罗马边墙"（Limes）一词，专指从军事基地延伸通向发动军事行动前方的罗马军事道路。因作用基本相同，所以我就借用"Limes"来指称中国古长城。

我们从《汉书》记载中知道，公元前108年，自肃州远至玉门关一带便已经出现由驿站和戍堡组成的连续不断的军事警戒系统。那时的玉门关应该还远在敦煌以东稍远的地方。到了公元前102年至公元前101年，汉武帝第二次远征塔里木盆地成功以后，"于是自敦煌西至盐泽往往起亭障"。作为军事设施，亭障的作用就在于保障政治使节和商队往来的安全。同时能够

第十一章 长城沿线的考古发现

供给他们沿途需要的给养。《汉书》记载中所有关于我所发现的这一段长城与亭障的文字,源自中国史书鼻祖司马迁当时所做的记录,一定是确实可信的。

我们知道,汉武帝对于维护中亚地区主要通商道路的畅通,以及军事上西进中亚的战略政策,并没有因为地理环境和自然条件的严酷而有所退缩甚至放弃。所以说,上一章结尾部分,我所叙述的到达长城终点以后有迹象表明,这一军事警戒系统仍然在以烽燧或戍堡等形式向西延伸。这些设施的出现,应该就在公元前101年前后那一段时间。在我对长城最西端一个戍堡的附属建筑完成考古发掘和清理之后,出土文物中最重要的是一大块汉字木板,那上面有太始三年(公元前94年)的年号。这一直观证据所表明的历史事实与我对此所做的推想完全一致。这块木简的发现带给我的喜悦是巨大的。根据木简的记载,当地的地名是大煎都。长城西端军事设施的这一名称,也曾出现于我在其他遗址中发现的古代文书中。其中一片木简上有太始元年年号。有鉴于此,我们已经有确凿的证据说明长城在公元前96年已经修筑到它现在的尽头了。

相伴长城的烽火台(烽燧)遗址,从长城的终点起,沿着大沼泽盆地的边缘蜿蜒向西南方向延伸而去(图11-1)。当我完成对这些烽火台的发掘清理之后,获得的资料进一步充分证实了我的论断。从那些烽火台彼此间的距离来看,其主要功能可能不仅是瞭望,更重要的是燃放烽火信号。难以逾越的大沼泽作为天然屏障,成为从长城终点起始的军事警戒线的一部分。

西域之路

风蚀严重的高大土质山梁从戈壁高地以如同手指一般的形态，伸入一望茫茫的满是沼泽的盆地。这些烽火台所处的地理位置都非常理想。当年中国工程师所做的选择和设计十分出色，至今仍然极为成功。在24英里以内的距离范围内，烽火台错落分布，延展方向几乎成一条笔直的直线。这样的分布效果，很可能是采用反光镜观察测量而成的。

图 11-1　敦煌西部古代烽火台遗址

几乎在所有的烽火台遗址都能够得到出人意料的考古发掘收获。收获最多的还要算长城线以内约两英里处的一座作为驿站的小型建筑遗址（图11-2）。驿站的设计是那种长城沿线较为常见的形式，形制布局很容易搞清楚。入口处的小木门框仍

第十一章 长城沿线的考古发现

图 11-2 敦煌附近古代烽火台及附属建筑遗址

然在原来的位置上。屋内被火烧过，泛红的墙体边有一个灶台。灶内的灰烬依然存在。从室内发掘出土了不少木简。这些木简大多是官吏使用的公务文书。其中，一片木简上书写的年号日期大约相当于公元前68年5月10日（汉宣帝地节二年）。最为重要的收获，还是来自对遗址外不远处戈壁斜坡上一个古代垃圾堆的检视和考古发掘。发掘刚开始不久，我们就找到了许多汉文文书。仅仅在几平方英尺以内的地方，所出土的木简数量就达到300多块。从发掘现场看，这很可能是某位小官吏的全部档案文件被悉数倾倒在垃圾堆中。从许多有书写年号木简的记录内容来看，可以大致判断，这些文书很可能是当年军中的某位书启书写的公文，时间是汉宣帝元康元年至五凤二年（公

西域之路

元前65至公元前56年）。在这里，我选择具有历史与考古价值，尤其是那些对了解边境地区军事组织以及能够反映长城沿线大通道沿途生活情况和形态的文书略做介绍。在长城沿线遗址发掘所得到的出土文书，相当一部分只是重新抄录或转述保卫边防的相关诏谕，内容主要是关于在敦煌地区建立屯田区域、建造军事设施或长城城墙等。此外则是在长城沿线部署的军队组织形式、分地驻扎的各个部队不同番号名称的记录。也有一些关于长城沿线各地方、屯戍部队上下级之间的报告和命令。其中，一些文书提到"土官"这一名称，似乎说明屯扎此地的部队中除了中国内地人，还有当地土著人（夷兵）。这种现象与罗马帝国前线部队中使用所驻地兵员的情况十分类似。不过出乎我意料的是，在一处戍堡遗址发掘获得了一枚奇怪的木简。那块木简只剩半片，上面书写着只在古代撒马尔罕和布哈拉地区流行使用的古代粟特语。我个人判断，这半块木简很可能是作为符节使用的。另外一些奇怪而有趣的现象是，还发现了许多木简之上书写有元康三年（公元前63年）、神爵三年（公元前59年）、五凤元年（公元前57年）各种年号的精美历书，以及书写有中国古代启蒙教育使用的小学教学课本内容。还有一大堆重新切削加工过，但还未及使用的木简原材料。由此可见，驻扎此间的军队中可能有官员或者书记员一类的人物。这些人急于想把自己的书法联号（这在以后的升迁过程中十分重要），于是把原来书写有文字的木简用刀削去字迹。有些明显可以看出曾经再三刮削加工过，以此达到重复利用练习书法的目的。

第十一章 长城沿线的考古发现

根据发掘现场获得的资料，我们知道，在最西端这段长城建造完成之初就已经有人居住和有军队驻扎了。现在我感觉已经没有必要继续停留在这里。当务之急，是把还可资利用的资源和时间赶紧用于向东考察长城其余未曾被人触及的遗址。在此期间，沿着我前面提及的沼泽地带，我还曾做过一些有趣的考察与发掘，获得了不少珍贵的发现物。不过，在介绍它们之前，还是先来谈谈我在向东追寻古长城遗迹，发现T字八号戍堡，并进行考察和发掘的情况。我刚刚看见这座古代戍堡时，它呈现在眼前的景象不过是上面覆盖着砾石的低矮土堆。只是从它所处的位置判断，应该是一座古代戍堡。进行发掘之后，很快就证明了我的判断，土堆内里掩藏着一座已经倒塌倾覆的土坯堡垒建筑遗址。倒塌的原因很可能是烽火台当年的施工和用材不适当，以至于在后来的岁月中倒塌毁坏，并连带掩埋了附属的守卫人员居住办公的房屋建筑。

在清理覆盖在遗址上的瓦砾浮土之后，出现了一些奇怪的出土文物（图11-3）。其中，有一件稀罕的测量工具进入我的眼帘。那是一件形同鞋匠使用的足尺，上面刻着汉代使用的尺度。还有一些木印盒，盒上有小槽，与我在尼雅遗址和楼兰遗址发掘所获得的佉卢文木牍一样，可以相互咬合扣盖再用绳索捆绑密封。还有一件以前可能装在木牍内或盛装木牍的袋子里面的木简，上书盒内装有"玉门显明队蛮兵铜镞百完"字样，以及铜箭镞、弩机等的古代兵器。这类器物以前我在沿长城考察途中捡拾到很多。这其中特别有趣的是，还有一件保存状况很好

西域之路

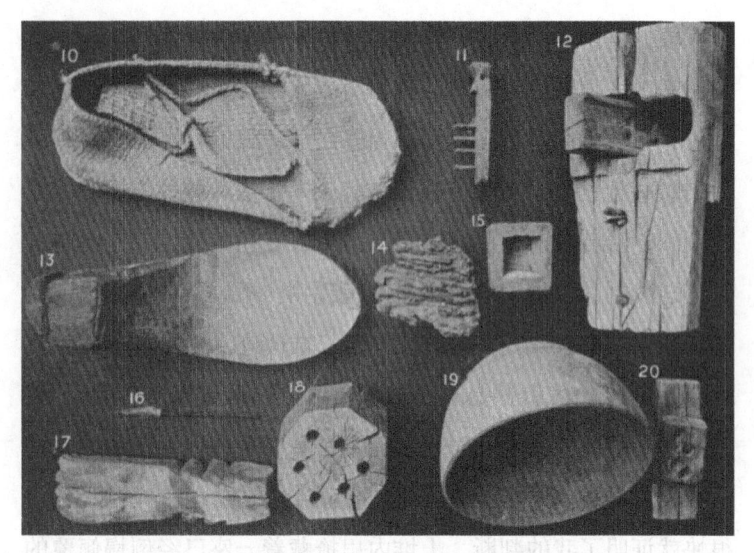

图11-3 从中国古代边防军事设施中发掘出土的各种器具杂物

的木函盖，盖上刻有使用封泥密封的方槽以及利用绳索捆绑的绳槽，与尼雅遗址中出土的长方形木牍外形相似。木盖中间低，四边高，隆起成为边缘，清楚地表明它原来是一个小箱盖。盖上清清楚楚地书写着"显明队"几个大字。1912年伦敦威尔康医学博物馆（Wellcome Medical Museum）举办展览，我特意把这个药盒盖送去参展，以展示古代医药史方面的情况。

我的帐篷在整个探险考察过程中第一次有幸驻扎在距离古长城不远处的一个小湖泊近旁。这里的长城保存状况良好，并一直向喀喇淖尔方向伸展而去。长城防御警戒线在这一地域连续通过一连串的沼泽和小湖泊。这片沙地从南部沙漠地带逶迤而下，一直通往疏勒河。

第十一章　长城沿线的考古发现

长城在这里沿着一大片沼泽湖泊蜿蜒向东延伸而去。疏勒河从喀喇淖尔流出后就注入此地（图11—4）。因而长城军事防御警戒线也就围绕着大湖转了一圈。中国古代工程师于此地设计和选择长城线路，可以说煞费苦心。如此一来，既凭借天然的屏障以为防御之辅助，还可以节省建造和维护的人工与物力。前面曾经提到，在长城西南侧一条烽燧线遗址中获得的古代文书中抄写有关酒泉太守的诏谕，写有"属太守，察地形，依险阻，坚壁垒，远候望"等文字，所表达的正好就是这种意思。我们从小湖出发向东行进大约18英里之后，便十分清楚地看出，诏谕的指示被非常彻底而又聪明地贯彻落实了。从那里开始，在每一片有可能被敌人进攻的地方都修筑了长城城墙，所有城墙都不折不扣地伸入沼泽中。从这里，我们可以想象一下，在生命绝迹的千古荒漠之中，要维持相当规模的人力建造长城，而给养和运输又是那样的困难，这样的节约意义之大，便不言而喻了。

长城向东延伸到喀喇淖尔湖，然后利用护岸南部大片不可逾越的沼泽作为天然屏障，节省下来的人力和工费更为惊人。疏勒河沼泽和大湖之间的距离甚为广阔，它们共同构成了长城防御线的水墙。这段除了河床明显短狭的一两段距离，其他地段竟然全部没有建造长城城墙的必要。

由于前述简单提及的地形，使得我们在这个地点对于长城防御工程的探寻显得格外吃力和困难。我那永远机警勤快的中文秘书蒋师爷和来自孟加拉工程部队的聪明助手奈克·拉

姆·辛格每到一处遗址,就马上投入发掘和清理工作。对于他俩我从来都很放心,一直把他们留在后面指导民工干活。而我自己则带着两名突厥人随从,骑马出发,探察前方可能遇到的一切遗迹。我让两名随从先行,前往寻找那些遗址,自己暂时留在靠近水边扎起的帐篷等候消息。等有了确切消息,我们随后再进行考察与发掘。当我一英里又一英里地走过荒凉不毛的沙漠与盐壳地带,不停息地追寻古长城遗迹和古戍堡遗址的时候,我发现,没有任何一个地方,比在这种荒凉寂寞的边塞长城防御遗址中更能够引发自己的奇思幻想了。在那些荒漠原野之中的盐湖沼泽,以及沼泽边缘的狭长地带,有了古代戍堡遗址的身影作为追寻方向的引导,便可能快速通过无效区域,从

图11-4 疏勒河源头南山山脉最南端

而避免了漫无目标地浪费时间。

那种想不断寻找和发现古长城遗址的心愿，使自己常常处于兴奋状态。在许多路段，古长城伸展的方向与当地常年的风向一致。同时一些低地有隐蔽作用，极大地减少了风沙的剥蚀力量，所以有的地方长城城墙依然高耸挺立。有些最高的地段，城墙竟然高达12英尺左右。离开这样的地段，我们就得仔细观察地面，以便发现那些作为古长城分布线索的连续出现的低矮土堆。稍事清理，这种土堆马上就会露出垛放整齐的芦苇柴束。

有一次，在一片特别向外伸出的高地上，我偶然探寻到长城线的遗迹。从那里一直向东，很容易就发现了一座烽火台遗址。烽火台所在位置显然是经过特别选择和安排的。所在地本身是一片雅丹台地，站在台地上就可以十分清楚地观察四周低地的情况，所以烽火台本身并不很高。我坐在烽火台用于戍边官兵起居的附属小型建筑内，极目远眺广漠荒凉的沼泽沙漠，情不自禁地想象着过去久远年代中守卫在这里的士兵们惨淡的日常生活。因为没有任何生命活动存在，也没有什么现代因素的干扰，久久地，我才将思绪拉回到现实世界。

我脚下的古代戍堡遗址自建造起来之后，在几个世纪漫长的岁月里，戍守士兵就是这样日复一日寂寞宁静地陪伴着它，守望着大商道。在古代戍堡附近不远处往往有一个巨大的垃圾堆，那都是由戍守此地的士兵们长年累月的生活和公务废弃物堆积而成。垃圾堆上面薄薄地覆盖着一层细小的沙砾，使得垃圾堆内所有物品得到良好的保护，即便那些极易破碎的东西都还崭新如昨。只要用靴子后跟或用马鞭轻轻地拂去那层沙砾，当年被随手抛弃的古代文书——木简的堆积便显现在眼前。没过多长时间，我便逐渐习惯了不时从几英寸的地面之下随手捡拾起早于公元纪年之前的珍贵文书了。

每当夕阳西下，傍晚临近，飞鸟归巢、旅人投宿的时候，我常常还独自一人骑马踯躅而行，探察那些凛然屹立千年的烽火台。每每想到两千年间在这片广袤的地方，人类活动犹如骤停一般消失不再，自然环境也呈现出麻痹瘫痪的形状，所有这一切都如同瞬间发生之事，人世间让我感动至深的事情没有比之更甚的了。几十英里之外，夕阳的光辉从一座又一座的烽火台上反射过来，炫人眼目。闪闪的白光之下，似乎以前城墙上

第十一章　长城沿线的考古发现

所有的白色石灰涂层依然如故。这种白色石灰涂层的用处自然是要让人们远远地便可以看见烽火台。被流沙掩埋的城墙墙体下部偶然还保存有一部分白色石灰涂层。涂层的层次清晰可辨。显然在使用时期已经过多次修补维护。遥想在远古的年代，烽火台和长城防卫谨严，守城士卒牢牢注视着随时可能出现险情的北部低洼地带，以防成群结队善于突袭作战的匈奴骑兵突然出现的情景。现在想来犹如就在眼前一样，令人无比激动和兴奋。

在长城城墙和烽火台附近捡拾到的青铜箭头，以及蒋师爷所能就地辨识解读的那些木简文书的记载内容，都能证明长城防御线遭遇突袭和发生其他军事险情是极为常见的。无意之间，我的目光投向盐碱地带左方的一片低洼地。那是一片绝佳的集结地点，当年的匈奴骑兵在滚滚烟尘之中发起进攻之前一定会在那里集合。只要越过以长城为首的军事防御设施，展现在匈奴人眼前的便是大道坦途，可以进犯，长驱直入，直达敦煌绿洲的任何一个角落，以及进一步向东进入人烟稠密的腹心地带。当我想到几个世纪之后，命运却安排那些在东亚叱咤风云的匈奴人西迁前往罗马帝国和君士坦丁堡的历史情景，刹那间不但是时间，甚至连距离的概念都已经消失不见了。

如血残阳斜射过来的光线，让过去曾经的一切显得更加真实。古长城延伸的路线在我眼前于是又一英里一英里地清楚显现，即便那些已然倒塌得只剩下一道低矮土堆的城墙遗迹也是如此。就在那个时候，我突然发现，在与城墙平行相距约 10 码距离的地方有一道很奇怪的沟形直线。走近仔细一看，原来是粗沙砾地面上一条狭窄分明的道路。这条道路应该是那个时代巡逻士兵们几百年往来践踏形成的路径。与我一样，考察队的其他人也先后发现了这条奇怪的道路。这种道路大多位于离开商道有一段距离紧靠城墙的地方。只要古长城城墙的高度还足以抵挡飞沙走石的侵袭，这种道路遗迹便会被保存下来。

在我初次探察古长城遗迹时，便注意到一种奇怪的现象。那就是，在许多烽火台遗址附近，我断断续续地看见，一些奇怪的小堆排列成十字交叉的五点形，或者是排列成一道直线，彼此相距又不很远。走近仔细观察，小堆的底部大概在7—8英尺，全部由芦苇捆作十字交叉形状一层层堆积建成，高度从1英尺到7英尺不等，结构和内容全部一样。芦苇捆最初放置时中间插有胡杨树枝条，作为支撑架构，时间长久之后便不再需要。数千年来，经过盐碱无休止的侵蚀，芦苇捆都已经半化石化了。不过剥开芦苇秆，内部的纤维组织仍然柔软如新。芦苇捆堆的这种大量分布，起初我以为那是用来建造长城城墙的材料，放置在此处是为了供不时之需。但是在后来，又在几处离长城较远的烽火台遗址附近再次发现这种芦苇堆，同时还不断发现一些被火烧过已经炭化的芦苇捆，我这才恍然大悟。原来，这些堆积起来的芦苇捆显然应该是为烽火台昼夜燃放烟火准备的材料。随后获得的古代木简文书记录也提供了这方面的充分证据，证明在这一带的古长城沿线，预警烽火制度异常严密完整。

前面我已经说过，不能够在此处把所有重要的发现物品逐

第十一章 长城沿线的考古发现

一介绍，但有一件东西还是需要重点讲一讲。在这段长城的一座烽火台上被流沙掩埋的小房间内，我发现了八封用古代粟特文字书写的纸质信函（图 11-5）。这一发现，在此之前是从未有过的。在我发现它们时，其中有些外面还用绢包裹着，有些则是用绳索捆系着。书写所用的书体过于弯曲，以及其他一些原因，致使当时现场释读极为困难。现在我们已经知道，那是中亚一带商人来到中国以后回寄的信件书函。他们显然更喜欢使用当时新近发明不久的纸张，而不是中国人习惯使用或者说墨守的木简。

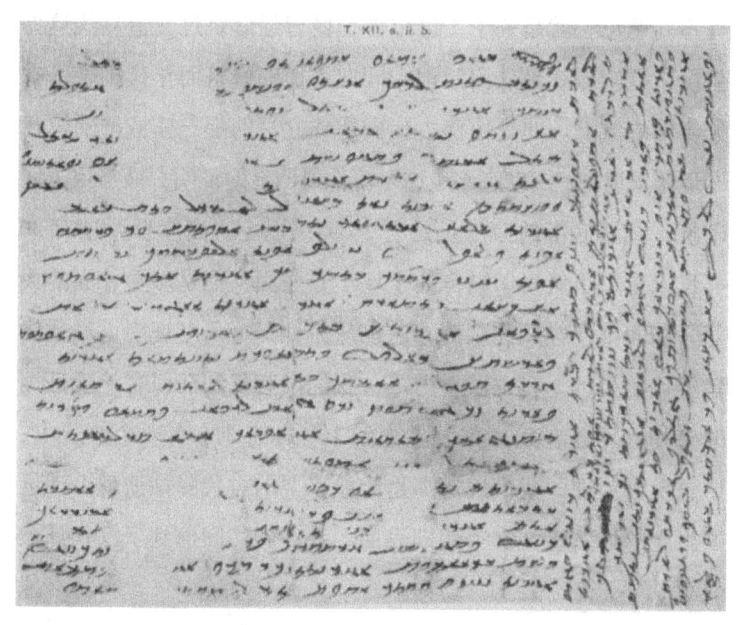

图 11-5　从中国古代边防军事设施中出土的古代粟特文纸质文书

西域之路

　　根据已故研究专家冯·魏斯讷（von Weisner）教授用显微镜仔细观察研究的结果，证明书写这些书函的材料是我们现在所知最古老的纸张。它的制作方法是，先把麻织物弄成浆，然后再用浆造纸。这正好与中国古代文献记载105年（汉和帝元兴元年）纸张刚刚被发明时所采用的技法一样。这些书函用纸，以及在长城沿线其他一些烽火台遗址中发现的残破纸片，都与历史文献关于纸的记载十分吻合。由于有出土木简文书明确纪年的证明，这一带长城除了最西边的那一段外，应该一直坚守到2世纪中叶以后。而在公元最初二十多年王莽篡汉的动乱期间，这一带长城可能曾经被放弃过。还有一件事，学术界一直有不同意见。就是关于1世纪古长城曾经修筑过一道复线这件事，所指应该就是从沼泽地中间向南横向修筑而年代稍晚又有欠牢固的城墙。此处依傍古代商道耸立着的那一座威严的古代方形城堡遗址[①]，也应该是这一事件最明显的证明。城堡用土坯砌筑，城墙底部的厚度足足有15英尺以上。高度至今还有30英尺以上。虽然当年制作的土坯十分坚固，但是城堡外面的大部分墙面都已经风蚀剥落。这也从另外一个角度证明古城堡修建年代的久远。在古城堡内部，我们没有找到任何有年代证据的文物。不过在距离古城堡大约100码的地方有一个小土堆，通过发掘清理，我们确定那是一座重要的古代驿站遗址。遗址中出土的许多汉文文书随即表明，我们偶然间撞到了汉代那条

---

① 即现在的小方盘城遗址。

第十一章 长城沿线的考古发现

控制着整个沙漠地区最重要商道的玉门关遗址。在这里，有一处被当作垃圾箱使用的深窖。最让我惊奇的是，在其中竟然清理出土了很多保存状况完好的木简文书。文书记载的内容涉及长城的军事组织、戍守、服役人员等方面鲜为人知的细节，具体情况就不一一细说了。

向北行进大约3英里，就是向南部横向延伸的城墙与古长城线的结合部。在那里的一座烽火台遗址附近的垃圾堆中，又发掘清理出了许多木简文书。文书记述的年代长度大约在两个世纪以上。这处遗址一定也是古长城线上一座重要的军事设施。所有的出土文物中，最为有趣的是一件古代丝绢，绢头同时写有汉文和婆罗迷文字。它十分清楚地表明，这是迄今发现最早也是最直接的古代世界丝绸贸易的历史证据。绢头上面的文字内容包括产地、每一匹丝绢的大小与重量等事项。发现的这一块丝绢就应该是从文字所记录的那一匹丝绢上割取下来的。同样罕见的是，在此地我们还找到一个被仔细捆扎的小盒，盒内放置一枚连带残破箭杆与尾羽的铜箭。盒上写有与近现代中国军事术语十分相近的语句"（破）箭一支归库另易新者"。古长城沿线遗址所获文书中有关更换新弓、新弩，以及归还报废品的记载多得数不胜数。

距离古玉门关以东大约5英里，在长城内里商道旁边，有一座规模宏大的古代建筑遗址（图11-6）。遗址中有三间相互连接的大厅建筑，全长在560多英尺。对于这种古代建筑遗址的功用，一开始我较为困惑。土坯墙壁坚实厚重，现今能够看到的墙

壁高度仍然达到 25 英尺以上。墙壁上少量分布着几个孔洞，显然是作为通风孔使用的。有内外两道围墙，围墙四角建筑有敌楼。怪异的遗址建筑形式，令我们许久猜不透它的功用，以为可能是用作长城沿线军队屯驻、调动，以及政府官员和外交使节取道沙漠大商道公干时供给一切需用的大型仓库。后来在内围墙一角的一个垃圾堆里发掘出土了一批中文木简，木简中内容多有提到从敦煌绿洲向这里输送粮食，以及此地所储存的衣物等物资，从而给以上这种猜想提供了证据。由此确定，我们在这里找到了长城线前方的后勤基地。这种后勤基地对于卫戍荒漠绝地边塞的军队和取道艰苦的沙漠大商道来往楼兰的人们尤其重要。

至此，我们关于中国古长城线西部探险考察的情况介绍告

图11-6 敦煌长城遗址 T.XVIII 南侧的古代仓库遗址

一段落。1907年5月中旬,我的探险考察活动已经远远达到喀喇淖尔。那时天气越来越热,虽然说沙漠中常常刮起沙尘暴,但对于缓解酷热却无济于事。再加上沙漠环境带来的其他困难和人员长期劳作的疲惫,我们被迫再次返回绿洲。那年秋天,在完成南山山脉探险考察之后,我重新返回沙漠沿着疏勒河继续向东、向南一直抵达玉门县河流大转弯的地方,详细测量和考察了这段长城。玉门县就是由后来的玉门关得名的。

关于额济纳河,直到1914年我第三次探险考察时,才能够从敦煌直接前往,重新对长城做了系统的考察与考古发掘,累计行程达到330英里左右。通过考察我们得知,安西沙漠绿洲东面的长城已经修筑到疏勒河右岸,长城的走向靠近深削陡峭的河岸。由于当地东北风强劲，从北山戈壁高原吹来的大风风势猛烈，在干旱荒凉的疏勒河沿岸黄土地带展现出十分强大的风蚀力量，所以古长城遗迹保留下来的很少。再向东，长城逐渐接近穷荒不毛的北山山麓。在这片区域，汉武帝时代的那些军事工程专家遇到了极为可怕的天然险阻。而他们所表现出来的坚忍精神和惊人的组织力量，再次通过留给后人的古长城遗址得到显著的证明。在营盘遗址东北 30 英里左右，我们看到长城线勇敢地冲入大片流动沙漠。在这里有必要说明，这片沙漠自古以来就存在。这里的城墙全部用一捆一捆的红柳束混杂泥土筑成，厚度与通常的长城一样。长城迄今也没有被流沙淹没，高度仍然有 15 英尺左右。当年修建和护卫这一段长城的人，要想搞到工程和以后防卫所需要的水以及给养，肯定会花费超乎寻常的气力。这一点，应该是毋庸置疑的。

我们是如何穿越沙漠戈壁前往内蒙古边界，继续追踪和考察古长城这道保护线的情况，在这里就不细说了。关于中国古长城，中国最初开始进入中亚，便迅速构筑起这道惊人的工程奇迹，并继续维护保持这条军事、商业大通道，就前面已经叙述过的情况而言，已经足够说明这需要何等的决策能力，以及拥有何等高效的系统组织。但是只要看看落实这种前进政策以修建长城所经过的那片严酷可怕的自然环境，不禁使人惊叹于中国人毅然决然地向前延伸长城，以及随之推行的汉朝猛进政策。同时也可以想见，当时中国政府在人力方面一定经受了无数痛苦，付出了巨大牺牲。

第十二章 千佛洞石窟寺

在完成第一次中国新疆和中亚地区探险考察之后的几年里，我一直在筹划第二次探险考察，并决心把将要进行的探险考察扩展到中国西北部的甘肃省。

我的已故好友，匈牙利地质调查局局长罗克奇（de Loczi）教授曾经向我说起过敦煌绿洲东南部的千佛洞。他参加过赛陈尼伯爵（Count Szechenyi）的探险队，成为近代中国甘肃地理学探险考察的先驱者之一。就在这次考察过程中，他于1879年曾亲自到过那里的千佛洞。他虽然并不是一个考古学专家，但是对于在千佛洞内看见的精美壁画和雕塑在考古学、美术等方面的价值，却有着清醒而正确的认识。他那热烈执着的叙述强烈地感染了我，因而也更加强烈地刺激了我渴望进行第二次探险考察的心愿。

1907年3月，我到达敦煌绿洲。几天之内我就疏通了各种关节，生平第一次走进了那片宝地，拜访了那里的千佛洞。就在那一刻，我怀着无比激动和兴奋的心情，清醒地意识到，自己期盼已久的心愿即将完全得到实现。千佛洞位于敦煌东南面一个荒凉山谷的谷口，距离敦煌绿洲大约12英里，开凿于陡峭的悬崖峭壁上。山谷中有一条小溪从南山山脉中流下来，横穿山谷中的沙丘，不过现在仅流至石窟寺前面便已经干涸了。小溪流出的山崖石壁上分布着很多洞穴。这些洞穴规模不大，但很幽暗，很像上古时期欧洲隐士隐居使用的遥远的迪拜斯（Thebais）洞穴。这些洞穴大多很小，洞内全无壁画。我个人判断，很有可能是供僧人们居住使用的地方。

第十二章　千佛洞石窟寺

图 12-1　敦煌莫高窟千佛洞南区一瞥

由山崖向上，可以看见数百座大大小小的石窟，错落有致，犹如蜂房一般分布在深暗色的崖壁上（图12-1）。石窟寺从崖壁底部向上一直到悬崖顶端，一行行密集排列且绵延伸展的长度竟然有半英里以上。这些让我觉得惊心动魄的石窟内所有墙壁上都绘有壁画，甚至连洞窟外面也绘有壁画。而那座内部塑有大佛像的洞窟，更是老远便可一眼看见；窟内的巨大佛像雕塑高达90英尺左右，为了给大佛像以适当的空间，沿着山崖还修凿了许多房屋。层叠而上，每一个房间都有通向大佛像所在石窟的通道和采光口。

图 12-2 王道士藏经洞附近倾圮的千佛洞石窟寺

所有石窟寺原来都凿有穹形的门，由于有些石窟寺外墙壁和内里涂有白石灰粉的内墙倒塌，洞窟便完全显露出来（图12-2）。因而许多石窟无论原来有无石质门框，后来都修筑了木质门廊，不过也都已经残破不堪了。向上层石窟攀爬了一段，发现连接石窟之间的木制栈道阶梯几乎也已经完全破损腐朽，以至于山崖上许多石窟竟然无法上去。不过由于穹门和木质门廊都已经损坏殆尽，很容易便能够看见上层石窟内部的布置与装饰，形式上与山崖下部那些石窟看上去并无太大区别。

石窟寺所在山前方地面以及底层石窟进口处，数百年来堆

第十二章　千佛洞石窟寺

图12-3　千佛洞石窟寺内部的布局与装饰

积了很高的流沙，不过并不影响向上攀登进入。很快我就搞清了这些石窟通常的平面形制和一般构造方面的布置情况，全部都比较一致。从长方形穹门进入石窟内部，要经由一条高而较宽的通道，这个通道同时也是采光通风口。各石窟内部大都是单单一座矩形前厅，以方形为多，于崖壁凿空砂岩而成，顶部呈圆锥形①。

前厅内部通常有一座矩形平台，台上雕塑有用缋彩妆饰的

---

① 即穹庐顶。

塑像。台中央一般端坐一尊趺坐佛像，两旁随侍几位菩萨（图12-3）。各石窟菩萨像的数目不完全一致，但一般都采用双侧对称的方式排列。千百年来石窟内的塑像因为雕塑用材的本身因素、自然侵蚀作用，甚至遭受偶像破坏者恶意损坏和佛教愚昧的善男信女重修与重塑的糟蹋，毁损程度之严重，令人痛心疾首。无论千佛洞石窟寺所经受的破坏如何之严重，现在保存下来的丰富古代文物实物足以证明古希腊式佛教美术艺术所发展出来的雕塑技术，以及经此地传播到远东的中亚佛教都曾经在敦煌一带存在和传播了相当长的时间。

许多石窟内雕塑造像的头脸和手臂，有些甚至连同上身都已经毁于无知的破坏者之手，近来又遭受信徒的修缮。现代修缮之粗制滥造令人无法忍受，不过倒反衬出保存下来的那些古代塑像残部的美妙绝伦。具体而言，比如衣褶布置安排之匀称，所有塑像颜色调和之适当，就是最为具体的实例。大多数佛像都曾经被贴金或涂金，现在仍然依稀可以分辨，雕塑技法也十分高超和成熟。此外，印度西北边省梵延（Pamian）依山凿石所修筑的大型佛像以及和田各处佛教塑像所表现出来的著名佛教美术形态，在这里都有具体的体现。

所有大型石窟寺以及许许多多小石窟寺石灰粉墙壁上的古代壁画，虽然全部都是佛教内容，但其美术价值之丰富和珍贵使人惊心动魄。特别值得提出的是，所有壁画的保存状况良好。这当然要归功于当地气候和石窟寺墙壁极度干燥的环境，此外严密附着在山崖石壁上的石灰墙面的坚韧耐久也居功甚伟。至

第十二章　千佛洞石窟寺

于我在这里称呼敦煌千佛洞石窟寺壁画用"Fresco"一词，完全是因为千佛洞除了一座小石窟寺外，其余全部石窟寺内的壁画都绘制在石灰墙面上，所以借用这个名词。

　　石窟寺穹门墙壁壁画通常都是菩萨和尊者形象，并排列成十分庄严的行列（图12-4）。不少小型石窟寺前厅壁画中都有数量较多的小佛像或菩萨像匀称排列，正好与我在和田丹丹乌里克寺院遗址中所见的壁画形式一样。大堂藻井使用精致的花卉图案作为装饰，视觉上感到非常富丽堂皇。厅内壁画下防护墙板部

图12-4　石窟寺墙壁上的菩萨像

分通常都绘有供养人像，有时候也画一些僧人、尼姑的图像。

厅内壁画下方布满有众多人物活动的精美绘画构图，画面中央通常是佛像，两旁环侍形态各异的菩萨、尊者之类人物，很可能是佛教诸天画像。此外，画面内容也有表现各种景物的构图，景物内容复杂繁多，很可能取材于人们的现实生活场景（图12-5）。汉文题记大多安排在一种涡形卷纹图案内，用于指示图画内容出于佛教经典的哪一个故事。我在千佛洞所获得的同样形式和内容的绢画后来在伦敦交由佛学和佛教美术专家研究之后，我才明白当时所见到的画面是佛教本生故事。

这些佛教本生故事画用风格十分自由的风景画面作背景，建筑样式全部是中国式的，大胆描绘的人物动作和画面整体浓重的写实意味，非常明确地表现出中国画风。优美而又舒卷自如的云彩、漂亮的花卉装饰图案和其他精美的装饰与中国画风风格完全一致。所有主尊佛像以及环绕佛像的菩萨侍者虽然表现样式繁复多端，形态相貌端庄威严，但是从中亚流传过来的印度造像样式仍然可以清楚地看出。虽然石窟寺壁画在绘画以及着色等技法方面显而易见地渗入了中国绘画技法的味道，那些希腊样式佛教艺术的各种成熟技法和表现形式，仍然保存于佛像菩萨、尊者的面貌和衣褶样式之中。

尽管石窟寺造像、壁画有着这种强烈的保守倾向，而那些壁画仍然各自表现出相当的变化与发展。很多考古学方面的证据表明，这些大型石窟寺的绝大部分开凿的年代应该在唐朝；如同敦煌绿洲一样，千佛洞从7—10世纪盛衰起伏，曾经延续

第十二章　千佛洞石窟寺

图 12-5　石窟寺内佛本生故事、佛传故事等内容的壁画

使用了很长一段时间。沙畹先生曾经刊布过一篇唐代碑文的拓片，碑文中记录了千佛洞始建于 366 年（晋废帝太和元年，即前秦建元二年），由此看来唐代以前的石窟寺应该可以找得出

来。当然，这不是像我这样没有汉学训练和中国传统美术专门知识的人所能够办到的。石窟穹门和过道墙壁上的壁画风格较晚，但技法更熟练、线条的表现力更强，这一点是显而易见的。石窟寺壁画自然很多都受到损坏，根据年代较晚的碑文记载，元朝曾经对石窟寺进行过多次修缮。

从辉煌的唐王朝覆灭一直到伟大的元朝立国，中间经历了好几个世纪，那个时候中国本部的边陲早已不再以长城为界。北有突厥部落来犯，南有吐蕃人入侵，种种动乱，片片血光，一定非常不幸地影响到千佛洞的繁荣和修持期僧尼的人数。但是无论这些变动与毁坏的结果如何，敦煌绿洲地区佛教信仰习俗一直保持下来没有改变。在我逐一对石窟寺进行了考察之后，我确信马可·波罗在他的游记中使用很长的篇幅记录沙洲当地民众崇拜偶像的奇异风俗，也应该是由于他看到这里众多的石窟寺和民众崇拜佛像的宗教盛况给他的极深印象而写下了文字。

敦煌地区的善男信女一直到今日，对混杂了中国民间宗教因素佛教的信仰之热诚，仍然令人印象深刻。我第一次匆匆忙忙拜访千佛洞，便已然觉察到那些石窟寺虽然已经十分颓败，实际上仍然是当地民众朝拜祈祷的真正宗教场所。5月中旬，我从沙漠中完成对古代长城遗址、遗迹的探险考察返回敦煌绿洲，恰逢当地每年举办盛大香会的时期，草地上聚集着来自城乡各地成千上万的虔诚民众烧香拜佛，场面之宏大、风气之热烈令我印象深刻并深受感动。因此，我必须得小心翼翼地行事，虽然眼前到处都是机会，可以轻易获取许多珍贵的文物用来研究

第十二章　千佛洞石窟寺

佛教艺术，但是我尽量控制着自己，开始还是仅限于进行考古学考察方面的活动，以免激起当地民众的愤怒，酿成危机并给自己带来危险。1907年5月21日，我重新来到这片佛教圣地，此时的千佛洞又恢复了往日荒凉寂寞的景象，我放心大胆地把帐篷扎在草地上，准备在此地做长久的停留，这里我坦诚地说明当时自己确实忐忑不安地心怀获得珍贵文物的期望。其实我刚到敦煌不久，便隐隐约约地听人传说，几年前偶然之间，在一座石窟寺内发现了隐藏在那里的很多古代写本。根据向我提供消息的人汇报说，那些写本文书现在归一位道士保管，因为他重修庙宇，无意间发现这些物品，后来惊动了官府被勒令重新封锁，等等。这种的宝物当然值得我去努力探察。

我第一次来到千佛洞石窟寺的时候，正值那位传说中的王道士（图12-6）前往敦煌绿洲化缘。千佛洞只有一位年轻的西藏僧人住在那里，于是我便向他打听石窟寺发现古代文书写本的事情，得知古代写本都发现于主体石窟寺群北部一个大型石窟寺内的密室中。密室入口以前砌墙封闭并一直被石窟寺窟顶坠落下来的岩石块和流沙所掩埋。这里的僧人多年来一

图12-6　管理石窟寺的王道士

直缓慢而虔诚地清理石窟寺内的积沙壅土，后来于甬道绘有壁画的墙面发现一道裂缝，透过裂缝发现后面开凿有一间密室，而裂缝所在的墙壁正是被封闭后密室的门口。

据那位年轻僧人介绍，密室里面满满当当地堆积着古代写本卷子，其中还有用汉字书写但却不是汉文的写本。密藏卷子的数量足够装好几车，现在密室所在石窟寺的大门已经被紧紧地锁了起来。当时我所能够见到的古代写本只有一轴长卷，这是那位年轻僧人借出来为他自己修行的小寺院增光添彩的。长卷上所写的汉字书法很美，蒋师爷拿过长卷匆匆一看，说内容书写的是一卷佛经，写本上没有明确的纪年，仅从纸张和书法字体来看，年代一定十分久远。我马上决定放下一切正在进行的考察和研究，就在此地等待。所有的事情都要等到看见那个隐藏已久的古代图书馆再说。在证明确实存在传说中的那个古代写本密藏之后，我被一种狂喜的心情所左右，忐忑不安地期待着上天的眷顾。

5月中下旬，当我再一次来到千佛洞时，王道士已经在那里等候我的到来。他看上去是一个很奇怪的人，极其狡猾机警。王道士并不知道他所保管的东西的价值，但对于与神相关的事情充满了畏惧，一见面我便清楚地意识到此人并不好对付。由于我急于看到的那所密室狭小的入口已经被砖墙砌断，因而要想很快接近那间满是藏书的房间绝非易事。我那热心的中文秘书蒋师爷也对我谈及王道士之流的通常特性，更加让我感到与王道士打交道的难度，对于能否在千佛洞有所收获心中越发没

第十二章　千佛洞石窟寺

有把握。我准备罄尽所有的金钱来打动王道士，但是心中并不觉得稳妥，因为王道士对于宗教的虔诚情感有可能会战胜金钱的吸引；再者，我花钱收买王道士并搞到佛教写本，此举会不会引起当地佛教信徒们的愤怒也未可知。王道士用化缘筹集的资金重新装修佛像和洞窟的成效虽然极为粗劣，但是一个社会地位卑贱的道士能够全心身地投入宗教，极力重新振兴宗教庙宇的已有成绩，还是让我压力重重。就我在千佛洞所见所闻而言，可以知道王道士几年来多方募化，辛苦得来的金钱全部都用在上面提及的事情上了，他个人与他两位徒弟几乎从来不曾胡乱消费过一文钱。

对于王道士有意或无意阻碍我接触藏经洞宝藏的行为，我是如何与之进行长时间斗争的经过这里就不详细叙述了。王道士对于中国传统学术一窍不通，我想从学术方面用崇高的人类历史和文明研究的伟大目的感动他，可是根本不奏效。所幸者，我还有古代中国伟大的佛教旅行家玄奘可资利用。这期间，蒋师爷又倾全力周旋于其中，最终得以获得成功。事实证明，我对于那位著名的古代佛教圣僧玄奘的崇敬之情对此帮助很大。奇怪的是王道士虽然一身俗骨，对佛教事物更是一无所知，却对唐代圣僧玄奘有着无比热烈的崇敬。这种情绪热烈的程度与我对于当地古代遗址、遗迹和文物的热情几乎相当。

王道士对于唐僧玄奘的敬奉，通过石窟寺对面新建两廊上的壁画便可以得到证明。在这些墙壁上，他着重绘画了玄奘的事迹。不过所画内容却都是一些荒唐的民间传说。我一直崇敬

西域之路

的唐代圣僧玄奘居然被他依照中国民间信仰描绘成了那种拉斯普（R.E. Raspe）笔下描写的英雄人物蒙士豪生（Munchaose）。这与《大唐西域记》和《慈恩寺三藏法师传》中的记载当然大相径庭了。这种区别并没有妨碍我的计划进行，当我用那极为蹩脚和有限的汉语向王道士叙说：我是如何崇敬玄奘法师，以及我是如何沿着他的足迹从印度横越崇山峻岭和沙漠死海来到敦煌朝圣的经历，他竟然明显地被我感动了。

第十二章 密室中的发现

最终王道士还是被我的话所打动，他答应于夜间将密室中所藏的中文写本卷子悄悄地拿出几卷来，交给我热心的中文助手蒋师爷，以供我们研究。能够这样，十分侥幸地取决于一个偶然机缘的帮助。王道士认为，他的答应完全是因为我的中国护法圣人玄奘显灵。我们极为仔细地研究了那几卷中文写本卷子，确定那几种中文佛经，原本来自印度，由玄奘从梵文译为中文。由于真正见到圣僧玄奘翻译的佛经，我的中文秘书蒋师爷也一脸的惊愕，大为吃惊。在我从西方不远万里来到这里的紧要关头自行显灵，把石窟寺密室秘藏千年的大量古代写本文书显现出来，这难道不是那位圣洁的佛教经行者给予我一生致力于考古的最好报酬？！

图 13-1　王道士的藏经洞

第十三章 密室中的发现

在这种半神性暗示的影响下,王道士的勇气大增,终于在那天早晨把通向秘藏有无数珍宝的那扇密室小门打开(图13-1)。在王道士手中那盏昏暗的油灯光线下,我的眼前豁然展现出另外一个世界:密室里的地面上,一层层古代写本卷子紧密地随意堆积在一起,高达10英尺左右。据后来的实际测算,密室内堆积的写本卷子占据的空间将近有500平方英尺。而剩余空间仅有9英尺见方,站进两个人去,便没有什么空余的地方了。

在这个黑洞洞的密室内,不可能进行任何考察工作。上天保佑,王道士从古代写本堆中抽取出几捆卷子,让我们带到新建佛堂中一间僻静的房间内,再拉起一道帘幕进行遮挡,以防外人窥探。我按捺住激动的心情,急急忙忙快速地把每一卷写本浏览审视了一番,马上便确定,这座密室宝藏无论从哪一方面来说,其重要性都是不言而喻的。厚大的卷子所用的纸张都十分坚韧。卷子高达1英尺左右,长度也达到20码以上。第一卷打开就是一部中文佛经,它的保存状况极好,大概与最初刚刚藏入这间密室时没有什么差别。

仔细翻拣考察之后,我发现在每卷写本末尾一般都书写有年号,时间大约在5世纪初。从字体、纸张和书写形式来看,时代也相当久远。其中一卷中文写本经卷的卷子背面,有一大篇用印度婆罗迷字体写成的文字。由此可见,在书写这个卷子的年代,印度文字和梵文知识在中亚佛教中还十分流行。古代宗教与学术文物密封于荒山石室之中,历经千年而未曾损坏,这种情况在我看来并不是什么稀奇之事。很显然,千佛洞所在的荒山峡谷中,大气所含有的水分极为有限。即便有一些水分,卷子密封在石室中也就与水分隔绝了。

很明显,这是一个正在等待我们开发的新奇而无比珍贵的古代文化宝库。在亲手触摸到它之后,我的心情由刚开始几个小时的愉快和兴奋,变得极为丰富和复杂起来。王道士自从被我们用心开导之后,便十分热心地把那些举世仅见的古代写本文书卷子一捆又一捆地从密室中抱出来交给我。在这里,我不想讨论他的这种热心真诚与否,仅说说我从这些新拿出来的卷子中获得的新发现。如此之多的古代藏文写本呈现在我的眼前,有整卷整卷的长卷,也有一包一包的贝叶写本,它们全部都是古藏文佛经。毫无疑问,这些古代藏文经卷应该是古代西藏吐蕃人占据这片地区时遗留下来的写本,大致年代应该在8世纪中叶到9世纪中叶。由此看来,藏经洞密室的封闭时期也很可能就在这一时期之后不久。这一点,根据洞门外摆放的一块唐宣宗大中五年的石刻碑铭也可以得到证实。这块石碑是王道士从藏经洞密室中移出的,先前曾镶嵌在佛寺内的墙壁上,随后又被搬到了室外。

在藏经洞密室收藏的古代写本文书中,除了有许多散乱的中文和古藏文写本卷子之外,还夹杂有很多用古印度文书写的长方形纸质写本文书。书中所用的语言,有些是古印度梵文,有些是塔克拉玛干地区佛教徒用来翻译佛经的各种方言。就其数量和保存的完好程度而言,是我此前所有探险考察的发现与

第十三章 密室中的发现

收获都无法与之相提并论的。

最让人高兴和激动的，是我发现密室内有一个保存完好的奇怪的大包袱，包裹所用的是一张十分坚韧的无色画布。打开之后，里面全部都是画在绢上或布上的古画。其中还夹杂着一些纸画和画面非常精美的印花绢之类的东西。这些可能是当年信徒们作为许愿供养之用的。最初我所得到的图画大多为长度在2—3英尺的条幅。从条幅的三角形顶部和旁边垂挂的流苏来看，可以马上判断得出，这是古代佛教寺院使用的旗幡。打开一看，旗幡上所画的全部都是美丽的佛像，颜色协调，鲜艳如新（图13-2）。

制作旗幡所用的材料一律都是轻薄透光的细绢。在随后一次打开大型绢画的过程中，我发现了这种绘画材料的危险性。绢画的四周原来都用十分坚韧的材料做了衬托，然而由于曾经长时期地悬挂在寺庙墙壁上，因而受到了一定程度的损害，加之收捡的时候过于匆忙，卷叠得过紧，以至于丝绢出现破裂。

这些绢画经历了千百年的堆积和挤压，在被发现之后，如果全部强行打开，肯定会有损伤，但是这无损于这些古画的价值。我们随便从中挑出一卷，都可以看到画面精美的人物形象。我所获得的数百幅绢画全部运回了大不列颠博物馆。此后，仅仅是打开和修复工作就花了整整七年的时间，而这点时间，相对于古代绢画的珍贵价值而言，实在是微不足道。

而在当时，我根本没有时间去仔细查阅每一幅绢画的供养题记文字，也没有时间认真研究绘画本身。我所关注的核心问

西域之路

图 13-2 来自藏经洞的古代绢画菩萨像

第十三章 密室中的发现

题,只是如何能够从那间幽暗的密室中,以及那位漠视其价值的保护人王道士手中究竟可以搞到更多精品。让我极为惊异也大为轻松的,竟然是王道士对于这些唐代最好的美术遗物视而不见,完全不当回事。因此,在我第一次进入藏经洞密室的当天,我便能够把那些最值得带走的绢画挑选出来放在一旁,告诉王道士"留待细看"。

我一再提醒自己,在这种大好的情势下,一定要控制自己热切的心情,不可表露过多,这样的节制立即收到了效果。王道士对于古代绢画不以为然的漠视,因而显得更为明确。他显然想以牺牲这些古代绘画为代价,来转移我对那些中国古代写本卷子文书的注意。于是,更加热心地把放置于古代文书卷子堆底部更多的绢画一捆又一捆地翻找出来给我。收获越来越大,从那些残破的中文写本文书中,我又翻捡出许多写有年号的世俗文书,还有纸画和雕版印刷品、用古印度文书写的小捆贝叶文书,以及一些残损的用丝绢制作的许愿供品等。由于好东西不断出现,我和蒋师爷在进入藏经洞的第一天,一直挑选各类精品直至深夜,没有休息过片刻。

接触到藏经洞古代文物之后,最为重要的工作,是想方设法打消王道士对当地关于我们一行的流言蜚语的担心。我很谨慎地告诉王道士,随后我会捐一笔功德钱给他主持的寺庙。王道士一方面惧怕流言蜚语对他修道名声的影响,另外一方面也可以明显地看出,他已经为我许诺的捐献所打动,并不时地犹豫徘徊在二者之间。最后我们获得了成功。许诺捐助之外,蒋师爷的谆谆劝诲和我再三强调自己对于佛教传说和圣僧玄奘的真诚信奉都起了作用。

当天半夜时分,忠实的蒋师爷抱着一大捆古代写本卷子来到我的帐篷。这就是那些我们辛苦挑选出来的精品文物。我高兴极了。蒋师爷答应王道士,只要我们在中国一日,就不会把这些发现物的来历告诉任何人。也就是说,这件事仅限于我们三个人知道。于是约定,此后单独由蒋师爷一人负责搬运藏经洞内的东西。就这样,蒋师爷不辞辛苦地连续搬运了七个夜晚。每次得到的东西都在增多,后来不得不开始用车辆来运送。

经过这样几天紧张而又兴奋的忙碌,我把藏经洞密室内秘藏珍宝上部堆积的各种杂项卷子(非汉文佛经)基本上搜罗干净了。其中有大量的非汉文写本、文书、经卷以及其他非常精彩有趣的古代文物。随后我便调转方向开始进攻那些牢固、捆绑集中堆放并且保存情况极好的汉文写本卷子。由于数量过于庞大,这项工作极为艰苦。仅仅是把堆满整个藏经洞的古代卷子清理一遍,便可以让任何一位身体强壮、浑身是胆的人也吃不消,更何况像王道士这样一位畏首畏尾的文弱之人。当然,我在费心费力地周旋对付的同时又付出了相当数量的银钱,才勉强打消王道士因胆怯而不断表现出来的反对情绪,这使得我的收获极快地增加。

后来我又在那些捆扎严密、堆积庞大的写本堆积底部发现许多种佛经之外的珍贵卷子。这等于加倍酬谢了我的辛苦劳作。由于庞大的卷子堆积重量过大,位于下部的这些杂项卷子不免

第十三章 密室中的发现

图13-3 佛祖与弟子的丝绸绣像

有些破损。不过,收获物本身的价值已经远远超过了这些遗憾,其中一幅精美的绣画(图13-3)和其他一些古代丝织品残件都是举世罕见的珍品。在匆匆地将数百捆古代卷子检视一遍之后,我又发现了在中文卷子之中掺杂着的数量不菲的用古印度文字和中亚文字书写的写本。正在我因收获颇丰而心情舒畅、志得意满之时,王道士却突然反悔了,封锁了藏经洞,不让我再接触藏经洞内剩余的一切宝物。他本人也离开莫高窟不知跑到敦煌绿洲什么地方去了。一时间，我高涨的热情被迎头浇上了一瓢凉水，想进一步得到更多宝物的希望到此打住。虽然如此，我经过文明协商挑选出来"留待仔细研究"的那些藏经洞中的绝大多数珍品，都已经安全地进入了我的临时仓库，为我所有了。

所幸的是，王道士的突然离去，是跑到敦煌绿洲去打探外界对我在当地活动的反应。显然没有什么不利的消息，我们与王道士的友好关系并没有引起当地信徒和施主的愤怒。发现自己的声誉并没有任何损失，王道士紧张的心情大为放松。返回千佛洞之后，对我正在进行的这些抢救活动，他立即给予充分的肯定，并认为由于得不到地方政府的重视和保护，这些封闭在藏经洞内上千年的佛教文献和精美美术遗物，早晚有可能会流失。同时，对于我将把所获得的文物提供给西方学者进行研究的说法，也表现得十分信服和钦佩。因而我们立刻约定，用捐献一笔银钱作为寺庙修缮资费的方式来作为回报。

王道士马上得到了很多马蹄银。无论是在良心方面还是在寺院利益方面，王道士都获得了足够的安慰，并因而表现出十分满意的样子。这也充分显示出我们之间交易的公平性。王道士那种和善的心情，在此后不久就又给予我非常满意的回报。4个月后，我再次来到敦煌附近，他又一次慷慨地答应蒋师爷代表我提出的要求，送给我许多汉文和吐蕃文古代写本卷子，以满足西方学术界研究的需要。16个月以后，我再次将装满了古代

第十三章　密室中的发现

写本卷子的24只大箱子和装满了绢画、绣画以及其他精美美术物品的另外5只大箱子平安地运抵伦敦并安置在大不列颠博物馆。只到这时，我才放下一直紧提着的心，长长地舒了一口气。

对于藏经洞密室内那些我没有能够带走的剩余宝物以及后来在王道士不安全的保管之下所发生的事情，在这里，有必要再介绍一下。

大约一年以后，法国著名学者伯希和教授闻讯来到千佛洞。他凭借自己渊博的汉学知识，诱导王道士允许他把剩余的中文卷子匆匆地浏览翻检了一遍。经过不懈的努力，伯希和教授从混乱不堪的堆积中又挑选出很多非汉文的写本卷子，以及一些他个人认为在语言学和考古学以及其他方面价值重大的中文写本卷子。王道士显然是因为有了先前与我打交道的经验，最终允许伯希和教授带走了精心挑选出来的1 500多卷古代文书。

1909年，当这位学者返回巴黎路经北京时，他携带有许多重要的古代中国汉文写本卷子的消息传了出去。中国的学者因而群情激奋。在他们的呼吁之下，中国中央政府下令，将千佛洞藏经洞密室内剩余的全部藏品运到北京。1914年，我率领第三支探险考察队再次来到敦煌，根据别人的转述，详细了解到来自北京的命令到达后贯彻落实的悲惨情况。

我赶紧返回千佛洞，王道士像欢迎老朋友那样热情地迎接了我。据他所说，我捐给庙里的那一大笔钱，因为运送藏经洞卷子到各个衙门，在路上就完全花光了。所有藏经洞藏品都被草草地打包，装在大车上运走了。在装运过程中，尤其是大车停在敦煌衙门口的时候，被人偷走了很多。他的说法很快就得到了证实，稍后便有人拿来整捆的唐代佛经卷子向我兜售。随后，在前往赣州的途中以及后来前往新疆的途中，我都收买到不少从千佛洞藏经洞流失出来的卷子。因此，有多少卷子真正运到了北京，就让人不能不怀疑了。

1914年，我第二次来到千佛洞后，王道士乘便将他的账目拿给我看，那上面明确记载着我捐献给寺院的银钱总数。他非常得意地指给我看，石窟寺前面新建起来的寺院和香客们居住使用的厢房都是用我捐的钱修建的。谈及官府搬运他所珍爱的藏经洞中文佛经卷子，以及因此而损失掉的情况时，对于当年他没有胆识和智慧听从蒋师爷的劝告，接受我用一大笔银钱交换藏经洞所有秘藏的提议，他表示十分后悔。

经受了这样一次官府的骚扰之后，王道士害怕极了。于是他把自己最为珍视、也确实特别有价值的中文写本卷子转移到了另外一处安全的地方。根据我后来从他那里得到的满满5大箱600多卷中文卷子来看，它转移隐藏起来的写本卷子数量一定很多。当然，因为这5箱珍贵的古代卷子，王道士又坦然地接受了我一大笔银子的捐献。

到此为止，我在千佛洞的探险考察过程和与王道士之间的故事便告一段落了。对于我所获得的那些珍贵文物开始进行研究之后发生的事情，在这里也有必要作一个简单叙述。1909年年初，我返回英国以后不久，立即着手开展对那些古代文物的研究工作。其间，我得到了许多造诣深厚的专家的热心帮助。

第十三章 密室中的发现

由此所获得的成果，大部分已经刊布于《西域考古图记》以及其他一些著作和文章中。不过仍然还有几项工作有待于完成，其中最为重要的，就是研究资料深层的历史事实和深入研究过程中产生的无穷新知的乐趣。

很自然，中古时期那些用作石窟寺装饰，或者作为善男信女供养品而被收藏起来的许许多多佛教古画，更容易引起普通读者和公众的兴趣。我所获得的美术古物，不包括数量众多的零篇断简，仅仅是完整的精品就将近500幅。所有这些都已经由大英博物馆特聘文物专家进行了细致仔细的修复。今后的保存，可以说能够做到万无一失。所有古画的细目均见于我的著作《西域考古图记》一书。特别精彩独特的标本还刊布在了《千佛洞图录》（The Thousand Buddhas）中，槟勇先生（Mr. Laorrence Binyon）和我对此都进行了深入、详细的讨论和说明。所有这些古画的详细情况还见于大不列颠博物馆刊行的魏勒先生（Mr. A. Waley）的著作中。有关这些古代绘画的情况，我将在下一章节中还会涉及。

在莫高窟藏经洞密室中所获得的各类纺织品中，除了地毯，尤以各色人物画、绣品以及印花织物一类最为珍贵（图13-4）。限于篇幅，此处不能够详加叙述。不过有一点必须说明，与保留至今的任何中国古代纺织美术品相比，无论数量还是精美程度都可谓无出其右、登峰造极了。至于所获得的古代文书写本内容之丰富，在此同样不能一一详述，而只能遗憾地做一简单介绍。对于如何理解自从汉代以来，敦煌这个偏处一隅的小绿

西域之路

图13-4 来自藏经洞的古代织锦

洲能够成为各区域各民族以及各种宗教信仰汇集的重要交流之地，这将不无裨益。而我所做的扼要叙述，也都是多年来辛勤致力于这方面研究的汉学专家的杰出成果。

许多中文写本都十分明确地证实，莫高窟千佛洞和作为佛教圣地的敦煌绿洲的宗教活动基本上都是由汉族僧侣主持的（图13-5）。1907年我所带走的汉文写本完整的计有3 000卷左右，其中很多卷子的篇幅都特别长。除此之外，汉文残本断篇大约也有6 000余件。

起初伯希和教授打算给这些中文文书编写一个目录，后来

第十三章 密室中的发现

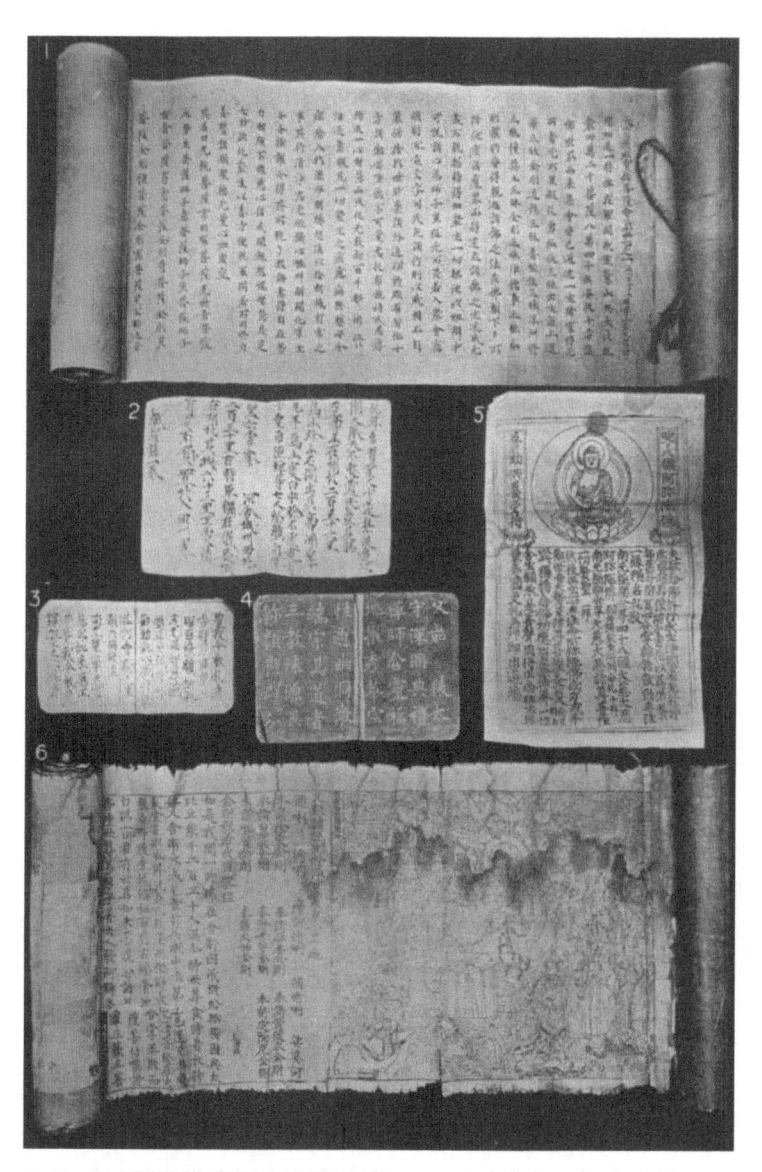

图13-5 来自藏经洞的中国古代文卷

被迫放弃。1914年吉列斯（L.Giles）博士开始着手编目，由于工作量过于庞大，内容过于繁杂，直至今日编目工作方才告一段落得以付印。我所获得的古代写本卷子中，大多数都是中文佛经写本。据日本学者矢吹庆辉（R.K.Yabuki）先生研究，其中有不少前人未曾记述到或者曾被前人著录但早已佚失的著作。

除了那些无法判明的著作，与历史地理以及其他中国学方面相关的残篇也为数不少，其中许多都是以前不为人知的东西。还有数百篇以上的文书内容涉及当地社会生活状态和佛教寺院组织等，对于研究古代敦煌乃至中国社会面貌而言，都是不可多得的珍贵资料，而类似的记载是古代文献很少涉及的。根据写本卷尾或中间记录的明确年号，我们得以十分肯定地判别出，这些文书的写作年代大概始于5世纪初，终于10世纪末。深入研究文书记载的年号，另外再参照伯希和教授对他所获材料的研究成果，可以知道，这座举世罕见的藏书密室的封闭年代，一定是在11世纪初期左右。那时西夏人征服此地，有可能会危及当地宗教寺宇，因而被迫封闭。

莫高窟藏经洞这座中国古代文献遗存的大宝库包罗万象，对它的研究一定还会持续许多年。我在此地所能够介绍的，仅仅是欧洲和日本学者初步研究后发布的个别有趣的成果。有一部卷帙规模很大的雕版印刷卷子，书写者写明的年号是咸通九年（868），可以说这是目前世界上发现雕版印刷品最为古老的一件样品。单就这部卷子和我前面提及的那些绘画印刷技术的完美程度来看，这样的印刷工艺一定要有一个相当长时间的发

第十三章 密室中的发现

展过程。

另外一种观点认为,这些写本文书的珍贵价值还在于从中发现了中国式摩尼教经典。随着对这些摩尼教文书的深入研究,我们发现中国式摩尼教的经典内容包含许多基督教成分,是二者的混合体。这种现象也许是为了增加摩尼教传播的安全性。在这些文献发现之前,我们关于摩尼教的些许认识,大都来自那些反对摩尼教的基督教文献,以及在吐鲁番发现的古代文献。摩尼教最初在波斯帝国萨珊王朝站稳了脚跟,并在此后的几个世纪不断传播,最终传到了中亚。摩尼教向西一直传播到了地中海各国。在东欧各地的异教教派中,摩尼教的影响一直保持到中古时代末期。

古代藏文写本卷子文书(图13–6)在性质和内容涉及范围方面与中文写本卷子大致相同,大部分也是佛经。但是学识渊博的牛津大学托马斯(F.W.Thomas)教授研究之后指出,从那些古代藏文写本文书中,对于8世纪中叶到9世纪中叶吐蕃控制敦煌地区以及西面的塔里木盆地时期,可以得到当地历史、文化乃至其他各方面极为有趣的资料。而藏传佛教在中亚建立影响也应该开始于这个时期。蒙古人普遍信仰藏传佛教之后,声势因之变得浩大,至今仍然控制着亚洲相当广大的地方。

用古印度婆罗迷字体书写的很多写本卷子,已经在已故的中亚语言学大师霍恩雷教授的努力之下全部编写了目录,使我们清楚地了解到那些写本包含有三种不同的文字。写本内容大部分属于佛教经典。当然也有一些其他方面的内容,比如医药

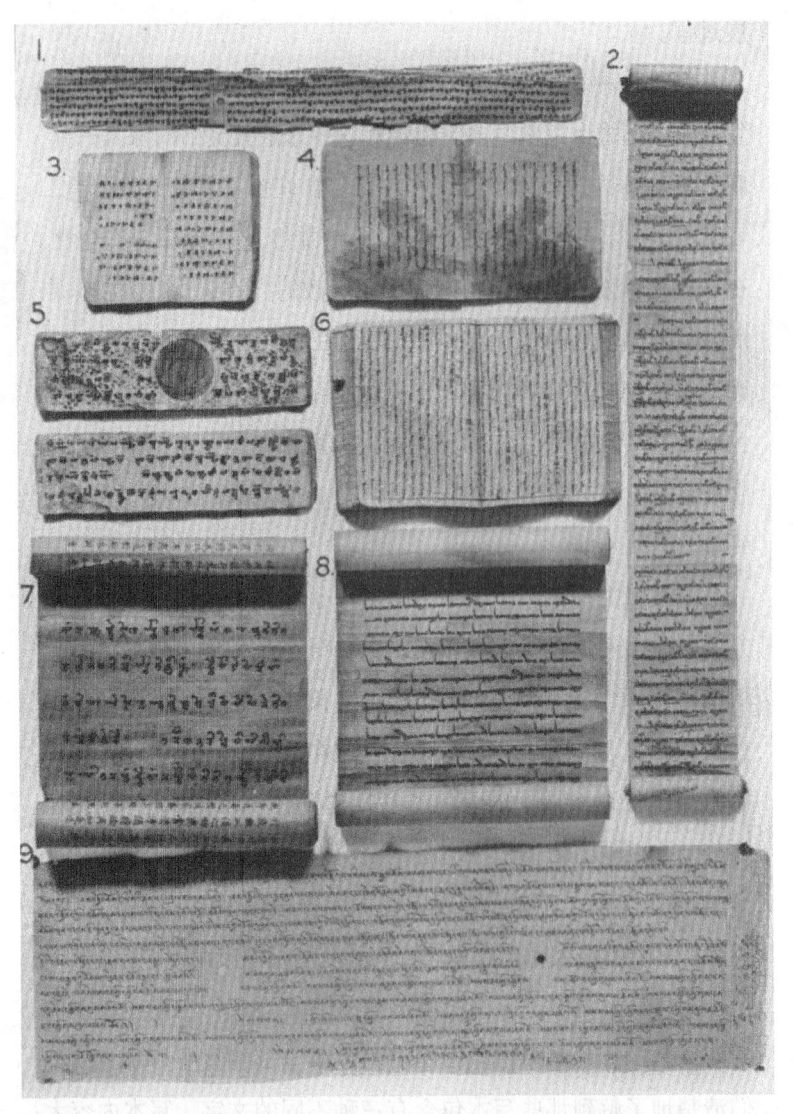

图13-6 来自藏经洞的古代梵文、婆罗迷字体西域文书和粟特文、突厥鲁尼文、突厥如尼文、回鹘文、吐蕃文文书

第十三章 密室中的发现

等。梵文写本中有一部卷帙规模很大的贝叶写经,单就书写材料的来源而言,可以十分确定地说来自印度,应该算作目前存世最早的古代印度写本文书。那些婆罗迷字体写本中,还有一种以前不曾有人见过的古代中亚语言,现在已经定名为和田语(Khotanese)或塞种语(Saka)。贝叶样式写本和卷子写本总计有好几十种。其中最长的一卷在 70 英尺以上。另外一种古代中亚语言是龟兹(Kuchean)语,又名吐火罗语。古代塔里木盆地北部地区以及吐鲁番一代可能都说这种语言。在古代亚洲所使用的各种语言之中,要算这种语言最接近印欧语系的意大利语和斯拉夫语,因而显得格外有趣。

就这些古代文书的地理学方面的意义而言,已经足以表明古代敦煌佛教传播交流错综复杂的情形。在莫高窟藏经洞所发现的古代康居(即今撒马尔罕与布哈拉)一带通行的古伊朗语文书,是目前存世最好的古代文献。此外还有粟特文和突厥文文书,粟特文的字母来源于阿拉美克(Aramaic)文。突厥文文书中有一些还采用了变体闪族(Semitie)语言。其中一卷保存完好的卷子,竟然是用突厥文书写的摩尼教祈祷圣诗。

摩尼教早在唐代就已经传入中国。这些文书证明,在敦煌显然也应该有信徒。这里的摩尼教僧侣、信徒与其他地方的一样,完全能够同佛教徒共住一地,并和平共处,相安无事。而且,还共同以莫高窟千佛洞为巡礼进香的朝圣之地。这一点,实在是匪夷所思的事情。这些文书中最能够证明摩尼教曾经流行于当地的奇特证据,要算完整无缺地保存至今的那本小书。

书中书写所使用的突厥文字体,与北欧曾经广泛流行使用的鲁尼(Runic)字体极为相似,因而我们将其命名为突厥鲁尼文。书的内容表明,它是一本占卜使用的故事书。已故的汤姆森教授是最有名望的通读这种文字的专家。根据他的观点,这是流传至今最为古老的突厥文文献中"最了不起、内容最丰富、保存状况最好的"一篇。

欧亚大陆东、南、西三个方向奇异的相互交会点就在敦煌。这从黄海沿岸广泛地传播到亚得里亚海一带的一种古代民族语言可以得到证明。而我,也就以对这一珍贵历史遗存的简单叙述和介绍作为结束。

第十四章 得自藏经洞的佛教绘画

莫高窟藏经洞石室所藏绘画数量众多，性质也较为复杂，这里只能就个别标本所显示的类别大概地介绍。毫无疑问，这些资料对于研究中国佛教美术极为重要。不过在介绍之前，我想先就这些古画的来源和年代略加说明。

根据藏经洞所藏汉文文书自身记载的年代，藏经洞最后被封闭大约在11世纪初。这样的记载与佛教绘画上许愿供养人所记的年代完全吻合。这是有关年代论证方面十分重要的证据。

不过，藏经洞这座小小的密室，在封闭之前的一个时期也许曾经作为各个寺院存放暂时不需要使用的祭祀、供养物品的仓库。无论如何，在藏经洞被封闭之前，已经有很多物品存放在那里了，并且放了很久了，这一点是确切无疑的。在我所带走的几千本汉文写本文书中，所记录的年号的确有5世纪初期的。在纺织品文物中，也有证据可以断定，在洞口封闭的数百年前它们就已经存在密室中了。

通过前面的介绍，我们已经知道，除了那一大堆汉文写本文书之外，还有相当数量的写本是用来自欧亚西部、南部和北部地方的古代语言写成的。这一点，在我所获得的古代绘画中也同样可以得到证明。从王道士无意中保管下来的杂物中抢救出来绘画，大部分都是幡画，其中有一些画可以直观地看出是出于吐蕃或尼泊尔的印度画师之手。只不过，这一类绘画为数远远少于那些出自当地汉人之手的作品，这方面的情况这里就不多说了。

为了更加直观地说明问题，我认为图解更有助于人们了解

第十四章　得自藏经洞的佛教绘画

所要说明的东西，比我所能够做的解释或者通常性的叙述要有用得多。对于那些古代美术文物，无论我的兴趣有多么浓厚，还是少不了研究远东宗教美术的专家的帮助。对此我极为感激。例如，我在《西域考古图记》《千佛洞图录》等著作中所有关于各种绘画材料在佛像学方面的分析，如果没有我的那些美术专家朋友，如大英博物馆的秉雍先生、已故的裴特鲁齐（Petrucci）先生，以及我的助手安特鲁斯（Fred.H.Andriws）和罗利梅（F.Lorimer）女士等许许多多人的帮助与指导，我是肯定写不出来的。

我所得到的这些古代绘画，正因为是出于中国的西部地区，又恰好位于亚洲古代交通的十字路口，才能够使我们清楚地辨别出：哪一种发源于印度西北部地区，后来连同佛教教义一起经过古代伊朗和中亚，深远地影响了东亚佛教美术，尤其是大乘佛教美术；哪一种是出于中国古代绘画技法的固有和纯粹的艺术秉性与风格。

在一组绘有释迦牟尼成佛以前生活故事的精美幡画上（图14-1、图14-2），我们可以很清楚地分辨出上述那两种主要的影响。几乎所有绢幡使用的都是一种透明的薄绢，使用方式应该是随意挂在石窟穹门或者是挂在佛堂过道上，同时应该注意尽力避免遮挡光线。由于经幡的两面均有绘画，所以无论风从哪个方向刮起，经幡如何晃动，都不会影响进香的人们观看。

西域之路

图14-1 绣有佛传故事的古代幡画

第十四章　得自藏经洞的佛教绘画

图 14-2　佛传故事丝绸幡画（佛诞）

令人感到奇怪的是有一幅幡画上所画的佛教故事被分作好几段，而且没有十分清楚的年代顺序。从图 14-1 的幡画顶部右侧，我们可以看见乔达摩在其前生正在恭敬地聆听然灯古佛（Dipankara Buddha）讲述他未来伟大经历的预言。佛像姿态和衣服都是纯粹的印度式样。下面一段是著名的乔达摩王子出游四门故事的简缩本。后来他之所以能够涅槃成佛即始于此。再向下时，乔达摩的母亲摩耶夫人梦见乔达摩降生的场景画，佛作为一个婴儿骑白象行走在云端。再底下一段，是摩耶夫人同一嫔妃穿着特色鲜明的中国服装，在迦毗罗卫宫中散步的情景。

图 14-2 的那一幅幡画，底部画的是王子初生行七步、步步生莲花的情景。上面各个段落画的则是佛降生的故事，次序井然，分毫不乱。最上面一段画的是摩耶夫人熟睡中梦见乔达摩诞生的场景。再往下面画的是摩耶夫人乘辇舆往游蓝毗尼园的情景。车夫急促行走的姿态，用真正的中国绘画技法表现得淋漓尽致。再下一段，王子从摩耶夫人的右肋诞生，完全符合印度传说。不过用宽大的衣袖进行遮挡这种表现庄严和柔和的绘画技法，以及花园后面传神逼真的小山，却显然是中国绘画风格。

有一幅残幡上画有王子游四门画面中的两段，其中的中国画风格极为显著。上面那一段画的是乔达摩王子骑马走出父王宫殿，遇见一位老人，老人作伛偻鞠躬状；下面那一段是王子路遇病人衰弱倒地的情景。幡的边缘写有汉语文字，讲述那两

第十四章　得自藏经洞的佛教绘画

幅画的含意。

此外大都是取材于佛本生故事的内容，包括王子出宫的各种事情。图14-1的幡画中，上段表现的是王子乔达摩夜遁，嫔妃彩女以及卫士酣睡门外的情形。上端会有卷云，用以表示此场景为那些人梦中所见。只见未来的佛骑乘快马犍陟（Kanthaka）匆匆忙忙出宫，以摆脱俗世。下段描绘的是使者未能追回乔达摩，返回宫中向白净王（Suddhodana）请罪，并匍匐在地惊恐万状的形象。他们身后站立着的两位紫衣人，可能是执掌刑罚的官员。

还有一幅幡画，所绘人物风景等都是中国风格。不过，王子骑乘的快马犍陟在王子决定避世求道而它不得不离去之时，那种依依惜别的感人形态，采用的是典型的古希腊佛教美术技法和风格。下面的画面是王子隐居林中之前准备剃发的情形。再往下面是乔达摩在找到正确的道路之前学习印度苦行僧人实行禁食，以至于身体变得瘦骨嶙峋的样子。

在另外一幅幡画上部，我们又看到两幅有趣的绘画。上面一幅画的是王子同爱马犍陟以及忠实的御者车匿告别的情形；下面一幅则画有父王派出的使者正在乘马寻找王子的情景，画面构图精巧，漂亮至极。

本生故事画中的人物形象大都使用中国画技法。但是佛和菩萨的画像，与中亚传来的古希腊佛教美术作品却有着许多相似之处，显得格外醒目，因而也就引出一些有趣的问题。无论正确的解释如何，基督教故事的画法经过意大利等地以及诸如弗勒密士（Flemish）等画家之手逐渐发生了变化这一历史事实，竟然在遥远的东方找到了实物证据。

在单独的佛像画中，乔达摩佛像以及那些终成正果获得涅槃的各种佛的画像虽然十分重要，但传世的却很少。中国民众对于佛教中的各种神祇，也如同世界其他地方一样，最喜欢注意那些地位较低而又与世俗社会较为接近的神。不过对于那些地位崇高的神像，却一直采用一种十分保守的态度。因此，这类神像在衣褶、形态等方面常常模仿古希腊佛教美术雕像的标本，有着固定的模式。

此外，画在丝绢、麻布和纸张上的单尊佛像画为数众多，风格与绘画技法也有着较大的差异，在衣褶、装饰等方面保留着十分明显的古希腊佛教美术传统的影响。值得强调的是，画像中最富于美术意味也是画得最多的，要数观自在菩萨（Avolokitesvara，俗称观音菩萨）。他在敦煌佛像中的地位，正如同今日中国、日本佛教信徒所崇拜的一样，影响巨大。

图14-3是一幅印度样式的观世音菩萨立像，菩萨手持卷须样式的花茎。虽然画面颜色已经严重消退，但是并不妨碍人们看出构图之优美、姿态以及面容之柔和。还有两种观世音菩萨像，大小如同活人一般，构图十分庄严华丽，似乎是某一著名高手绘画作品的直接临摹本。

图14-4所用纸张的质量非常好。画面是观世音菩萨端坐于水滨柳荫之下，右手执柳枝。这幅画之所以重要，是因为根据日本传说，在12—13世纪，宋朝某位皇帝始终在梦中见到观世

图 14-3 观世音菩萨丝绸绣像

图 14-4 纸质观世音菩萨画像

第十四章 得自藏经洞的佛教绘画

音菩萨，传说中观世音菩萨的相貌正好如同这幅画像。这幅画的发现，可以证明中国古代观世音菩萨以这种相貌传世，为时已久。画面下方所画供养人或施舍者所戴纱帽，却是10世纪中国人穿的男式服装。

我们还发现了一些保存状况非常完好的画有菩萨像的绢幡。由于画面没有题记，所以无从知道作者为何人。其中，如图13-2，线条柔和，色调富丽，尤为上乘之作。在图13-2左边一幅画中，菩萨立于青色莲花之上，双手合十作致敬状。姿态、服饰等都与中国传统样式的菩萨相同。但是衣褶的画法却完全模仿犍陀罗样式，流转自如，色调也十分和谐。

最为有趣的是右侧图画（图13-2）中的菩萨像。画像中，菩萨正在做运动，神态中糅合着一种庄严的力量，显得较为奇怪。这尊菩萨的面容也显然不是中国样式。这是我所得到的敦煌佛教画像中最为动人的一幅。菩萨身体挺直，头部昂起，全部重量都向前倾斜，将重心放在右足上，把动作的力量表现得异常出色。外加衣带飘扬自如，华盖上铃铛的刻画细致入微，将人物衬托得格外威武有力。菩萨面部那种昂首向天睥睨一切的神气，完全超脱于流行的中国式佛教画像和印度各地所习惯采用的犍陀罗风格。菩萨头部的古希腊风格与身体以及衣服线条所表现出来的中国画风格形成非常强烈的对比，给人一种迷离恍惚的感觉。

在这些数量众多的绘画之中，除观世音菩萨外，还有两位菩萨也特别吸引信众的注意力。其中一位是文殊菩萨，形象如同图14-5那幅保存状况良好的绢幡画所绘模样。文殊菩萨的体格姿态以及服饰都明显带有印度风格，他的莲花宝座安置在狮子背上。当然，这是他独自拥有的标志性坐骑。在他的前面还有一位皮肤黝黑的年幼仆从作为引导，很可能画的是一位印度人。菩萨像的身体曲线比较接近于女性，短小的腰衣和透明的衣裳都带有鲜明的印度特色。画面中和谐的构图和色调使整个画的内容富于生命力。这样一种绘画形式，让人显而易见地想到它虽然取自印度样式，然而并不是来源于印度的犍陀罗以及印度西北边区，相反应该是从印度南部的尼泊尔和中国西藏地区传入的。

图14-5 文殊菩萨绣像

远东佛教诸神中，在信仰的普遍性方面唯一可以与观世音菩萨分庭抗礼的，便是乞叉底蘖婆（Kshaitigrbha）。中国信众称其为地藏王菩萨，日本信众称其为Jiso。在绢幡画中，根据被剃了的和尚头以及表示化缘装束的补丁僧衣，他一眼就可以辨识出来。通过无数的化身，这位菩萨坚持努力的只是普度众生。

第十四章 得自藏经洞的佛教绘画

图14-6 地藏王菩萨丝绸绣像

图14-6便是其中一幅较为突出的作品，它的形象常常被行人当作最可靠的保护者。地藏王菩萨通常的形象是结跏趺坐于一朵盛开的莲花宝座上。化缘时，披风从头向下一直披到肩上，右手持手杖，左手持烛。就构图的单纯和色调的和谐宁静而言，整幅画显出一种纯粹的柔和与精美。

画面左下方绘有一个青年供养人像，可惜的是底部损毁了。

右下方的方形牌子和中间的涡形装饰全部空白，而这种地方通常是用来题写供养文字的。不幸的是，历史上常常发生的事情竟然恰巧在这幅画上见到了。当时购买这幅画的佛教信徒有可能正在路上或寺院之中，有可能是没有时间或者身上没有余钱请擅长书法的人在画面上的这个预留部位题写供养文字，所以留下了空白。

世俗信众之所以狂热地崇拜地藏王菩萨，其中最主要的原因，恐怕在于他是六大天下之主，连同地狱里的众生也一并在他的管辖范围之内。他既然为幽冥之主，便可以使用自己的权力赦免在地狱里受罪的鬼魂。因此，他可以穿着直裰，戴了披风，无所顾忌地坐在石头上，凌驾于十殿阎王之上。那些阎王则各自穿着中国传统的法官衣服，据案而坐。地藏王菩萨面前有一个受罪的幽灵。幽灵的脖子上戴着枷锁，由一个鬼卒引领，面向孽镜，自己观看背负的各种罪孽。预备填写供养文字与供养人姓名的牌子上都还是空白。

在做详细的论述以前，也顺带说说那些大幅绘画上常见的一些小神像，例如四大天王像。四大天王一律都身着武士装，顶盔贯甲，脚踩恶鬼。各种画像中有很多这类小神像，可见这种小神像对于佛教信徒之重要。这种神话出自印度佛教传说，同时又可以十分清晰地看出其古希腊佛教美术的渊源，它们应该是经过中亚传播到远东的。

下面简要介绍一部纸册画页上的四大天王。管理北方的是多闻天王，手持宝幡、小塔等物件。南方为增长天王，手中

第十四章　得自藏经洞的佛教绘画

持宝剑。东方为持国天王，手持弓箭。西方为广目天王，手持槌矛。

从那些各种四大天王画像的姿态和服饰等方面的变化中，我们可以辨别出，哪种样式是准中亚式，哪种是中国式。在西方广目天王的许多幡画中，有一幅面目狰狞，神情凶恶（图14-7），双目平直，腰身瘦长。这种形象很可能是较为古老的中亚风格。至于那些穿着华丽盔甲的，肯定就是中国样式。中国样式的广目天王相貌比较柔和，双目特点是向上斜向挑起。

图14-7　西方广目天王丝绸绣像

图14-7这幅很好的画作可以作为这种风格的实例。画面上，天王的身姿曲线十分庄严，衣褶流动，轻飘潇洒；一手上举，五指伸开。这些特征都是中国美术用来表达情感的独特手法。而那些数量众多的天王所穿着的各式盔甲，都可以作为研究古代甲胄最为翔实的材料。关于这一点，我在此只能简略提及，不可能进行详细的论述。

北方多闻天王在四大天王中占有最重要的地位。之所以如此，完全是由于古代印度将其作为财神崇拜之故。天王画像中，也只有他有魔鬼侍从随护。有一幅显然是丹青名家手笔（图14-8），画面上，多闻天王乘云腾空，众多人鬼侍从随护。

这幅精美的小幅画像，在美术和佛像学方面都非常有价值。从画面来看，画工之精致，颜色之和谐，人物构图各个部分比例之匀称，都十分恰当，观之令人心旷神怡。十分可惜的是，我不能够在此一一详述。我在看见天王所戴的冠冕时，马上情不自禁地想到波斯萨珊王朝万王之王庄严的头饰。毫无疑问，这应该是从伊朗传来的。画面上，滚滚不绝的波涛波澜壮阔，以及遥远地平线上的山岭，都将视觉方面的距离感表现得恰如其分。中国绘画艺术的特色在这幅画中有着十分惊人的精彩表现。在这些描绘某种崇高职责或神圣集会的高等级佛教神祇画中，我特别要提到一幅，以作为判定这一类中国古代佛教绘画时代的年代学标本。这是一幅引路菩萨在引领着一个灵魂的绘画，画得十分逼真（见译者序之前的菩萨绣像）。这幅画的构图非常华丽，画笔也极为优美庄严。画面中，妇人头部微微

第十四章　得自藏经洞的佛教绘画

图 14-8　北方多闻天王丝绸绣像

向下俯视。紧随着前面的引路菩萨，活灵活现地表现出一位虔诚的灵魂。而单就她头顶的发髻和衣服的样式来说，起初我以为这是一幅唐代以后的画作。后来根据吐鲁番一座汉式古墓里发现的绢画，我可以十分确切地肯定，这是一幅8世纪初的画卷（参见第十七章）。这才消除了我的疑虑，把这幅画的年代更正过来。至于在吐鲁番得到的这幅绢画，虽然不幸只保留下来残余的一部分，然而上面却画有各种世间景物。所描绘的妇女发髻和服饰，与引路菩萨这幅绘画中的妇女极为相似。对于这种发髻、服饰，不能把年代定在唐代以后，这乃是唐代初年流行的一种样式。

在有着许多尊贵侍者环绕的观音菩萨的大型画作中，如图14-9所表现的那幅颜色极其富丽堂皇的绢画，特别值得重视。从这幅画中可以看出，中国古代画师采用了印度绘画的原始形式，同时又把来自伊朗和中亚地方的影响以及古代中国西藏地区的美术欣赏趣味混合在一起，形成了一种特殊的格调。画面是千手观音结跏趺坐于大圆盘中，诸多神祇在其周围恰如其分地环绕随侍。菩萨那些数不清的手化作身光。每一个手的掌心都有一只眼睛，象征着观音菩萨慧眼慧手无所无时不在，可以在同一个时刻救护所有的善男信女。

画幅背景的上半部分在圆盘之内，并含有日光菩萨和月光菩萨的身光。在此之下，画有从蔚蓝色的天宇中挺立出来的花茎。背景的下方画有十分漂亮的人物，应该是善财童子和龙女，两人都坐在莲花上，作奉献状。再向下，画面左右各有一

第十四章　得自藏经洞的佛教绘画

图 14-9　千手观音丝绸绣像

个力士。力士身躯雄伟，头发直立，动作姿态甚为刚猛。这一定是在模仿藏传佛教中的魔王形象。左右力士之间画有一个水池，池中左右两边各有一个顶盔贯甲且用双手托举着圆盘的龙王。

另外还有一幅幸而保存得很好的大幅画作（图14-10），所画也是千手观音及其曼陀罗（Mandala，或称曼荼罗、满达、曼扎、曼达，意译为坛场，指一切圣贤的聚集之处）中的各方神灵。画工更为精细，色彩也更为富丽。画面幅高足有7英尺，幅宽达到5英尺半。

关于这幅构图富丽堂皇的图画，我不能够在此详述，仅是大略地介绍一二。画中除了前面所说的神像之外，还添加了许多菩萨，相对分列于左右。其中不但有印度神话里的帝释天和梵天，还有许多其他奇形怪状的神像，而且明显都带有湿婆教的意味。底部的角落里另外画有多群神像，每一群神像中都有一尊女神。再向下又是一对一对的天王像。画幅的下方有一些力士在火焰纹饰中跳跃。整幅画作技法精湛，色调富丽，功力深厚。

能够与这些观音画作相提并论的，还有一幅很大的绘画（图14-11）。画面中央是骑乘白象的普贤菩萨和骑乘狮子的文殊菩萨。上方是形态各异的四尊菩萨，但看上去画得比较生硬和简单。虽然如此，画作本身还是有一些极其有趣的地方，那就是在所有标注明确年代的画作中，以这幅画最古老。因为在供养题记中明明白白地写着"贤通五年"（864）。底部的方格画中

图14-10　千手观音坛场丝绸绣像

西域之路

图 14-11 普贤菩萨和文殊菩萨丝绸绣像

第十四章 得自藏经洞的佛教绘画

还有一些具有考古价值的资料，那就是下方女性供养人之中有两位是尼姑。另外两位妇人衣袖宽博，发髻无饰物，明显与10世纪时期的画作常用样式不同。这里我想强调一下，在年代较为古老的画作中，供养人的形象与此画的形式应该大不一样。

我所获得的这类画像中，有一幅漂亮的挂幅画并不是画的，而是用丝线彩绣的（图13–3）。绣像高达8英尺，宽有5英尺半。原画作应该出自名家手笔，再由职业艺人或者说就是由女性职业手艺人刺绣而成。正是由于整幅画作显现出图样的高贵、技巧与设色的纯熟与细心，因而成为我们所拥有的唐代画作中最为动人的作品之一。画面是佛教传说中著名的灵鹫峰和释迦牟尼。灵鹫峰位于现在的拉吉格罗（Rajgiro）。这幅画作在服饰和身体姿态各个细节方面，都带有明显的印度传统风格。画作在整体结构和色调搭配方面，充分显露出画师高超的技法。

佛的两侧各站着一对菩萨和弟子。由于这幅画受到损伤，菩萨和弟子后侧仅残存了描绘精细的脖颈部分。在佛头上部华盖两侧，是身穿长裙由云中飘然而下的飞天，这也是画中最优美的部分。

男女供养人画得栩栩如生，让人印象深刻，特别是他们身穿的服装别具一格。男人头戴高而带尾的帽子。这种帽子在唐代之前的艺术形象中有时可以见到。妇人身穿的长裙也同样极具特色。另外，长袖紧身的上衣和发髻也都很有意思。从画面中，我们显然可以看出这幅画所在年代的社会时尚。同样还可以看出，这幅画产生的年代一定早于题写着"咸通五年"的那幅画。

在许多画有重要佛教故事的画中，并不能够找出准确可靠的年代证据。不过，通过这些妇女服装的时代特点，可以大致判断出画面人物的年代，进而帮助我们来完成相关的研究工作。在讨论这些内容之前，我还是先解释一下画中企望引起佛教信徒关注和向往的往生天堂的轮回观念。从古至今，印度人都相信，众生处于不断的生命轮回之中。这种观念也正是佛教教义的基础。这种教义的主要目的，便是教导人们如何逃避来世无穷无尽的苦难，最终于涅槃中得到拯救。涅槃既是轮回的最后止息。

然而，对于这种消灭生命个体现实存在的印度式悲观论人生观，中国人似乎并不普遍愿意接受。中国佛教徒并不具有印度佛教徒那种执着的哲学思考，他们更为简单地礼敬佛菩萨，因为佛菩萨合乎德行的生活和他们精神上的修养，最终可以使之得到往生净土的回报。在那个理想中的净土，他们可以舒适安详、无忧无虑地生活。这样的生活是永久的，可以享用的时间之长真是不可计量的。这种往生净土的景象，往往在画中被表示为，善良人们的灵魂从莲花花瓣中转身便化为一个婴儿。以此作为标志，从而使这种虔诚的想象显得更具有诗意。在我从敦煌所得到的那些古代画中，可以找出许多这一类有福之人的灵魂往生净土的图像。

大乘佛教把对菩萨的崇拜发展成为对佛教基本教义的继承，因而到了一定的时候，每个菩萨便都各自拥有了自己的净土。

第十四章 得自藏经洞的佛教绘画

于是，观音菩萨便成为号称无量光的阿弥陀佛的继承者。弥陀佛在西方自有他的净土。这样，往生弥陀净土自然成为观音信士特别的希望。这也就是在我所获得的那些大规格绢画里弥陀净土画最为常见的原因。

图14-12就是我所选出的第一个标本。这幅画构图简单，可以让我们将这种净土佛教画中所有重要人物明确地分辨出来，并可找到较为充分的根据确定这类画的年代。这幅画的特点是色泽鲜明而又和谐，从坐在观世音菩萨与大势至菩萨中间的弥陀佛便可以看出来。向下是两尊较小的菩萨像。三座主尊佛像之后排列站立着六位佛弟子。佛弟子的头发已经披剃，成为和尚。上部两侧各有一位飞天，飘浮在空中，作散花状。绘画技法方面最值得称道的是采用了浓光法（High Lights），以凸显肌肉的立体感。这样的技法当然也是从古希腊美术中借鉴而来的。另外一幅画也具有同样的情况。

这幅画的产生年代应该较早。根据是画幅左下方女性供养人（图14-13）的画像。那里，本来有一块牌子状空白预留出来以备供养人题词，遗憾的是并没有写上文字。这位女性佛教徒被画成跪坐在一张方形坐席上，有一种清纯的美感。这样的形态很可能是由一位丹青高手比照真人直接写真画出来的。女性佛教徒的面相和身姿都表现出一种庄严的虔诚。折叠起来的衣裙，高而宽的背，简单的头饰和悬吊在头颈后的小发髻，都是一种年代较早的样式，与我在前面已经提及的丝绣绢画中的妇人形象十分接近。实际上，这种形式在7世纪的中国雕刻美术

西域之路

图 14-12 净土宗弥陀佛丝绸绣像

第十四章　得自藏经洞的佛教绘画

图 14-13　佛教信女丝绸绣像

中常常可以看到。

另外一幅规模较大的弥陀佛绢画，也十分清晰地表现出与这幅画相近的许多特点。画面中央的佛坐在莲花宝座上，旁边随侍着观世音菩萨和大势至菩萨。其他一些随侍的神祇则环绕在佛的周围。莲花宝座飘浮在一池湖水之中。水面上还有一些含苞欲放的莲花。花蕾里都含有将要往生的灵魂。画面下端有一方可供书写题记的牌子状空格，只是并未写字。题记格子一旁绘有跪姿的供养人小像。右侧是两个男人，左侧是一个妇人。妇人所穿衣服和头饰与我们前面已经介绍过的女性供养人形象极为相似。

从上述两幅结构比较简单的画中，我们可以相对容易地看出佛教净土经变画的详细情况，同时也可以欣赏到佛教美术的精湛造诣。图14-14就是一幅药师佛经变画。

佛坐在画面中央的莲花宝座上，作入定状。旁边环侍着普贤菩萨、文殊菩萨以及其他一些地位较低的菩萨。菩萨的衣饰全部非常华丽，每个神祇身后都有背光。紧靠在佛身后的是佛的四大弟子。画面上端背景中有按照中国画透视技法绘出的空中楼阁。湖面的亭台楼榭之中也都分布着一些神祇。

佛像正前方是一具富丽堂皇的香案，两边各有一位姿态优美的天女，做出供养的姿态。在台座上耸立出来的平台上，有一位舞女正在乐师之间舞蹈。这样的画几乎是所有大型佛教经变画中最为独特的一幅。在那些真正信仰佛教教理的人们看来，要想得到善报，就必须向着少有世俗意味的方面去求取。而画

第十四章 得自藏经洞的佛教绘画

图 14-14 药师佛丝绸绣像

西域之路

面中歌舞升平的享乐景象与现实之间难免有所差异。画幅右边的景物完全是世俗中国社会的场景，内容都是一些佛教信徒凭借佛力得以摆脱人世间的各种烦恼。

药师佛这幅画应该算作我所有获得品中画幅最大而又最华丽的。图14-15就是这幅画的左半部。画面虽然有些破损，然而就结构之雍容华贵、用笔之精细而言，仍然可以引发研究者这方面的兴趣。诸多神祇与世俗人物会聚在一起，被十分巧妙地排列在秩序井然的台座和殿堂之间。所有这一切都点缀得十分华丽，并且全都飘浮在一座莲花池内。画面两边没有身光的人物之中还夹杂着一些身穿甲胄的王者和武士。

从台座后伸出的大平台上，还有一位舞蹈者按照天乐节奏在跳胡旋舞。在天乐演奏队列中还穿插着一些游戏成分：两个胖乎乎的小孩夹杂其中，跟着音乐节奏随兴舞蹈。这样的人物，显然是两个新近往生净土的灵魂，因为得以投生净土，所以做出欢欣鼓舞之状。另外还有两个往生的灵魂端坐在前方水池之中的莲花上。除此以外，比如两侧二层楼台建筑，以及一些坐在地板上悠闲消遣的小菩萨，这里就不一一介绍了。至于画幅边缘上所绘的药师佛，则都是纯粹的中国样式。

佛教净土画中以弥陀经变最为普遍。佛身左右两侧立侍的观世音菩萨和大势至菩萨连同佛自己就是三尊佛。坐在三尊佛像之间和下面的是其他一些小菩萨。在台座向外伸出的部分可以看见一位舞女正在六位乐师之间跳舞。舞女手中舞动着长长的飘带，富丽的头饰随着舞蹈动作微微颤动，进一步增强了她

第十四章　得自藏经洞的佛教绘画

图 14-15　画幅最大的药师佛丝绸绣像之左半部

动作的韵律。一位新近往生的灵魂坐在莲花之上，正准备与那些飘浮的飞天一起飞向莲花宝座。

还有两幅大幅绢的画残片也有必要简略提及一下（图14-16、图14-17）。这两幅画如果完整无缺，可能是用来遮挡石窟寺穹隆顶或者过道的。两幅画中，后一幅保存状况较好，虽然也已经有些破损，高度仍有6英尺半，宽度也达到3英尺半左右。从现在这两幅画来看，原先可能是一幅绘有三尊大佛像的巨型画面。而这两幅残画与巨型画面配合起来，则可能是三幅连续画作的左右两翼。

右面的菩萨是一位骑白狮的文殊，随侍的是一个黑皮肤印度小童。不过小童肤色画得过于黑了，看上去像个黑人。围绕在菩萨身旁的那些衣着华丽的侍从中，有四大天王以及一些一般等级的力士。

在一幅描绘庄严行进场面的画面左侧，保留了相当多的部分。其中较为清晰的是两位衣着华丽的乐师正在昂首前进，他们一个吹笛，一个吹笙（图14-16）。身体曲线和飘荡而起的衣服显现出一种韵律动作的感觉，与整个画面异常和谐。沉醉于音乐之中的表情从吹笛者的面部恰如其分地表现出来。右边那位乐师凝神吹奏的专注神态也同样被惟妙惟肖地刻画出来。

像这一类描绘佛教净土经变场面以及世人与天神一同行进内容的画作，场面的描绘无微不至。其画法之精致，笔触之强烈与生动，无不令人称绝。每次展阅之时，肃穆和平之气息扑面而来。画面中，音乐轻快流动的景象似乎活了起来，仿佛可

图 14-16 药师佛丝绸绣像局部

图 14-17 文殊菩萨丝绸绣像局部

第十四章　得自藏经洞的佛教绘画

以亲耳聆听欣赏一般。现在，和那些来自偏僻绿洲石窟密室中的佛教美术绘画作品，我们只能怀着难以割舍的心情依依惜别了。我觉得上天似乎格外地垂青于我，因为石窟寺藏经洞中那些秘藏千年的珍贵画作居然一直保存至今，直到我能够到来并获取它们。这实在是一桩令我欣喜的奇事。

第十五章 南山山脉中的探险考察

西域之路

我在敦煌沙漠绿洲中的工作完成之时，已经到了1907年的夏季。因此，我急于想把在燥热沙漠中所进行的考古工作调换一下，准备进入南山山脉中部和西部做一些地理学方面的探险活动。安西位于敦煌东部，距离在三站左右，地扼甘肃以及中国内地前往新疆的大通道，所以我要想去南山一带过冬，就必须首先要到达安西。从东汉时期以来，这条大路就一直是横越北山荒漠和高原，连接中亚主要交通干线的必经之路。在这样一条欧亚干线通道上，安西一直占有十分重要的位置。不过在这个只有一条小路的破败小城镇（城外民居也只是一些断壁残垣），却找不到任何可以反映其重要性的东西。

虽然如此，我在荒漠中追寻古长城南部遗迹的努力却取得了成功。唐朝玄奘法师躲避边关戍卫的禁阻，冒死穿越大漠沙碛进入西域的时候，一定经过了此地。这位西行求法的大德圣僧在抵达有水草的哈密绿洲之前，曾经在穿越沙漠途中迷路，几乎渴死，最后意外获救。这一勇敢者的故事，是我每到一地都要重复宣讲的。

我把所有收获的古代文物都十分稳妥地寄存在了安西县衙门，之后便出发前往南部的大雪山。路途中，在两条荒凉的南山支脉之间，有一个小小的乔梓村。在村庄附近，我发现了一座规模很大的古城。也许是因为当地气候变化或冰川逐渐消退，这一处低矮的丘陵地带极其干旱，地貌形态变化很大。我们看见有一条废弃的水渠，在蜿蜒通向古城附近。这一定是城里人

第十五章 南山山脉中的探险考察

当年生活和屯垦必须依赖的水源。不过非常遗憾的是,水渠遗迹还在,而提供水源的河流却早已干涸得踪影全无。从这方面的情况来看,古城所在的古今环境变化一定大得惊人。

根据我所获得的考古学方面的证据,基本可以判断出古城废弃的年代应该在12世纪或13世纪以后。在这个问题上,古城所遭受的风蚀影响也是最有力的证据。古城墙垣建筑虽然十分牢固,但是现在古城所有面向东方的墙体都已经剥蚀殆尽。另外,古城内外大多数建筑也都已经被流沙掩埋,只有南北两个方向的城墙由于和风向相同而保存完好,幸免于难。

后来,我翻越大西河第二支流冲刷形成的峡谷,来到一处当地人称之为万佛峡的地方。这里风景如画。我在这里发现了一处香火至今依然旺盛的石窟寺(图15-1)。万佛峡石窟寺的性质和年代与敦煌莫高窟石窟寺非常相近,区别在于数量没有那么多。这里也保留下来很多精美的壁画,由此可见唐代中国西北地区佛教绘画美术流行程度之一斑(图15-2)。

在完成了疏勒河西部流域上游的山峰和那片极度荒凉的南山高原的测量之后,我们进入了一块从未有人探察过的山地。虽然我们进入的季节是一年里最适宜的时候,找水一直是探险过程中最为艰难的事。经过这样一段艰难的行程以后,我们来到城墙和关隘依然保存完好的嘉峪关。嘉峪关是一个军事城堡。千百年来,所有长途跋涉来自中亚的旅客沿着长城来到这个关隘,便算是真正踏进了中国的国门。无论是中国的,还是欧洲

图 15-1 万佛峡石窟寺

图 15-2 万佛峡石窟寺壁画

第十五章 南山山脉中的探险考察

的书籍和地图，都把长城画作环绕肃州（酒泉）广大绿洲的西端，终止于南山脚下，以为古代中国保卫甘肃北部的长城也就修到这里停止下来。不过嘉峪关这一带的长城究竟能够古老到什么程度，恐怕还需要研究。另外，比照我在敦煌沙漠地区所发现的古长城遗迹来看，我个人认为，古代中国的长城应该延伸到安西，甚至要远到安西以外。

在进行第三次探险考察时，我穿越沙漠来到了肃州以北大约50英里以外的额济纳河，在这里也发现并追踪到了古长城的遗迹。有关长城究竟延伸到了哪里的问题才算最终解决了。西汉时期，汉王朝势力向西发展，于是便延伸长城，以便于保护南山北麓大片丰腴的地带，同时也是在维护一条通往塔里木盆地的最为重要的道路。我现在所看到的这座残破废弃的砖砌古城，曾是旅客的必经之地。它也已经被证明是中古以后修建的堡垒建筑。这样一座城池，乃是中国在恢复传统的闭关锁国政策之后，修建起来用于封锁通往中亚交通主要干线的，刚好与以前长城的作用相反。

肃州是进入嘉峪关以后第一座大城。在那里，我克服了很多困难，才能够在7月底继续向南山山脉中部进发。地方当局苦于当地异族异教徒的反叛，对于人员、物资的控制极为严格。因此，我们的后勤准备工作难度很大，花费了很大的气力，终于雇用到了必要的交通运输器具和人员。概而言之，居住在甘肃的汉族人对于高山畏惧万分，对于离他们最近的那座山以外的所有山峰，他们一概视为禁区，裹足不前。我们雇请的向导也只愿意到南山山脉①和陶来（Tolai-shan）之间的山地高原。在13 000英尺高度的山地，我们找到了一些从东北边界西宁迈县来到这里淘金的人。

离开这些淘金人搭建的帐篷营地以后，所经行的山区再无人烟。一直到了8月底，才在甘肃南部的山地河谷中遇到一座小小的帐篷，而里面竟然居住的是在那里放牧的突厥人②。青海高原四周高地逐渐隆起，形成四大高峰。我们的目标点哈拉淖尔就在那个方向。虽然没有想到，但是因为地理位置十分清楚，所以在行进过程中并没有遇到什么困难。在那11 000英尺和13 000英尺的高原上，到处分布着牧群。我们驼队中的牲畜犹如进入天堂一般地得到了生命滋养，体力大为恢复。那里的牧群如此之多，充分说明自然环境之优越。即便在古代，也一定应该是那些游牧部落月氏人和匈奴人垂涎争夺的地方。

不过，在那些大山谷口的苔原地带，以及那些宽阔的太平洋水系分水岭上，由于每日都有暴风雨和冰雹，我的人马都遭受了不少苦难。对于我所雇用的那些汉族驴夫，客气一点说，他们的体格天生就不适合冒险。这些人不但不能够帮助我克服天然险阻，反而成为我的负担。他们几次有组织地要求返回老家。少了这些人，我们就将失去运输工具。好在每次我还能够说服他们，不至于严重影响我们的行程。

---

① 当时斯坦因等西方学者称之为李希霍芬山（Richthofen）。
② 哈萨克人或维吾尔人，二者是最有可能在那时活动在河西的突厥人。

第十五章　南山山脉中的探险考察

在肃州和甘州（张掖）之间的南山山脉中部，是一片高度达到18 000—19 000英尺的常年积满皑皑白雪的高山。我们计划在8月份以内，对其中最北面的三座高峰进行仔细的地学考察和测量，估计总的行程将会达到400英里以上。在测量过程中，对于那些流向沙漠绿洲的河流，比如疏勒河之类的水系，都将进行全面的探险考察。行程以上游的源头冰川为终点。我们沿着中分疏勒河等各个源流的雪峰北坡进行测量。从哈拉淖尔到青海水系考察过程中，我们发现南侧各个山峰（高度达到20 000英尺以上）和山系高度都比北面的山峰要高。

疏勒河河源所在的山峰环绕着高达13 000英尺左右的高山盆地苔原地带。我们从这里向大通河发源地前进。到达那里之后，我们就与天平洋水系直接接触了。在那里，我们又前往甘州河谷上游，并经过一系列横断的高山峻岭，翻越南山主峰（李希霍芬山峰），便来到了甘州城。在安西和甘州之间，我们用三角测量仪测过的山地在24 000平方英里左右。

七年以后，1907年的夏天，我因为第三次探险，又一次来到甘州那座大城。这是南山北麓大沙漠绿洲的中心。我所见到的情形应该完全与马可·波罗来到那里并居留时所见到的一样。我计划在南山中部做新一轮的地理测量，弥补上次测绘的遗漏部分，很自然地就选择这座城市作为根据地。我的主要目的是测量甘州以东，包括甘州河河源在内的那些高峰，以扩展我们从前在疏勒河和肃州河河源附近高峰所做过测绘的工作。

我们此行的任务，就是要测绘编制甘肃西北部地区的地图。

西域之路

图15-3 马蹄寺石窟佛坐像

因为这一部分地方所有的水都流向一个没有出口的盆地，所以就一般地形而言，完全可以说那一片地区应该属于中亚，而不应该属于中国①。由于上一次的教训，我准备不再雇用当地汉族人冒险进入山中。但是随之而来的却是运输和交通方面的困难无法解决。上帝保佑，这件事很快就出现了转机。新来的甘州镇守蔡将军是我的老朋友。在甘州，我尽可能快地拜访了蔡将军。在老朋友的关照下，1907年7月第一个星期，我们便开始向山中进发了。

在地理考察的最初几站路途中，我在马蹄寺看到许多古代佛教石窟寺（图15-3），以及其他一些佛教遗迹。在南山山麓名叫小南的古老城镇，也有一些佛教寺院，那里保存着不少巨大

---

① 完全暴露出他个人与他所代表的国家的政治意图，请读者注意。

322

第十五章 南山山脉中的探险考察

的、工艺水准很高的铜像。这些佛教文化物件都未曾遭受不久前东干人①造反的浩劫。现在我们走到了一处非常富于地理学意义的分水岭。这里,西边的地方无论是平原或者山麓地带,所有的农业种植都要依靠人力灌溉;而眼前那些台地以及冲积扇的土地非常肥沃,只要有雨水便适宜农业种植,恰好这里根本就不缺雨水。气候条件的显著变化确切地告诉我们,这里已经靠近了太平洋和中国大河河谷真正的分水岭。来时,道路沿线因为汉回的叛乱,到处残破不堪,一派破落萧条景象。眼前的景象却全然不同,草色青青的山冈坡地与代表中国建筑工艺的优秀建筑浑然一体(图15-4)。

沿着通往西宁的大路前行,穿过如诗如画的峡谷,抵达鄂博关(O-po),便进入了一个开阔的山谷盆地。甘州河东部河源便发端于此处11 000英尺以上的高原地带。我们从这里改变方向向西行进,经过一些高原牧场,来到了一处新的草场。每年夏季,青海游牧的部落都来到这里进行聚会。这次我们适逢其会,在草原上只见万马奔腾,牛羊如潮,声势浩大,

---

① Tungan,即回民。

图15-4 南古城外汉武佛寺

场面极为壮观。这种热闹的场面,几乎中止了我的行程。因为受到惊吓,我骑乘的那匹巴达克山种小型马突然直立起来,嘶鸣不已,随即就失去平衡翻倒在地,将我掀翻之后压在马身下,使我的左肋肌肉严重挫伤。这个事件之后,我在行军床上痛苦地足足躺了两个星期,才能够依靠拐杖的支撑勉强起身。幸好在此之前,所有要做的工作都已经安排妥当。我的测量助手、印度人拉尔·辛格只需按照我的计划按部就班地执行就可以了。在克服了许多困难并付出艰辛的劳动之后,我这位印度老旅伴竟然把测量南山的工作如期完成了。测绘地区与1907年的区域一样大小。那时,我身体情况依然很坏。不得已,最后我只能安排人用轿子把自己抬回了甘州。

直到1914年8月的第三个星期,我才开始带队出发,进行计划已久的穿越被善(Pei-shan)戈壁的旅行。那时我的足部还是很痛,但也只能坚持着。这次旅行的最终目的,是要返回到新疆北部从事秋季工作。我所选择的道路是在此之前任何欧洲旅行家都未曾走过的。通过这次特意安排的旅程,我熟悉了一处相当广袤且尚未被人类所探察过的沙漠。进入这片沙漠,首先必须经过毛目(Mao-mei)沙漠绿洲。甘州河与肃州河在那里汇合,成为蒙古人所说的额济纳河。额济纳河广阔的河床一年中有相当长的时间是干涸的。不过实际情况是,南山中部北流的河水基本上都注入了这条河,并最终沿着这条河道消失在一个没有灌区的封闭盆地之中。这种情形与塔里木河最终消失在罗布泊一模一样。

第十六章 从额济纳河到天山

我在前面曾经大略说到考察肃州北部长城以后，1907年春季曾经到过额济纳河流域经行过一次考察。蒙古高原最南端这片地方的地理环境非常吸引我的注意力。那里与罗布盆地的性质十分相似，历史方面的情况也不相上下。此地历史上曾经先后归属于甘肃游牧部族大月氏人和匈奴人所管辖。大月氏即是后来的印度斯基泰（Indo-Scythians）。匈奴人则屡次西迁，严重影响到中亚、欧洲乃至于印度的历史，这些都是后话。额济纳河谷一带水草丰茂，连接中国腹地与塔里木盆地以及中亚腹地，是从蒙古草原进入河西走廊的交通要道。因此，其所在的绿洲地区自古以来就是兵家必争之地。

1914年5月，我从肃州动身沿着北大河而下，进入金塔沙漠绿洲。从那里开始，再沿着北山东南端荒凉的冰川河谷，一直到达毛目一带的中国古代长城遗址。这道长城蜿蜒西去，甚至在肃州河与甘州河汇合成为额济纳河之后，仍然随之继续延伸了相当长的距离。古长城的墙垣和戍堡，就是沿着金塔绿洲一直向北修筑，在额济纳河宽阔河道的左岸一直延伸向广袤荒原的尽头。

中国最初占据了南山北麓一带重要的交通路线之后，便用古代长城截断了游牧人从蒙古草原的入寇路径。这里，便是这座长城的关键点。我们在河岸两侧不断发现的那些年代古老、规模宏大的军事堡垒建筑遗址，显然是用来防御从此地入侵的外敌，以及守卫这个门户通道的。其中一座古堡，是用特别坚固的土坯修建起来的，同七年前我在敦煌西部沙漠长城遗址所发现的古代玉门关遗址，形制完全一样。

第十六章　从额济纳河到天山

我们从毛目沿额济纳河向下考察，沙质河床的宽度往往达到 1 英里左右。不过，除了河床中的黄沙，那里滴水俱无。只在极个别地方可以从挖掘很深的井中能够得到一点点水。在离毛目 90 英里左右的地方，额济纳河河床穿过北山山脉延伸出来的一段低矮石梁，进入了一片平川，散发成一个三角洲。由此再向北约 110 英里，开始进入大片的碱性沼泽地带。

此地由于连续不断的枯水季影响，地貌与气候的情形与库鲁克河干涸以前的楼兰三角洲非常相似，河床两岸茂密的灌木丛中，到处都是早已枯死和即将枯死的野生红柳。由于河流不断改道形成的干河床纵横交错，河床之间的大片荒原上植被稀疏，只有一些瘦弱的灌木。很多地方甚至于完全就是蛮荒的不毛之地。在额济纳河三角洲这片广袤荒漠中，散布着 200 多户蒙古土尔扈特游牧部族。正因为环境的严酷与贫瘠，他们明显感觉到牧场在一年年恶化，生存条件一天天困难，见人就不断抱怨。不过，这片广袤的地带虽然水源有限，而对于从北方蒙古高原腹地进入甘肃河西走廊水草丰美的地带，从古至今却一直是最为方便的通道。历史上，无论是那些长途奔袭的武装军队，还是万里求财的和平商队，都把这里作为他们最重要的交通枢纽。沿途时而遇到的古代与近代成堡等军事设施，便足以证明这是一条通往蒙古草原的通道，而且从古至今一直都是被充分重视和重点守卫的。

当来到黑城并完成考察工作之后，我更加深刻地感受到此地与楼兰三角洲的相似性。黑城的探察始于 1908—1909 年俄国著名探险家科兹洛夫（Kosloff）大佐。根据发表的材料，当时我就认为这里应该是马可·波罗所曾提到的亦集乃（Etzina）城。根据马可·波罗的记载，此地从甘州出发，骑马约12日可以到达"位于北部沙漠的边缘地带，归属西夏人管辖"。据说，所有前往蒙古旧都和林的旅行者都必须在此停留，稍事休整，准备粮草，以便顺利穿越那片"北行四十日既无人烟又无水草的大沙漠"。

图 16-1 黑城佛塔遗迹

马可·波罗游记中记载的地方正好相当于黑城子古城遗址，从遗址中某一处废墟（图16-1）中获得的出土文物，更是为此提供了充分完全的证据。传说1226年成吉思汗曾率领蒙古大军经由这座古城进军甘肃，当时古城城墙等防御设施遭受到战火的严重毁损。虽然如此，但有一点是毋庸置疑的，那就是一

第十六章 从额济纳河到天山

直到后来马可·波罗路过此地时，古城还有人居住，并且这种状况应该一直延续到 15 世纪。古城长久存在并且人烟繁盛的原因，当然应该是其适宜农业耕作的环境。在相当长的一段时期内，古城所在地区都应该是当地的中心。在沙漠的东部地区和东北部地区，我们曾经发现不少古代遗迹。关于这座古城的黄金时期，大致应该从 11 世纪初起算，即从西夏统治时期一直到蒙元时期。

在这个时期以后，来自南方吐蕃人的势力似乎逐渐强盛起来。古城内外四处散落的佛寺和佛塔遗址，大都是这时修建的。科兹洛夫大佐就在古城外的一所寺院遗址中，挖掘出许多极为珍贵的佛经和古代绘画艺术品。当我对这些遗址重新进行系统考察发掘时，马上就发现，这座考古学宝藏远远没有被人挖尽。

我们仔细清理干净佛塔底部以及寺院地下室里堆积的流沙之后，找到大量用吐蕃文和至今尚无人能够解读的西夏文佛教写本，以及刊印本典籍。同时出土的还有数量众多的佛教塑像和壁画。在古城内那些堆积如山的古代垃圾堆中，我又一次获得了许多极具价值的汉文、西夏文、回鹘文以及用古代突厥文字体书写的各类文书。其中最值得一提的是 1260 年马可·波罗的恩人元世祖忽必烈时代的一张宝钞。在这种风蚀极为严重的沙漠环境中，我还获得了数量可观的金属和石质的装饰品、精致的带釉陶器以及许多其他古代文物。

黑城子最终被放弃的原因在于灌溉困难。这一说法有相当的可信度，有许多证据支持。紧靠古城的河床早已干涸，最近的水流也有 7 英里远。古城东侧的古代灌溉渠道离开现在的水源则更远了。古代灌溉失败的原因，是额济纳河水流量减少还是河水改道，导致耕地得不到充足的水来灌溉，目前我没有充足的证据来下肯定的断语。不过，根据我个人的观察，似乎应该有理由相信，现在仅在夏季短短的几个月内才能够到达这片三角洲的河水，已经不足以给这片废弃耕地提供足够的灌溉用水。沿河道上行 150 英里，便是毛目那个环境条件更为适宜农业耕作的地方，那里早就有了维持灌溉的发达的渠道系统。但是，即使在那里，每年春季仍要耗费大量的人力物力，才能够得到充足的灌溉水量。因而，那里的很多耕地也都被迫荒废了。

当我忙于黑城子发掘工作之时，拉尔辛格则忙于额济纳河重点盆地的地形测量。三角洲的尽头是两座相距不远的大湖，两湖之间隔着一些沙滩高地。这种奇特的隔离形式在我看来极为有趣，与我此前在敦煌西部沙漠中探险考察时所见到疏勒河流入沙漠中的情形正好完全一样。两湖中，东湖水源在很久以前可能就已经断绝，不再能接收到额济纳河泛滥时的河水，所以水是咸的。另一个湖泊现在仍然在接收额济纳河的来水，是全部额济纳河水的终点。湖里全部都是淡水，只是周边并没有任何利用这些淡水的耕地。

到了 6 月中旬，夏季的酷热急剧地增长起来。迫不得已，我们只得终止工作返回甘肃。回程时，我们取道毛目南面的一条沙路。由于骆驼不能忍受夏季沙漠中的酷热，我们此前就已经安排把它们赶到东北方向蒙古境内的公果尔旗山地避暑去了。直到 8 月底，骆驼才得以与我们重新会合。那时，我也才从南

第十六章 从额济纳河到天山

山回来。由于坐骑发生意外,我的脚受伤,无法行走。这些事已经在上一章交代过,就不再重述了。

此后,一直到1914年9月2日,我们重新从毛目上路出发,准备翻越雄踞于沙漠中部的北大山山脉。山脉呈东南—西北走向,极为宽广。我们一路走来,行程在500英里左右。沿途所经地域全部都是从未被人测量过的地方。在明水井那个交通枢纽地带,有一条此前一些俄国探险家曾经走过并向世人披露的道路。我只知道在那里可以走上那条路。但基于安全方面的考虑,我决定将人员辎重分为两队,每队各取一路。这样做的另一个好处,就是能够测量更为广大的地域。那期间,由于腿部的伤痛,我仍然不能骑马,只能乘坐当地特有的驴轿。这给我在途中的指挥与调度工作带来许多不便。

在毛目,我只雇用到两位汉族向导,据说他们曾经随同商队到过天山北麓的镇西[①]一带。实际上,他们对由于沿途地区以及目的地的了解极为有限。走了还不到一半的路程,我便打发他们回家了。此后的行程,我指示全队根据地面依稀可辨的商道痕迹继续前进。商道往往并不规范。如此一来,迷失方向便成了家常便饭。行走在干涸荒芜的高山峻岭之中,没有饮用水的供应是绝对不行的。因而,沿途寻找那些少得可怜的水源也就顺理成章地成为最重要也是最困难的事情了。沿途水草稀少,山路险峻,前途愈显危险。最终我们走过了28站的长途。全程

---

① 今哈密地区巴里坤。

西域之路

唯一遇到的是一个小小的蒙古包，还没能够找到向导。

后来终于到达了明水井。朝着西北方向，远远地便看到了天山东头喀尔里克塔格山雪峰，这座雪峰自古以来就是这条路上旅行者的方向标志。但是由于缺水以及在曲折复杂的山谷中迷路等原因，在翻越最后一段荒凉不毛的山脉时，我们还是多次遇到难以想象的困难。比如，当我们行经一条险峻的峡谷时，受惊的驴、马、骆驼总是躲在它们自认为安全的地方不走，幸好最终还是有惊无险地通过了。站在山口的悬崖峭壁上，俯视广阔无垠的准噶尔山地，远远地就可以看见一些小小的黑点分布在各处，那都是生长在山上的树木。那里就是我朝思暮想了许久的伊吾，马不停蹄地一连走了四个星期，才安然到达，竟然连一匹牲口都没有损失，我们欣喜欢快的心情难以言表。这次我带领全队选择了一条新的路线，穿越一大片寸草不生但在地理学方面却十分有趣的区域，并在广大的地域耐心细致地做完了测绘工作。至此，方才觉得虽然历经艰险，却终于得到了恰当的回报。

到了10月，我赶紧结束手头的工作，率队匆忙沿着已见冬雪的天山东北麓，向镇西和古城（Guchen）[①]前进。对于沿途所要经过的地方，以前我已经多少有所了解。因为历史上像大月氏、匈奴、嚈哒、突厥和蒙古人都曾先后多次由此向西迁徙，也正因为如此，我对沿途所见的各类地学现象极为重视。准噶

---

① 奇台。

第十六章　从额济纳河到天山

尔的山谷和高原，气候方面比较适宜，远没有塔里木盆地那样干燥，很多地方都分布着品质优良的牧场。这很可能是它在中亚历史上常常占据重要地位的一方面原因。

这些地方在古代曾被游牧部落不断轮番占据。塔里木盆地干旱的土地根本无法养活游牧部落庞大的畜群。而占据了这里，就可以翻越天山，轻易地入侵塔里木盆地，向那里定居绿洲的人们征取贡赋。最为有趣的是，从那些信奉伊斯兰教的数量众多的哈萨克人的毡房上，我可以依稀看出历史上部落大迁徙的影子。这些人与柯尔克孜人相似，操突厥语，他们来到这里，是因为原住地成了俄国人卵翼之下的地域，于是哈萨克人被驱逐，只好向南迁徙，寻求当时中国政府的庇护。中国政府妥善地安置了他们，同时尽可能地限制他们大范围地移动，以防引起历史上曾经发生的大规模部落迁徙的浪潮。

我们到达镇西的时候，已经是隆冬季节了。镇西有一座古庙（图 16–2），保存了一块重要的汉代碑刻。在经历了北山的寒风冰雪之后，能够再次得到这座古庙的庇护，真是上天的垂青。此后，我们经过当时是中蒙商贸中心的古城，来到吉木萨尔（Jimasa），考察那里数量众多但残破不堪的古代遗迹。在古代，吉木萨尔曾经是天山北麓最重要的都会城市所在地。中国治理中亚广大地区的时期，历史文献中所见的"金满""北庭"等重镇就在此地。准噶尔盆地的这块重地在经济上和政治上同南部的吐鲁番绿洲有着密不可分的联系，而且在很早的历史时期便已然如此。

333

图16-2 镇西城外古庙

吐鲁番是我冬季工作的目的地。我倾向于选择一条最为直接而又未曾经过地理测量的路线前往，于是便取道一处险峻的天山峡谷通道。我们沿途经过的雪峰，海拔高度多数都在12 000英尺以上。这次行程再一次证实了中国古代历史文献记载的正确性。当然，我也深刻地感受到天山南北气候之悬殊。

准噶尔山地高处大都分布着面积很大的松树林，稍稍向下则是品质优良的牧场。与之形成鲜明对比的，天山分水岭南侧则完全是极度荒凉干旱的悬崖深谷。生活在气候干燥、地势低洼的吐鲁番人却已经完全适应了这种严酷的气候，他们开化较早，有着发达的灌溉农业体系。

第十七章 考察吐鲁番的古代遗迹

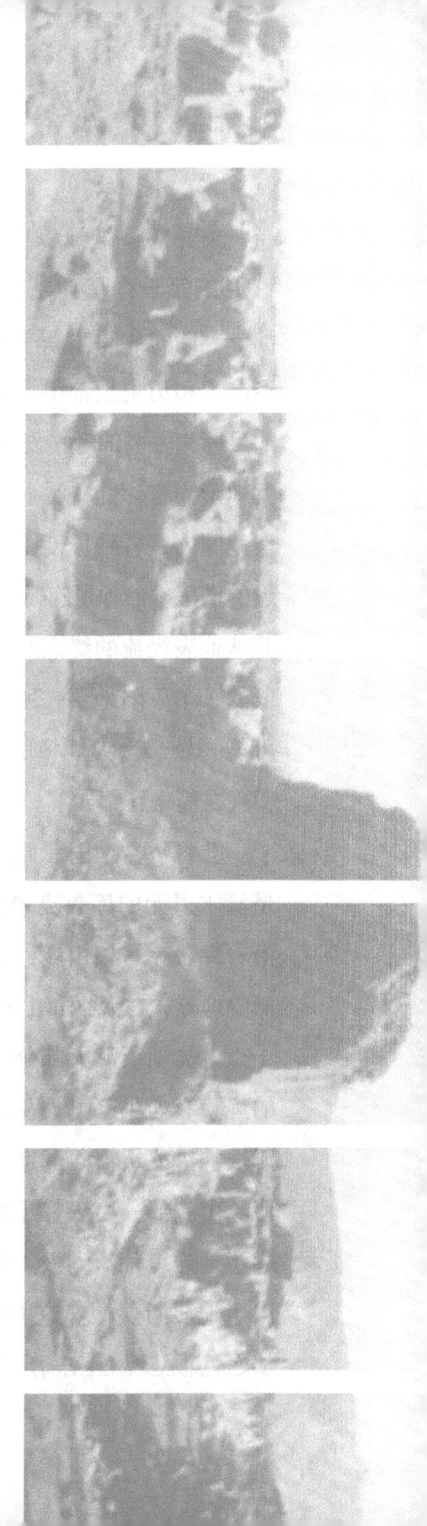

离开额济纳河以后，我把探险队分成几队。直到1914年11月的第一个星期，我们才在吐鲁番盆地中央一个重要的绿洲——哈拉和卓重新平安团聚。哈拉和卓这个小小的绿洲，在经济上和历史上都很重要。而我之所以选择此地作为冬季探险的目标和主要的考古发掘地，还有考古学和地理学方面的原因。就地形而言，吐鲁番盆地之所以特别有趣，乃是在很密集的地理范围内，各种极度干旱地区的自然现象都集中在了一起。邻近的塔里木盆地所有的一切特点，这里都有所表现。除此以外，此地地表径流的终点盐湖，是全世界陆地中位于海平面以下最低的一个下陷地层。所以我决定，只要时间允许，我将尽最大可能去做一次大规模的详细地理测量。关于这里的地理情况，我现在简略介绍如下。

吐鲁番盆地的北面是天山山脉大量积雪的博格达山，南面是滴水俱无的库鲁克塔格山。盆地恰恰就夹在两道山脉中间。沿着库鲁克塔格山麓，是一个很大的地质断层槽。断层下陷最深的地方，在海平面1 000英尺以下，成为吐鲁番盆地最特异的一点。盐湖沼泽大部分都已干涸，与罗布泊相比较，干涸湖床的规模有如小巫见大巫。向北是荒凉的高山坡地，斜坡上广阔无垠的古冰川河谷逶迤而下，与和田东部的昆仑山地区极为相似。山麓部分由于曾经发生过一次大规模的地质地层变位，隆起了一连串荒凉到极点的丘陵，并向盆地下部延伸，由此构造出了地质断层槽。这些丘陵因为都是裸露的砂岩和砾石岩层，加之色彩呈现红色，所以中国人称此为火焰山。

第十七章 考察吐鲁番的古代遗迹

吐鲁番盆地中的绿洲耕地完全依靠山脚下这些地质断层裂隙中的地下水作为唯一的水源。由于灌溉能够得到保证，加之土壤肥沃，气候适宜，因而物产甚为丰富。最奇怪的是，这里的灌溉并不是直接依靠从天山上流至绿洲边缘的雪水，而是用一种很完善的坎儿井引水系统，引导从山上潜流而来的地下水。盆地的气候极其干燥，并且因为槽谷过低，一年之间，气候倒有多半时间及其酷热。而由于气候的温暖以及泉水和坎儿井可以提供水源，盆地绿洲中的肥沃土地一年可以轻松收获两次。在这种气候适宜的环境条件之下施以灌溉和管理，再加上土壤肥沃，当地谷类以及水果、棉花等出产丰富，也就不足为怪了。

我现在所见到的吐鲁番，商业发达，生意兴隆。从历史记载和保留至今的历史遗迹看，过去这里也很富庶。这不仅因为那有限的一点土地适宜于农业耕作，还应归功于当地与天山北部各地交通往来便利，易于互换产品。天山北部因为气候比较湿润，分布有幅员广大的优良牧场，那里所出产的牲畜、羊毛之类物品，正是吐鲁番所缺少的。而博格达山东西方向的山谷通道又终年可以通行。因此，交易往来，甚为方便。正是由于大自然的这一惠顾，才造就了吐鲁番盆地的繁荣。

吐鲁番盆地和迪化及古城之间互相依赖的情形，从这些地方的古代政治史中也都可以反映出来。汉唐时代，无论是北方来的匈奴人、突厥人或者中国内地人来统辖这些地方，那时的车师前国和车师后国的政治命运同现在一样，也都是密不可分的。8世纪末，唐朝在中亚的势力趋于衰落以后，这些地方的情形还是一样。790年，车师后国的都城北庭都护府被吐鲁番和突厥的联军所攻破，不同势力对这些地区的争夺也就此告终。

到了9世纪中叶，突厥部族中的回鹘人在中国西北边陲突破了吐蕃人的势力，统有东天山的多半地方，于是吐鲁番和以北的地域成为回鹘可汗的牙帐所在地。这种情况一直延续了数百年。在中亚原先是游牧部族的回鹘人，来到这里后，比其他任何突厥部族更热心于享受自己的传统生活，同时也能够灵活适应新的变化。一方面，一到夏季，回鹘可汗便把他们的牙帐迁移到天山北坡，享受祖传的生活方式，并长久地这样保持下去。另一方面，则同时向居住在吐鲁番绿洲的人们吸取物质方面和精神方面的营养，用以加强自己的力量，享受拥有属地的快乐。

回鹘人统治吐鲁番盆地，一直到13世纪初蒙古人征服此地时为止，但是从文化方面来看，就在此后也没有发生什么较大的变化。据宋太宗太平兴国六年（981）王延德出使回鹘可汗所做的记录，那时的吐鲁番仍很兴盛，佛寺众多，还有许多从波斯来的摩尼教僧侣。而回鹘人的智力以及吸收能力也很强。王延德也看见回鹘王仍然不忘游牧旧习，每年都要到天山北坡去居住一段时间。蒙古人统治的时候，回鹘酋长虽然改信伊斯兰教，但是一直到1420年苏里唐·沙鲁克遣使中国经过此地时，佛教依然昌盛。

吐鲁番的佛教信仰源远流长，根深蒂固，回鹘统治时期又没有遭受过激烈的变乱，因而伊斯兰教时期以前的文化遗存，

第十七章 考察吐鲁番的古代遗迹

如宗教、文学、美术之类，四五百年来还能够比较完好地留传至今。同时，因为吐鲁番盆地特别适宜于灌溉，在相当长的历史时期耕地面积也没有发生显著的变动。在塔里木盆地的尼雅或楼兰，有许多废弃的遗址或无人居住的处所，为今天的我们保存下来一些古代人们日常生活真实情景的迹象。与那里不同的是，吐鲁番盆地几乎所有重要的古代遗址、遗迹都未曾被完全毁坏，或者说未曾被人们完全放弃。在这里，所有伊斯兰教时代以前的遗址、遗迹等古代遗存，实际上全部都在绿洲或绿洲附近。也就是说，离人类的生活区域并不遥远，甚或就在城市和乡村的附近。

因为吐鲁番盆地非常容易寻找和到达，所以一直到19世纪末，在相当长的一个时期，俄国旅行家都曾关注此地。在俄国旅行家的影响下，后来德国和日本的探险队也都先后来到此地，并做过大规模的考古学工作。在这些探险队中，尤以1907年著名的德国学者格伦威德尔（Grünwedel）和勒柯克（Vov Le Goq）两位教授所得各类文物最为丰富。不过，1907年我来到此地并做短期停留的时候，很快就发现吐鲁番的古代遗址并未被完全发掘干净。

因此，我当即决定用一个冬季的时间，以吐鲁番地区为主要目标进行大规模的考古学和地理学工作。拉尔·辛格的职业精神使他永远热望新的工作。于是，我派他去测量那片地域宽广而大部未被勘测的库鲁克塔格沙漠区域。另一位测量员，我则安排他从事吐鲁番盆地的详细地理测量工作。至于我和另外两位印度助手，当即就开始考古学方面的工作。此后三个半月的时间，我们就一直忙于此事。

邻近哈拉和卓大村，是一处被当地人称为达克亚努斯（Dakianus）地方的亦都护城（Idiku-Shahri）。这里是我们的第一个考古发掘地。这个地方，很久以来一直被认为是突厥文中称为 Khocho 的高昌故址，也就是唐朝以及后来回鹘统治时期的吐鲁番都城。用土坯砌筑的城墙环绕四周，范围约 1 平方英里，平面呈不规则形状。城内还分布着用土坯砌筑的各种建筑物遗迹（吐鲁番除果树以外，其他木材非常稀少）。这些建筑中，大部分是佛教寺院，其中规模宏大的为数不少。历年以来，附近乡村的农民常常在古代建筑的遗址上挖取老土，用作肥料。多年的取土毁损，使得古代建筑遗迹逐渐变小，并且大都已被铲为平地，开垦成耕地。

自从柏林民族学博物馆的格伦威德尔和勒柯克两位教授先后在此发掘，得到丰富的古代文物收获以后，当地居民看到了一条他们以前没有注意到的挣钱途经，于是也想尽办法去弄到有价值的古代写本和文物，卖给迪化的欧洲旅行家一类的人，偶然也卖给中国的收藏家。因此，古代遗址被毁坏的现象为之大增。这一类古代物品的出产数量，也自然而然地大为增加。但是对我来说，还是到那些流沙堆积较深，没有被人发掘过的遗迹去比较妥当。经过系统的考古清理，我们找到各种各样小而有趣的古代遗物，如壁画残片、纸本画和布质画的残幅，还有一定数量的塑像。这些出土文物都可以反映出吐鲁番的佛教

第十七章 考察吐鲁番的古代遗迹

美术情况。此外，我还获得了一些用作装饰的纺织品残片，也发掘出土了一些用回鹘、藏文、汉文和摩尼教的变体叙利亚字母书写文书的残片。

这些遗址由于古往今来一直有人居住，所以不容易断定这些出土文物的准确年代。对于断代较为有用的，是发现了一大批保存状况良好的金属物件，如镜、各种装饰品和家具之类。在那里，还出土了许多中国古钱。根据这些古物，我判断出土文物的年代是在宋朝。后来证实，我的判断与实际情况差距不大。我所发掘清理的这些古代建筑，在12世纪初叶应该还在正常使用。不过，当时佛教寺院那个圆顶型的建筑一定已经衰败，并且已经开始倒塌了。

在抓紧时间考察完吐鲁番东部一些小遗址和那处被称为斯尔克普（Sirkip）塔的佛教大塔遗址（图17-1）之后，我便马上转向风景如画的吐峪沟（Toyuk）峡谷，把注意力全部集中到那里的古代遗址上。在那里，依然保存着以前佛教僧侣和其他教徒居住和使用过的无数石窟。这些石窟就像蜂房一般点缀在风蚀严重的山谷峭壁之上。峭壁下面，是一道小河，流向以出产葡萄和葡萄干而出名的小片绿洲。这里的山坡不甚陡峻，修建有狭窄的台阶，还保留下来一些小寺院和僧寮遗迹（图17-2）。在最上方的遗址中，德国第二次吐鲁番探险队曾经获得过非常重要的古代写本文书。

这些类似于给猿猴居住的洞窟，以前并没有多少人来此活动，基本上看不到人为破坏的痕迹。但近年来，本地寻找古董

西域之路

图17-1 斯尔克普佛寺遗址

第十七章　考察吐鲁番的古代遗迹

图 17-2　吐峪沟西侧佛寺遗址

和宝贝的人在此乱挖乱掘，地面一片狼藉，可以说是惨不忍睹。但在很厚的沙堆下面，还是能够找出一些保存相对完好的遗址。发掘过程中，为了不至于造成新的人为破坏，我雇用了很多工人，地表才清理干净。以前在没有人烟的沙漠遗址中工作，我常遇到各种困难，已经习以为常了。如今在吐鲁番的古代遗址中开展考古工作，与以前的经历相比，这点困难简直微不足道。工作结束前，我在吐峪沟收获了数量不菲的精美壁画残片和塑像残块，当然还有很多汉文和回鹘文的古代写本。

到了 12 月中旬，我们从吐峪沟转移到木头沟（Mutuk）里重要的柏孜克里克（Bezeklik）千佛洞遗址。这里有一条流经并灌溉哈拉和卓绿洲田地的河流。柏孜克里克千佛洞遗址就位于河流西岸的砾岩台地上。这里有很多曾经气势恢宏而今已经倾颓倒塌了的寺院。其中相当大的一部分是开凿山崖修建的石窟寺。石窟寺的墙上都绘有壁画，为回鹘时代遗物。壁画内容是佛教故事和崇拜图像，种类和风格极为复杂。就其内容之丰富和美术蕴涵之精彩而言，吐鲁番盆地中任何其他同样的遗址都无法与之相比拟。柏孜克里克千佛洞遗址可以说是价值非凡，只有敦煌千佛洞丰富的古代壁画可以相媲美。1906年，格伦威德尔教授以他渊博的佛教图像学和美术造诣，曾对这些精美的壁画做过仔细的研究，还挑选了许多最好的壁画拆下来运回柏林。后来勒柯克教授也曾弄回过一些，也都很好地保存在那里。

几百年来，此地的壁画被当地农民有意损坏了不少。近年来，本地人出于非宗教的原因又破坏了一次，他们很鲁莽而毫不吝惜地将一部分壁画从墙壁上拆下来卖给欧洲人。这种以赢利为目的的人为破坏愈演愈烈，并且还将继续发展，直到可以预见的将来。这已经是再明显不过的事了。在目前这种情形之下，当务之急，是要对中亚这些精美的佛教绘画美术遗迹中最有价值的标本（图17-3）尽一切可能进行保存。而唯一可行的措施，只有很仔细地用系统安全的方法拆下和搬走。这是一件费时费力的困难工作。但我的助手奈克·萨姆苏丁（Naik Shamsuddin）训练有素，在这方面具有丰富的工作经验。我马上毫不犹豫地安排他从事这项工作，并由阿弗拉孜噶勒汗予以全力协助。对于切割拆壁画的艰苦工作，他们继续不断地进行

第十七章　考察吐鲁番的古代遗迹

图 17-3　柏孜克里克石窟寺切割下来的壁画

了两个多月，最终取得了辉煌的成果。为了指导他们顺利有效地工作，对那些需要切割的有价值的壁画，我事前就仔细地画好了图样。

切割下来的这些壁画足足装满了100多箱。装箱时，一切都严格地依照我第一次包装米兰佛教寺院壁画的专门方法操作。这些脆弱易碎的大泥板，用骆驼、牛、驴运输，经过近3 000英里的路程，翻越高达18 000英尺的达坂，最后究竟是如何安全运到印度的详细情形，此处不能细说。为了陈列我的第三次探险队所带回的古代文物，新德里专门修建了新的博物院。从1921年至1928年，我的美术方面的朋友和助手安得鲁斯先生大部分的时间都花在这里，即如何把柏孜克里克的壁画进行妥善安置。

那年圣诞节前后，我匆匆忙忙地跑到天山北面的省城迪化，拜访我的一位学者老朋友、时任新疆藩台的潘大人。在我的三次探险中，无论远近，他都一直给予了热心的帮助。省当局曾有一次又想阻拦我，幸亏他帮忙才得以打消。1930年我再次来到那里时，这一位全省钦佩的公正长官已经逝世了。他虽身兼要职，一生却是清风两袖。那时我能抓紧机会亲自向他道谢，回想起来，总算是值得聊以自慰了。

1915年1月，在木头沟附近的考古探察工作完全吸引了我，使我无暇他顾，所得收获是既丰富又离奇。

从木头沟口出山的峡谷地带是一大片满是石块的荒地，位于阿斯塔那（Astana）大村之上，西面与哈拉和卓相接。就在那

第十七章　考察吐鲁番的古代遗迹

里，有一大片古代墓地。古墓表面堆石，呈小圆锥形状。那些用石头排列围砌的坟茔，把古墓一组一组地分开。墓室大都挖掘得很深，深入到细砾岩或砂岩层中。由坟堆便可推知墓室的位置。从岩石上凿出一条狭长的墓道，埋葬后又进行填塞。由墓道下去是一段短短的隧道，是为进入墓室的通道，还筑有砖墙挡住墓口。

据当地人说，19世纪阿古柏执政时期，新疆曾发生动乱。以后，这些坟墓大部分都曾被人盗掘，以搜掠值钱的殉葬品。盗掘的时间也有可能还要更早一点。而据我们的考察，在吐鲁番绿洲中，无论树木或是牛粪一类的燃料都很缺乏。所以那些古代棺材上的硬木头，也就成为很有用的副产品了。以前开向墓室去的通道已为流沙完全掩埋，而当地的气候又异常干燥，所以我们从那里得到的东西都保存得很好。近年来，中国因为革命，改变了人们敬畏死者的观念，于是这些古墓便引起了当地寻宝人的注意。他们的盗掘工作并没有十分深入，但是，由此可以看出，地方政府对于此类事件并无禁止管制之意。我于是能找到一位阿斯塔那的村民作为向导进行挖掘。这个村民对于此事有丰富的经验，对古代墓地的分布地点也特别熟悉。

当地不缺人工，很快我便召集到足够数量的工人。于是，无数的古代坟墓先后便很快都被掘开了。我在对每一座古墓做了系统的研究之后，当时便搞清楚了，这些坟墓都是7世纪中叶的产物。这是唐太宗贞观十四年（640）征服此地以前，统治吐鲁番的本地王朝中最后诸王在位的时期。至今依然存在于哈拉和卓和阿斯塔那附近的高昌故城,就是当时的行政中心和屯戍重镇。

紧靠许多古墓墓室的入口处,还可以找到一些汉文砖志,同样为古墓断代提供了直接证据。据吉列斯博士和马伯乐教授的解读,这些墓志记载的是死者的姓名、年代、生平等。这同有些古墓中出土的汉文文书中所写的年代也相符合。那些文书的内容都是一些日常例行的琐碎公事,如驿站的建立、书信的登记、部属的过失之类。当年大概都是视为废纸,所以才放入墓室的。有几具棺材,在我们到来工作之时尚未被盗墓者打开。其中一具就放有一大包各种各样的纸,显然是用来填塞棺材的。

所有出土的古尸,以及放置在一起的随葬物品,大都保存得很好。这自然是由于气候干燥的原因所导致的结果。所获得的出土文物种类很多,几乎所有的出土文物都可以帮助我们了解那一时期吐鲁番地方日常生活的许多方面。其中,有做得很逼真的家具用品的模型,以及许多供死者在另一个世界使唤的彩绘塑像。还有制作得很仔细的女俑雕塑,衣饰甚为有趣(图17-4)。还有一些武士雕塑,大约是侍卫之类。此外便是衣饰特别的本地仆役塑像。

还出土了一些形象生动制作精致的马俑,可以使人联想到帕米尔高原的巴达克山人种。鞍鞯之类物品十分华丽,可以看到当时所用马具的基本情况。鞍鞯的装饰图案中,许多至今仍然被当地的鞍鞯工匠使用。许多骆驼俑也是仿照真实生物制作

第十七章 考察吐鲁番的古代遗迹

图 17-4 吐鲁番阿斯塔那古墓出土的泥塑像

的，其精美程度不亚于马俑。在墓室进口处的小室中，我们又找出许多奇形怪状的大塑像，和中国雕刻中的土鬼极为相似，大约是供死者拒退妖魔使用的。

为死者准备的许多食品中，最有趣的是各种各样的面食（图17-5），保存状况非常完好。特别是那些性质极脆易损的，经过盗墓者的浩劫之后居然还能够完整保留，实属难能可贵。由于这些古代面食极脆易破，所以安全地装箱和转运难度很大。死者个人所用的东西中还有妇女的化妆品，这一定是死者生前所使用的真实物品。

这里也有把尸体用毯子一类的东西裹住的风俗。和楼兰古墓的出土遗物一样，包裹的东西大都是丝织品。对于研究古代的织造美术和工艺来说，这些真是极为丰富而有趣的实物资料。所发掘的阿斯塔那古墓中出土物品的年代大概都很确定，所以尤其具有学术价值。织物中有些是彩色或单色织成的人物画。那些复杂的图案，对于研究那一时期中国新疆地区的丝织品意义重大。纺织品上的图案都是3世纪至7世纪近东各处和伊朗（为方便起见，称为萨珊王朝时期）所特有的装饰风格。

这种萨珊式人物画丝织品特别用于死者的外衣。其中尤其值得专门介绍的，是一块很美的图案化的熊头，放在萨珊式的珠圈以内（图17-6）。这是很有力量而又很新式的一个作品。此外还有一些人物画的丝织品，确实是中国制造，而用的母题却是特别的萨珊式。那一时期西方图案影响到中国的有趣情形，由此可以很清楚地看出来。这一类丝织品，也许当年就是专门

第十七章　考察吐鲁番的古代遗迹

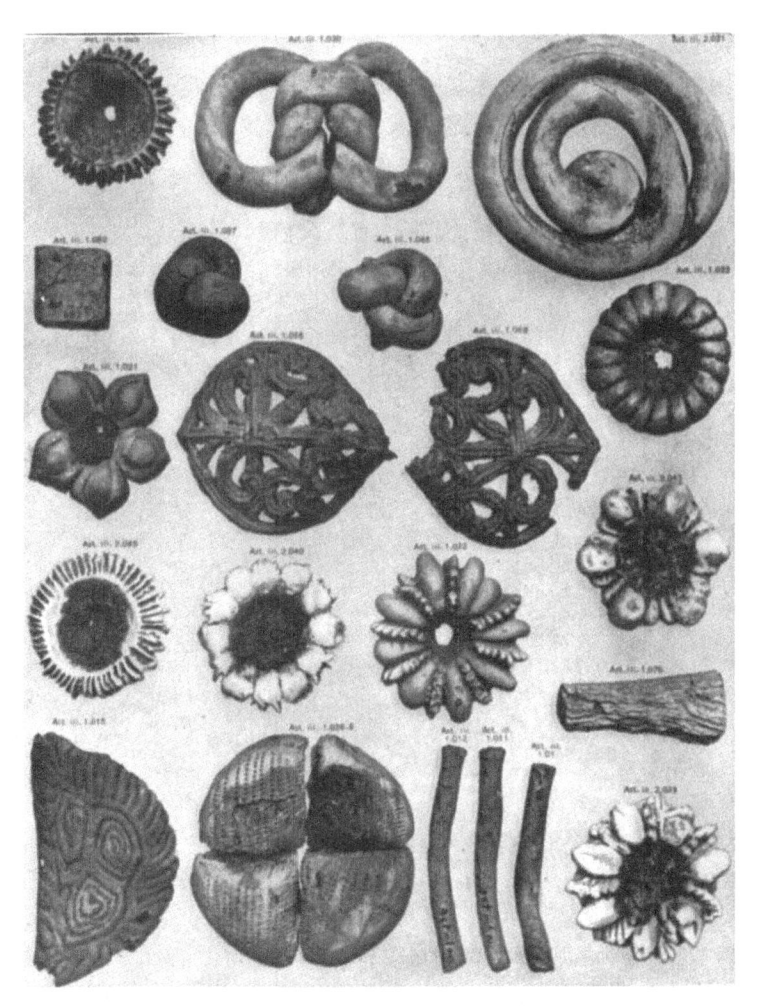

图 17－5　阿斯塔那古墓出土的面食

西域之路

图 17-6 阿斯塔那古墓出土的萨珊风格纺织品残片

第十七章 考察吐鲁番的古代遗迹

织造出来用于对外贸易的,亦未可知。

古代东西方交流的情形,还有一个很奇异的证明,那便是金币。仿东罗马样式铸造的金币,按照当地传统的风俗含在死者的口中。6世纪萨珊王朝诸王所铸的银币则用来掩住死者的双眼。但是具有真正的美术价值而值得在此一提的,大都仍然是中国的物品。有一幅数幅连接起来而又非常精美的卷轴绢画残片,显然是死者生前所珍爱的遗物,不幸为盗墓者撕破。我得到的只是残片,上面很精细地描绘出一些各有所事的妇女在花园中的情形。中国美术到了唐朝号称极盛。这一幅画虽仅余残片,仍不失为传世古代绘画的一个可靠的标本。所以虽然残破,但还是具有很高的学术价值。

我在吐鲁番所获得的数量众多的考古学方面的古代物品,全部都被仔细地包装好,足足雇用了50只骆驼方才够用。很快,我就把这大队古代文物驼队交给我最可靠的突厥仆人伊布拉音·伯克,由他押送,经过两个月的长途旅行之后抵达喀什。到了2月中旬,我所安排的吐鲁番盆地详细的地理测量也将近完成。我于是得以来到交河古城(Yar-Kboto)遗址(图17–7)。遗址位于在现在的吐鲁番城西两河之间的岛形高地上。我拟在此进行细致的考察,并拟在此项工作完成之后,结束我在吐鲁番盆地所做的探察工作。

交河故城所在地是一所天然形成的孤立而坚固的高耸台地。以古代建筑和那些倒塌了的房屋、庙宇为主,大部分是向下挖开黄土地而建成的。这是汉代吐鲁番地方的古都城,形式和规

西域之路

图17-7 交河故城遗址

模都非常宏大。但是，由于遗址里面的黄土被附近村庄的人们掘去肥田，所以建筑物遗址内只剩下很少的几层沙尘堆积。正因为如此，一旦中国当局又开始直接禁止我做考古学活动的时候，我也乐意放弃此地而收队直奔南面的库鲁克塔格山，开始在沙漠中做新的探险。

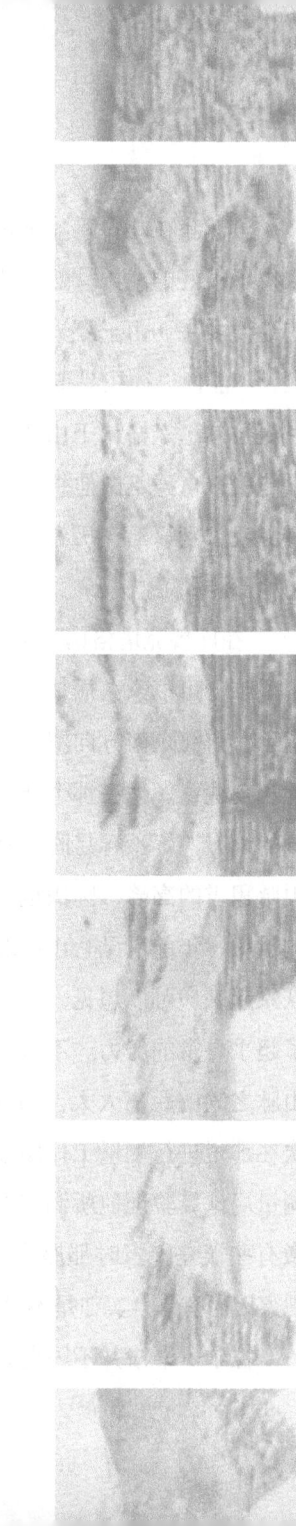

第十八章 从库鲁克塔格山到喀什

虽然我在吐鲁番盆地进行的考古工作非常有趣，并也已经取得了很好的成果，然而我却时时刻刻渴望能够早日回到空旷的沙漠中去。由于夏天在河西南山山脉中所受的脚伤还没有痊愈，不能像以往在罗布沙漠那样长时间从事新的探险，所以当1月底拉尔·辛格从干山即库鲁克塔格探险安然归来时，我也就只能引以自慰不做他想了。我那位孜孜不倦的测量助手自从11月和我告别以后，历经艰难困苦，竟然不负重托完成了他重要的地形测量工作。

在库鲁克塔格山间那一大片荒凉不毛的高原中，只有兴格尔是唯一可以永久居住的地方。辛格到达那里之后，遵照我的指示，前往东南方向罗布沙漠中风蚀的楼兰古城遗址一带做大地三角测量。他在那个寒风刺骨、温度降到华氏气温表零度以下的地方，好不容易盼到晴朗的天气，终于能够望见南面昆仑山脉积雪的高峰，圆满地完成了我交给他的任务：把他的三角测量和一年前沿昆仑山脉北坡测量时候所测定的山峰在地图上联系起来。可以想见，他为此事曾经吃尽了苦头，也一定付出了超乎寻常的努力。不过，由于当时他所在的罗布沙漠与昆仑山脉之间的距离太大，约在150英里以上，同时还由于他上一次在那里进行测量工作距今的时间过于久远，后来在德合拉敦测量局计算验证他所测定的昆仑山某一山峰的精度时，发现略微有些误差。当时那座山峰仅出现过一次，并且还微有云气，观察因而有错，实在是不足为奇。

拉尔·辛格并不因遇到困难而失望。那时他仍在向阿特米

第十八章 从库鲁克塔格山到喀什

什布拉克东北方向的不毛之地推进。幸运的是,他在兴格尔得到很有经验的猎人阿布都拉音的陪伴和帮助。一年前,我从楼兰古城前往敦煌找寻中国古代通往西域的道路的时候,就曾得过他有价值的帮助。在那极度干燥的区域,他们携带冰块,依靠少量的冰水来维持他们那一小队人马。但是,从阿特米什布拉克带来的燃料好多天之前便已经告罄。所以拉尔·辛格在决定从东经91度以外再向西推进之前,晚上只有凭借顽强的意志来抵御严寒。然后,他们选取一条从前猎取野骆驼的哈密猎人曾经走过的古老沙漠道路,一直来到满是盐卤的吐鲁番盆地最低处的盐泽地带。沿途用水银气压表仔细观察,测定的海拔高度,约在海平面以下1 000英尺,远比以前任何测量所得到的数据更为准确。拉尔·辛格虽然已经疲惫辛苦到了极点,但他仍然无所顾忌地只在我们的营地稍作休息,便于2月的第一个星期再一次向库鲁克塔格山进发。这次,他的任务是测量库鲁克塔格的西部。

我于1914年2月16日离开吐鲁番,向库鲁克塔格山出发,在兴格尔找到阿布都拉音的小兄弟作向导,考察西面山谷中一些地方。在那里,可以找到古代人们居住的遗迹。那里连续不断、极其险峻的群山和其间风蚀风化严重的深谷,与库鲁克塔格山大部分侵蚀过度的高地情形大不相同。而在这样的地区,找水也极其困难。之后,取道东南经过绝对荒凉不毛的沙地到达库鲁克塔格山麓。在那里,我们常常遇到野骆驼。这一处荒凉的地段也同敦煌西部沙漠一样,是这些极其胆小的动物的最后栖息地。

在多兰阿齐克（Dolan-achchik）盐泉子取到冰块之后，我向南走进沙漠，测绘干涸河道的地形图。这条干涸河道的河水以前曾流向楼兰古城。去年我在此探险的时候没有来得及把最后一部分测量完成。沙尘暴季节现在已经来临了，酷寒的冷风使我们的工作倍感困难。在这种情形之下，我仍然于在古河道平原的黏土台地上发现了两座小小的古墓地，随即对它们进行了发掘。这次发掘使我不由得想起去年冬季在楼兰古城墓地的发掘经历，发掘出土的物品和去年在楼兰东北部古墓地中所得非常相似。安葬在这里的人，应该就是中国史书记载所说4世纪这条通道废弃以前，住在楼兰古城一带以游猎为生的土著居民之一种。这一点是无可置疑的。

从这些古墓中发掘出土的东西，完全可以勾画出那个时期居住在楼兰地区的那些半游牧人们的生活方式和文明情况。有一点确切无疑，他们同往来于这条古道上的中国人相比，差别之大可谓是山高水远。其中我要说到特别有趣的一些事情，是所有墓葬中几乎总会出现用羊毛布包裹成小捆的植物。经过鉴定现已证明，那些植物都是麻黄。这是近年来才传到西洋医学界并被作为烈性药剂的一种碱性植物。在最古老的雅利安人记载中，这样的植物往往被赞美为神圣的豪麻草（Haoma）和印度挚摩汁（Soma），以为是一种甘美的饮料，为神和人所喜欢。为什么在后来火祆教仪中以极苦的麻黄来代替，至今还是一个有待解决的学术问题。

第十八章　从库鲁克塔格山到喀什

沿着库鲁克塔格山麓，我很焦急地寻找阿弗拉孜噶勒的踪迹。2月初，我从吐鲁番派他出发，前往罗布沙漠中进行一次艰难的补充性探险工作。由于目的地的环境极其严酷，路程艰险且又遥远，于是我安排把四头最强壮的骆驼交给他使用。即便是做了一些特别的准备，但是要到达我指定的地点会合，对他而言未免有点过于艰难和辛苦，所以我非常担心这个小分队的安全。我回到多兰阿齐克的第二天，阿弗拉孜噶勒便带领我的老驮夫——强壮的哈桑·阿洪和另外两位维吾尔伙伴前来同我们会合，那时我才如释重负。

原来，阿弗拉孜噶勒他们从北面抄近路到达阿特米什布拉克取得冰块之后，在楼兰的最东北地带发现和考察了一些遗迹。然后沿着中国古道进入干涸的罗布泊湖床，向西南方向行进。那时，小湖里已经汇集了塔里木河的冰雪融水。为了争取时间，我们冒险从小湖的北面找寻近路。最后幸运地横越1907年1月我曾经穿越过一次的那些巨大可怕的沙丘。当年，我是从相反的方向穿越那里，到达库鲁克塔格山麓。我们这一队人马在荒漠中艰难跋涉了一个半月，一路上没有看见一个人甚至于一个动物，可以说这是又一次极度困难的探险。最终，我们完成了该地区的平面地理测量和详细的文字记录。当然，必不可少地还收获了许多有趣的古物。

之后，我们向西来到被称为营盘的地方。营盘位于古代干河河床和从焉耆流来的孔雀河分流地点附近。科兹洛夫大佐和斯文·赫定博士首先在此地发现有趣的古代城堡遗址和一座小型佛教寺院遗址。他们所获得的古代文物，证明这是一座古代军事堡垒建筑。根据一条中国古代文献记录，此地原名注宾（Chu-pin），公元最初几个世纪位于流向楼兰地区的河水旁边。这显然是保护古代中国西域大道的一个重镇。至今从若羌到吐鲁番的路道也还要经过此处。这里曾经驻守有古代中国的戍卒。这一历史事实，可以由一些保存状况很好的古墓中的出土文物一目了然地看出来。

然后，我从东北方向穿越沙漠前往库尔勒的途中，沿库鲁克塔格山麓发现古代烽火台这类的遗迹绵延长度竟然达100多英里。这些烽火台（图18-1）有些规模很大，构造形式与我以前在甘肃沿着中国古长城进行考古探险时所发现的完全一样。这种烽火台显然建于公元前100年左右，那时汉武帝开通西域，

图18-1 前往库尔勒途中的营盘烽火台遗址

第十八章 从库鲁克塔格山到喀什

筑长城，建要塞，以保护从敦煌到楼兰的交通路线。

从这些烽火台的高度、彼此间的距离和其他各方面的特点看来，最初的功能应该是用来传达烽火信号的。自从中国的统治扩展到天山以北，并且开辟了途经哈密的一条进出西域的大路，曾经一直使用的那条行经楼兰的道路便废弃了。从那以后，这条历史久远的大道也就远不如从前那样重要了。但是从烽火台旁垃圾堆里所找到的古钱币、古文书之类，还可以看出，烽火台所在的那条路线，到了唐朝仍然有人来往。

根据《后汉书》的记载，我们知道，匈奴人一定侵略到过塔里木盆地东北角上的库尔勒绿洲地区。对于居住在楼兰地区的中国人以及通往楼兰的交通道路安全的威胁应该频繁发生。所以在汉朝的时候，这种燃放烽火的军事警戒设施一定是非常重要的。库尔勒绿洲位于天山山麓。在这片绿洲的东头，从古至今都是塔里木盆地北部的一条交通大道。再者，这里离焉耆盆地也最近，从此地到焉耆只有半天的路程。焉耆这一处幅员辽阔的盆地，从裕勒都斯（Yulduz）河源广大的高原开始向下，逐渐展开。从汉代的匈奴人起算，一直到现在的蒙古人，都是游牧民族最好的牧场。无论何时，游牧民族入寇塔里木盆地，这里都是最容易到达的地方。

焉耆盆地在南端和接近焉耆城镇的地方逐渐展开，成为一个平缓的盆地。博斯腾湖即位于此。库尔勒绿洲大量的农业灌溉用水以及水量充沛的孔雀河都发源于此。

焉耆现在的居民大部分是蒙古人。大约是这个原故，现在博斯湖边肥沃的土地还未曾大规模地开垦。但是根据中国文献记载，古代焉耆在经济上和政治上都占据着非常重要的地位，情况与今日大不相同。在紧靠博斯腾湖北岸焉耆古都城故址，今被称为博格达沙尔（Baghdad-shahri）的地方有许多古代遗迹，就是一个证明。当地因为地下水分含有盐质，气候又不如塔里木盆地内部那样干燥，所以一切古代建筑几乎全都已经损毁了。不过，在进行第二次探险的时候，我却幸运地找到一个很好地进行考古学工作的地方。1907年12月，我在焉耆发掘清理一处规模宏大、数量众多的佛教寺院遗址。这些佛寺遗址，当地的伊斯兰教信徒称为明屋（Ming-oi），意即千佛洞。它们疏疏落落地，点缀于天山山麓，一直到博斯腾湖出口北面砾石台地的低洼处。

这些遗址排列有序，房屋建筑彼此分开，大小不等，而构造和形式也完全不一样。只要多雇用当地人，开展系统的考古清理工作并不是难事。所有佛寺遗址，除受雨雪风沙侵蚀破坏之外，还曾遭受过很大的火灾。在此地所获得的古代钱币，年代最晚的一直到9世纪。因此，我可以较为肯定地说，此事与最早传到这里的其他宗教有直接关系。但是，不管当年摧毁佛教偶像的活动如何狂热，气候条件又是如何不适，考古发掘的结果却极大。我收获了许多非常有价值的古代文物。在佛寺大殿内部，以及走廊等流沙堆积比较深厚的地方，我发掘出土了不少保存状况很好的小塑像和当年墙壁上的塑像（图18–2）。佛寺毁坏以后，黏土塑像经过火烧，变得像陶器一样坚硬。因此，在当地那种明显潮湿的气候条件之下，居然没有受到损害，保

第十八章 从库鲁克塔格山到喀什

图 18-2 焉耆明屋佛寺遗址出土的小塑像

存至今。在有些穹形的走廊上,我们还发现一些很有趣的壁画。由于遗址掩埋在流沙尘土之中,这些壁画遂得以免于火灾和潮湿的侵蚀(图18-3)。以前,这些寺院总有不少的供养和施舍。发掘过程中,还出土了一些木板画和涂饰富丽而又工艺精致的木质雕刻品。

图18-3 焉耆明屋佛寺遗址壁画

第十八章　从库鲁克塔格山到喀什

所有出土的工艺美术品的风格，除了木雕精品以外，都明显地带有古印度西北地区流行的希腊式佛教美术影响。但是在研究这种美术传入中亚历史的人看来，大多数塑像中最有趣的是模制头部的奇异特征，许多头像的姿态俨然就是模仿哥特式的。这种情况，似乎是一种平行发展的结果。尤其令人感到奇怪和稀罕的，是两者的形成过程，几乎可以肯定彼此全无联络。至于最终的背景原因，也许间接有点关系，亦未可知。

1907年1月，我在进行第二次探险的时候，听到了一个广泛流行于库尔勒和塔里木河以北地带沙漠绿洲诸地的古老传说。说的是，如果人们向南深入沙漠以后，便可以看见那些被流沙掩埋的城市。而在那些沙漠绿洲和塔里木河沿岸，以及从库车和策大雅（布古尔）流下来的河畔之间的一些丛莽地带，并没有高大的沙丘。对这一沙埋古城的传说，人们都深信不疑。

库尔勒的猎人屡屡坚持说，他们还曾经见过高大的古城城墙。这样的传说引起了我的极大关注，并导致我安排了一次活动，对库尔勒西南面的英其克河（Inchike）和孔雀河之间那片未经测量的沙漠区域进行短期探险。在那片区域，河道迁徙无常，这种河道不断变迁的现象在地理学上是很有趣的。但是直到整个探险考察结束，根据实际考察结果，我才知道传说的虚妄。我们除了在干涸河床旁边看见一些伊斯兰教信徒的坟墓和粗陋的牧人房屋之外，再无所见。我雇用的那些假向导十分自信。起初他们希望，可以依靠我的法术发现那些传说中的遗迹和宝藏。后来觉得我那种假想的法术敌不过沙漠中的妖魔鬼怪，以至于他们幻想中曾经看见的古城都隐形而不见了,并因此真的发愁起来。其实他们不知道,那种所谓的古城是沙漠中形状怪异的沙丘,这应该是常见的事。

在我的第三次探险中,1915年4月初,我把库尔勒作为各小分队完成任务之后会合的地方休整。会合之后几天,我们又从此地重新踏上漫漫沙漠,最终抵达喀什。拉尔·辛格的工作仍然是地形测绘。我要求他紧靠着天山行进,在气候条件和时间许可的范围之内,完成天山山脉和天山主峰的测量。我派第二位测量员穆罕默德·亚库普（Muhammed Yakub）向南渡过孔雀河和英其克河,进而推进到塔里木河,任务是测量莎车附近塔里木河主流河道的情形。1913年秋季,他们一切准备妥当之后,因为河畔丛莽间有丰富的草场,我于是把大多数的骆驼交给他们带去放牧。我自己仍然沿着天山南麓那一长条的沙漠绿洲行进,主要从事我最感兴趣的考古工作。

塔里木盆地的主要商道仍和往常一样,就是我走的这条路线。从库尔勒前往喀什的这条有名的大道长达600英里以上。关于这些沙漠绿洲的历史以及现在的地理、经济等方面的情况,实地考察可以得到很多有用的观察材料。但是由于种种原因,这次探险考察被禁止作为真正的探险。这里,对此次旅行的情况只能约略叙述一二。

因为绿洲居民繁衍不绝,人口增多,外加人工灌溉发达,沿途许多小规模沙漠绿洲中能够得以保存的遗迹已经不多见。而绿洲周围以及各个绿洲之间的荒漠地域又没有充分的流沙堆

第十八章　从库鲁克塔格山到喀什

积可以保存古物。例如，库尔勒西边五站路的策大雅（布古尔）沙漠绿洲，我相信即是《汉书》所记载的轮台所在地，可是并没有找到什么古代遗迹。在从此处向库车方向行进的路途中，是一片片幅员辽阔的硬土质荒漠。在那里，沿着商道，我却发现了一群庞大的烽火台遗迹。这当然也就证明了，古代中国通西域的大道一定与此路相合。

沿着大道，我们到达了库车。库车是除喀什以外，天山南麓最大的一片绿洲。这里耕地面积广阔，灌溉方便，经济方面的出产也很丰富。此外，向北越过天山，可以进入富庶的准噶尔盆地，向南可以沿着横穿塔克拉玛干沙漠抵达和田。所以就地理位置而言，特别适宜商贸。在政治和文化方面，库车也同样非常重要。因此，历史上此地常常引起人们的注意。如今，数量众多且广泛分布的寺院以及石窟寺遗迹，都可以反映出古代佛教的兴盛以及供养这些寺院的当地民众的富庶。如此看来，库车之重要便无须多说了。

大部分遗迹都在距大道不远的地方，所以一向都在人们的注意范围之内。1908年第二次探险时，我才能够抽出一点时间到库车做过一次短暂的考察。而在我之前，德、法、俄诸国的探险队早已先后到过此地，并已经作过详尽的发掘。往年装饰在克孜尔、库木吐拉（Kumtura）石窟寺的那些最为精美的壁画，都已经被运到柏林民族学博物馆，进而成为格伦威德尔、勒柯克诸教授著作中的主题了。那些探险队所得到的古代写本也有极大的价值。写本范围虽然不广，却足以使我们了解到，库车古代的语言和古代吐鲁番盆地所说的话一样，都属于印欧语系，尤其和意大利斯拉夫族相近，而非雅利安语。

以前列国探险队虽然已经做了不少工作，但还是留给我不少极有价值的考古学和地理学工作的机会，使我在库车绿洲及其附近地区足足忙了三个星期。在得到阿弗拉孜噶勒汗的大力帮助下，我们对当地现有的耕地面积，以及散布在绿洲东、南、西三面高低不平的沙漠中的无数古代遗迹和凡是可以证明以前一定有人住过的地方，都做了一次详细的测量。根据遗址中发掘所得的有趣古物，可以将有人居住的时间上推到佛教时期。而测量的结果更加令人确信，在唐代库车绿洲所利用的灌溉系统远比现在多。

考察结果表明，作为库车地区所有水源的两道河流，从佛教时期以后水量就已经大为减少。同时还发现，和田绿洲的情形有许多方面和库车异常相似。如果与和田相比，一个以前人工灌溉发展很好的地方，在某一个历史时期突然被放弃，水量减少应该可以算是直接的原因。是否在此以前还经历过什么意外，单就我所获得的古代文物资料证据看来，对这些问题还不能够给出简单明确的答复。不过，如果谈到目前学术界议论纷纷的中亚干燥问题，水量减少的事实应该得到充分的重视。

1908年1月，我第一次匆忙拜访库车的时候，曾经在当地做过一次很困难并且显然很危险的旅行。从塔里木河向南横穿可怕的塔克拉玛干大沙漠，目的地是消失于沙漠深处沙丘之中的克里雅河尾闾地带。关于那一次要算危险的旅行经过，我在

第十八章 从库鲁克塔格山到喀什

拙作《沙漠中国废墟记》一书中已经有很详细的介绍，由于本次讲座的主题并不在于地理探险过程，如果我在这里再进行一次叙述，未免就离题太远了。

5月初，当我从库车动身向西，离开那些青翠美丽的果园，以及与中国古代文献记载所说完全一样的那些温和有礼、和蔼可亲的绿洲人民，心中多少有些不舍。阿弗拉孜噶勒汗被我派去测绘通往阿克苏的最近的古道。这条路经过大片高低不平的沙漠，一直到一座荒凉突出的小山之南，距离有好几站远，沿途滴水俱无，实际早已废弃不用。我自己选择了另外一条路，为的是要查访一两处小型的佛教遗址。于是，我经过拜城小盆地，循大路前进。拜城在小山的北边，那里的灌溉水源，是从附近天山穆扎特（Muz-art）达坂冰川发源而流向库车的一条河流。

经过长途跋涉，我们到达了遥远的阿克苏绿洲时，塔里木盆地的酷热夏季已经开始了。在这里，托什干（Taushkan）河呈西北—东南流向。而对于河流两岸狭窄的耕作地带能不能找到古代遗迹，我并不抱多大希望，因为在古代此地似乎并不怎么重要。现在之所以有这么多人口，乃是后来因原属于半游牧性质的突厥部落中不为人知的刀郎人（Dolans）迁徙到此地而形成的。

我们前往巴楚（Maral-bashi）的路程，总计走了六大站还多，经过地方大部分是沙漠地带。沿途最显著的地标性自然景观，是环绕柯坪（Kelpin）小绿洲的天山山脉外侧的一些低矮荒山。在第二次探险的时候，我曾于 1908 年 5 月横越这些荒山做过一次地形测量。离开此地以后，我找到一条已经废弃的驿站路线。并由此判断，这个方向的古代道路应该是在现在路线的北面，路过现已没有水源且流沙充塞的荒井地方。而巴楚以外喀什噶尔河终点河床的改道，大约就是古代商道改变路线的直接原因。

巴楚附近另外还有一处刀郎人的居留地，位置在塔里木河和喀什噶尔河将要相汇之地。在那里，至今有些地方还是沼泽地。天山南部最后支脉的那些孤独的石山，就像岛屿一样耸立在这样的广大平原之中。在现在的大道所经过的图木舒克村（Tumshuk）附近，有两处大型遗址，还有一些唐代佛寺遗迹。这些遗址以前我都去过，正由于伯希和先生和勒柯克教授曾经在那里仔细搜寻和大肆发掘过，已经不再能够引起我的兴趣。1913 年的秋天，我已经在北面很远同样位置的一所小佛教遗址做过探险。加上其他考古学方面的证据材料，我发现，在中古时期从巴楚到喀什的商道主要依托左右岸相互交错的喀什噶尔河主流河道，同时更加靠近那些俯视喀什东部平原的陡峭山系。

到达伽师，已经接近肥沃的喀什大绿洲东部了。5 月初，我又一次回到奇尼巴格（Ginibagh），受英国总领事一如既往的和蔼可亲的接待。自从 1900 年以后，我所有的中亚探险，全是以他的奇尼巴格作为温暖而可靠的根据地。

第十九章 从喀什到阿尔楚尔帕米尔

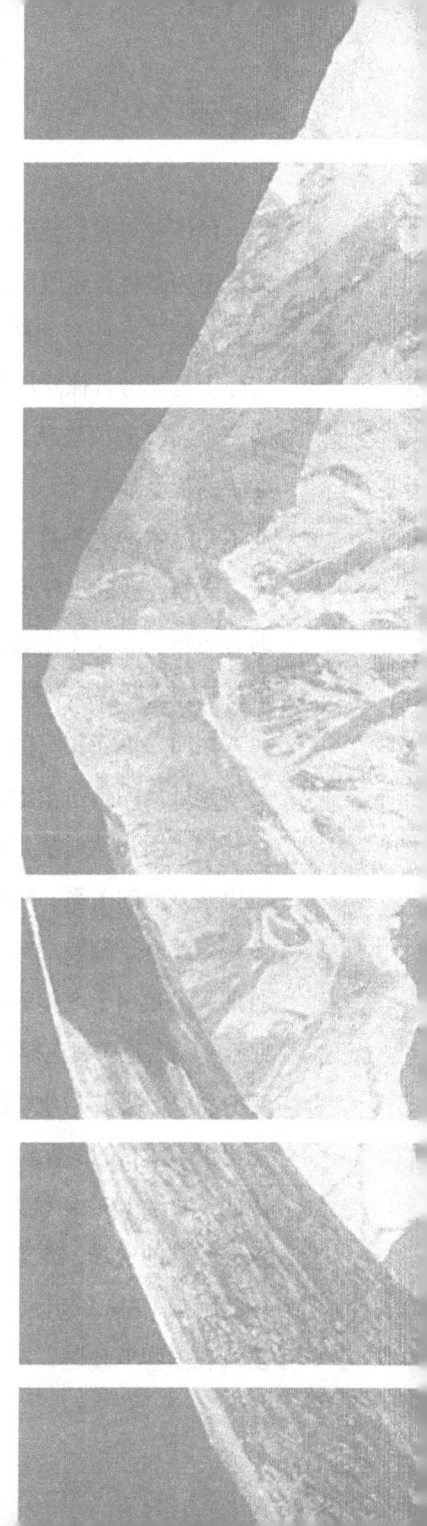

1915年6月，我到了喀什。在以后几个酷热的星期，我都在忙于为即将长途跋涉翻越喀喇昆仑山和帕米尔高原的行程做准备。除了一些必须料理的其他实际事务外，最重要的工作，实际上是把考古探险所获得的古代文物周密细致地重新包装和装箱。而我的探险获得物一共装成了182个大箱子。那时候，在我的根据地喀什，塞克斯爵士（Colonel Sir Pykes）代替马继业（马尤尔特尼）爵士出任英国总领事。由于得到新任领事的大力支持，我的工作难度大为减轻。塞克斯女士是印度政治部的著名官员、天才作家兼旅行家塞克斯爵士的妹妹。在奇尼巴格，她为我好意地安排了一切，令我非常愉悦，并深感满足。

然而，更能使我精神振奋的，乃是即将能够实现渴望已久的横越俄属帕米尔山地和阿姆河北部山系的计划。我从幼年时候开始，因为地理学方面各种各样的有趣特点，以及民族学和历史学方面的关系，对世界屋脊以及临近伊朗东部那些广大的区域，就有一种特别的几近幻想的渴望。在过去相当长的一段时期，只是由于政治的原因，一直禁止所有英国的旅行家通过此地，尤其是像我这样服务于印度政府的公务人员。但是英俄协定的完成，调和了两大帝国在亚洲方面的利益。这样，对于我那些出于学术目的的探险考察计划，上述这种障碍就减少了许多。因此，我于1913年秋天向印度政府外交部递交了申请。经过英国外交部的交涉，希望获得俄国政府的同意，准许我游历帕米尔的阿莱（Alai）地区，以及从西部进入中国境内，前往古代大夏所在的中亚地区，对古代丝绸之路必须经过的那些山地进行

第十九章　从喀什到阿尔楚尔帕米尔

考察。

根据以往的经验，对于在中国新疆办理所需的外交手续，以及考虑到那里效率低下的邮政交通，我安排了充裕的时间，等候相关手续。一切都和从前一样，1915年4月，我在库车收到一个邮包，那是来自斯姆拉（Simla）的半官方消息，说我所希望进行的探险考察已经获得俄国外交部的许可。此时，我那一直悬着的心才为之释然。我觉得很高兴。英俄两个帝国的同盟因第一次世界大战的发生而得到巩固，而这次大战似乎也帮助了我的这次外交特许的成功。

我计划的最终部分，是想通过俄属中亚突厥地区到波斯东南部，去开展下一个冬季的考古工作。我急切地希望实现这个计划，但是到了喀什却遭受了巨大的挫折。俄国外交总领事麦斯且尔斯基亲王（Prince Mcstchersky）和英国总领事的交情很好，接待我也很客气。但是他宣称并没有接到任何准许我进入俄国国境的外交指令。不过他帮助我立刻向塔什干总督府询问。总督府的回复也同样说不知道。这种外交拖延当然使我异常焦急。无奈之下，最后我只好直接给俄国彼得格勒英国大使发去一份电报。很快，我就得到大使布卡南爵士的回电，说所要的许可证，俄国外交部早就发出来了。于是，麦斯且尔斯基亲王很客气地答应，对于我作为特例处理，就把这份电报作为充分的证据，签发所需要的特别许可证。

此外，还有一个更让我高兴的事情随后发生了。那就是在我们进行了一番谈话之后，那位文质彬彬的俄国外交家了解到,我之所以要到那些地方去的目的是完全纯粹的科学兴趣,于是立即答应,许可证可以通行全帕米尔和俄属中亚突厥邻近各地。后来在我通过俄国边境以及在俄国保护国布哈拉境内三个月的旅行过程中,这个许可证一直是我最得力的护身符。其中最关键的原因,当然在于他事前好意地通知了各地俄国当局,使此行才能够如此顺利。一想到以前英国游历俄属中亚突厥地区所受到的猜疑和刁难,以及从我之后其他人所遭受到的那些变本加厉为难的情形,我不能不感谢命运。是命运,在第一次世界大战的那一个适当期间,使我能实现渴望已久的考察之旅。

这一次,我要运到印度去的古代文物异常沉重,足足用了80峰骆驼来驮载。7月6日,在把这些一切事宜都安排妥当之后,我便离开喀什开始西行进山了。然而,昆仑山山谷夏季的山洪暴发,使我那贵重无比的驼队不敢立即冒险向喀喇昆仑山的险峻山路出发。于是,我安排负责照管驼队的拉尔·辛格利用等待的时间,顺便测量了冰山之父慕士塔格山,就是那些迤逦向北一直到喀什噶尔河源并与天山相接的高耸雪山。

在拉尔·辛格没有与我会合并听取我最后的命令以前,我也忙里偷闲地趁机隐居在波斯坦阿尔奇山(Bostan-arche,图19-1)满是落叶松的高山林地之中吉尔吉斯人的帐篷里,获得一个星期快活而安静的生活,清理回复了许多急迫的文件。山谷下面,我的那些在罗布沙漠以及其他艰苦地方一直忠诚陪伴我的勇敢的骆驼朋友们,也安安静静地吃着丰茂的牧草,同样

第十九章 从喀什到阿尔楚尔帕米尔

享了几星期的福。等到我离开高山隐居处所,和这些骆驼最后分手时,内心的感受几乎和与忠诚的拉尔·辛格暂时告别时一样的难过。我留下的印度助手中,此时只有年轻的阿弗拉孜噶勒汗一人。对于这个人,我知道,即使没有地理测量或考古发掘的工作可做,他也时刻准备着为我做任何事情。

长期劳碌以后,经过休整,我的精神得以恢复。7月19日,我于山上的帐篷中向喀什和印度发出最后一封沉重的邮包,便开始向乌鲁克阿尔特(Ulugh-art)关口和那里的帕米尔山地前进。第二天,我们已经越过高达16 000英尺的险峻的隘口。隘口一过,地势陡然下降。只见横越摩吉(Moji)大山谷通往俄属帕米尔东端的群山上白云弥漫,恍若大海,极其宏伟壮观。山峰南侧,是一条向下延伸长约10英里的巨大冰川。从隘口向下,可以看见冰川的中部和下段。

下山时,要翻越北边一连串的险峻山峰。山峰附近大多有一些小冰川穿插其间。全部行程极其艰难。在有些地方,驮运物资的牲口根本没法通过。下行到达平安的地方,再回头仰望那伟大的冰川河口时,我深深地感到,自己确实已经生平第一次爬过这座子午向大山。在古代这座山是托勒密的内斯基泰和外斯基泰的分界伊摩斯山(Imaos),现在则是伊朗最东部和中国中亚领土极西部的界限。骑马步行了33英里之后,当夜到达摩吉下面的昆提格马兹(Kun-tigmaz)大山谷中的吉尔吉斯牧地。在那里,我遇到了塞克斯爵士兄妹,他们正从塔格敦巴什帕米尔返回这里。第二天,在他们的帐篷里,我们欢快地聚谈

西域之路

了一天。

我们沿着中国所属的帕米尔高原最北边，上行到喀什噶尔河的西部源头峡谷，匆匆忙忙地走了五天。在翻越高达13 800英尺的库什贝尔（Kosh-bel）山口途中，我第一次看见最高峰在20 000英尺以上的横亘东西的外阿拉山。我们爬升到流向喀什的玛尔坎苏（Markan-Su）河河床，便越过了没有标志的俄国边

第十九章　从喀什到阿尔楚尔帕米尔

图 19-1　博斯坦山谷景象

界。那一晚，我们遇到了冰雹，温度降到华氏零度以下。第二天，到达克孜勒阿尔特（Kizil-art）山口。在这高达 1 400 英尺左右的地方，有一条道路横穿外阿拉山。这就是联结帕米尔费干那省（Farghand）阿姆河沿岸驿站的俄国军事道路。

整整两年以后，我又一次来到这里。当年所见的军事道路已经修好，沿途也竖起了里程碑。今昔对比，令我感慨万千。

西域之路

我们离开摩吉山上吉尔吉斯人的帐篷以后,一直行走到晚上,才好不容易来到山北一个名叫博尔堆拜(Por-döbe)的小驿站,沿途没有碰到一个人。在这里,我找到一位和气的俄国海关官员。他是高加索鄂塞特人(Ossete),刚从喀什通向费干那大道上的伊尔克什塔木(Irkesh-tam)驿站调来此地。从他那里,我了解到治理帕米尔地区军民事务的雅格罗大佐(D.Yagello)正在从他的驻扎地点取近道前往塔什干,明天就要路过此地。听到这个消息,我临时决定在博尔堆拜(Por-dobe)休息一天,等候这位军界名将的到达,准备与他会见。同时,我马上派遣一位优秀的吉尔吉斯人骑手,从公提格马兹送一封信给雅格罗大佐,通知他我来到此地的消息。

社交活动的效益很快就显现出来。由于有雅格罗大佐替我在帕米尔和他所管辖的阿姆河上游瓦罕(Wakhan)[①]地区的完备安排,我的旅行没有遇到任何麻烦。这样的结果,即使是在兴都库什山印度控制区域也无法实现。雅格罗大佐在塔什干的陆军大学添设了东方语言学科,对于阿姆河区域的地理和人种极感兴趣。因此,对于凡是能发现过去历史光明的学术考察,他都热心帮助。我在比较短的时间内,所有计划内的行程均得以完成,没有耗费一天的光阴,远远超过原来的计划,考察了许多有趣的地方。这主要归功于雅格罗大佐的帮助和他崇高的学术追求。

在开始探险之初的第三天,我便想延长考察路线,横越帕

---

① 古代护密地方。

第十九章　从喀什到阿尔楚尔帕米尔

米尔以及附近俄属阿姆河流域各山区,其目的主要在于希望通过实地考察,能够对中国和西亚最早交通往来的那条古道,以及所有相关的当地问题有所了解和进行一番探讨。很久以前,在东方各地所得到的经验就已经告诉我,做这方面的研究,最好还是以与历史地理有关的问题为根据。我在终于完成了考察伟大的全部阿拉山谷以后,终遂所愿的强烈满足感油然而生。14年前,我第一次探险归来的时候,在伊尔克什塔木到塔勒狄克(Taldik)山口的途中,我只能从远处眺望阿拉山谷的山峰而已。

从东到西蜿蜒于帕米尔高原北部高耸的边缘地带,接下去就是被称为红水河的苏尔哈普(Surkhāb)的帕沃德克则勒河谷。这是一段天然贯通的大阿拉山谷。古代从中国来的丝绸贸易商人,就是沿着这条山谷向下而到达阿姆河中游的。这样一个结论,无论是从地形方面的实际情况,还是从气候条件以及当地所保留的历史遗迹和传说等方面的材料来讲,都可以得到充分证明。关于这条古代大道,2世纪的大地理学家托勒密在他的书中,曾将他的前辈泰勒的马利努斯所做的一条历经讨论的重要记载保留下来。这一记载内容讲述的是:曾经有两个叫作狄兴努斯(Titianus)的迈斯(Maës)马其顿商人,从现在的巴尔克这个古代大夏地方前往被称为丝绸之国的赛里丝(Seres),即古代中国,长途贩运丝绸。这次经过实地考察,我认为他俩所选择的路线、路程和方向,与我完全相同。

这条记载所述道路方向的详细情形,此处无需多加讨论。很久以前,古代游记考证学者于尔爵士(Sir Henry Yule)就论证说，此地向上到伊摩斯的科迈多伊（Komedoi）的山谷，应该就是红水河河谷哈剌特斤（Kara-tegia）。到了中古时代，阿拉伯地理学家还称此地为科迈德（Kumedh）。至此，这条古道路线是沿阿姆河向上到达阿拉山谷的说法便成为定论。事实上，哈剌特斤和东支阿拉山谷深峡河道才是从阿姆河前往塔里木盆地最容易行走的一条交通路线。然而，从地形方面来讲，阿拉山谷特别适宜作为二者之间天然大通道的情况，我从那次实地经考察之后，才有了彻底的了解。

从俄国军事道路通过的地点开始，阿拉山谷的高度一直下降，直至达兰特库尔干（Darant-kurghan）吉尔吉斯人的村落，里程足有70英里之多。山谷底部的宽度大约有6英里到11英里。向东约20英里，上行到达屯木伦（Taun-murun）山口。从喀什方面进入阿拉山谷的大路即发轫于此。这里路面十分宽广，较为容易通行。这里的气候也比帕米尔潮湿，所到之处都有很好的牧草。因此，阿拉山谷成为千千万万的吉尔吉斯游牧人夏季的大牧场。每年夏季，他们都要带着牛、羊、驼、马，从费尔干纳平原迁徙到此。1901年6月初，我从伊尔克什塔木到费尔干纳的乌什（Osh）和安集延（Andijan），曾遇到他们惯常的迁徙，驼队背负着游牧家庭所有华丽的毡毯以及其他财产，络绎行走在途中，其情其景，真的就像风景画一般。此刻，正值夏季气温较高，于是有些牧人的帐篷就向高处移动，转移到较高一点的山坡谷地去寻找嫩草。而一旦夏季结束，气温下降，他们又会逐渐循序一次又一次地向下转移。就这样，沿着山谷去放牧。路途中，

第十九章 从喀什到阿尔楚尔帕米尔

举目远望去，南面的巨大雪峰山脉，以及高度将近 23 000 英尺的考夫曼（Kaufmann）山峰，尽收眼中，真是风光如画。

在到达兰特库尔干以前还相距很远的地方，我在一处相对高度 90 英尺左右的高地，发现了一些古代农业开垦的遗迹和一些形制粗糙、工艺简单的石屋遗迹。这些石屋与山下冬季现在半游牧的吉尔吉斯人居住使用的完全一样。同样在这里，在与喀什的伊尔克什塔木高度大约相同的地方，也找到了农业开垦的遗迹。由此看来，古代行人在这条大路上，除了阿拉山最高部分不到 70 英里长的那一段以外，沿途大多数行程中一定可以得到给养和安身之所。阿拉山上从每年 12 月到次年 2 月虽然积雪很深，不过那时一定能够照常通行。这和现在正经过高达 12 700 英尺的铁列克（Terek）山口，频繁往来的商旅、驼队等交通情况基本一样。当然，从伊尔克什塔木到费尔干纳，照常通行的情况也是完全一样。

以前，塔里木盆地和阿姆河中游经过哈剌特斤以及阿拉山所频繁进行的贸易活动，现在早已没有了。在巴尔克和阿姆河南面阿富汗突厥人居住的一些地方，也已经很久没有看见从中国来的商队经过了。从阿姆河到哈剌特斤当地规模很小的一点点贸易，都是从达罗特库尔干取道于费尔干纳的马尔吉兰（Marghilan）或者安集延。至于来自喀什的出口货物，则翻过铁列克山口，转而利用俄国铁路继续下一步运输。

由于要安排运输和给养事宜，我不得已曾在达兰特库尔干暂作停留。那是位于哈剌特斤山谷，面向阿拉山展开的一个小小的山谷台地。当地设有一处俄国税收关卡，稽查布哈拉边疆地区的商贸活动。下行3英里左右即为恰特村（Chat）。那里有一块面积很大的农耕地，并且还有一座废弃的城堡，大约是俄国并吞中亚突厥地区以前当地大动乱时期产生的遗迹。这处地方最适宜于在路旁设一大型驿站。在托勒密的书中记载：在古代，行旅从大夏向上，前往哈剌特斤山谷会遇到一座著名的石塔。我认为这座石塔应该就在此地附近。

在托勒密的书中，马利努斯记述道：塞克（Sakai）游牧人的疆域东面是通向中国的商路。这里所说的"伊摩斯山区商人前往丝国道路上的那一个驿站"，应该就是现在的伊尔克什塔木。这一点应该没有问题。至今，此处在邻近各地还是一个知名的地方。中俄双方在此都设有税收关卡，彼此相距很近。从喀什到费尔干纳的商队在此往往受到无端的勒索。

翻越穆克苏（Muk-su）河和阿姆河的上游即是洛山河（Roshan）与苏戈兰河（Shughnan）①。此两河的分水岭是一片连绵高耸的大雪山。从达罗特库尔干向南，翻越克孜勒阿尔特山口，途经喀喇库勒（Kara-Kul）大湖，是唯一的著名大道。自北向南，沿着这条道路，可以翻越作为俄属帕米尔西部屏障的那些大山。我决定选择这一条路，做一次冒险旅行，亲自体验一下行走这条道路的感受。但是事后证明，沿途各地正是因为雅格罗大佐的命令，才得以从吉尔吉斯人那里征集到了一些特别耐受山路

---

① 古代识匿河。

第十九章　从喀什到阿尔楚尔帕米尔

艰难的驮马。虽然如此，这条路还是极不容易行走。不过，那里完全是一片未曾大规模开发过的区域，有些地方至今仍然极不方便测量。然而，在那里所获得的丰富的地理学方面的观察资料，以及所观赏到的美丽山地风光，作为这次探险旅行的回报，可以说是绰绰有余了。

塔尼马兹河（Tanimaz）是发源于大帕米尔的穆尔噶布（Murghab）的一条大型支脉河流。我们所选择的道路远行至此，必须翻越一座作为帕米尔西北屏障的冰川遍布的高大雪山（图19-2）。对这座大雪山，吉尔吉斯人隐讳地称为锡尔塔格山（Sel-tagh）或者慕士塔格山，意即冰山。从达罗特库尔干出发的第一道山口是外阿拉山的塔沙噶尔（Tarsagar）。翻越这里以后，慕士塔格山峻峭雄伟突现在湍急的穆克苏河源头，气势雄伟壮观。如此难得见到的景色，我在喜马拉雅山、兴都库什山和昆仑山各处也很少看见。锯齿形的山峰顶部似乎高达21 000英尺以上，而远处各个积雪皑皑的山峰，高度似乎还远在其上。

帕米尔西部，在阿姆河源头的那些深邃河谷两侧高耸着的尽是些高大山脉。直到我来到那里的时候，它们的实际高度还未曾有人用气压表或测高仪测定过。

然而，要打算在俄国地界做任何测量工作，即使是最微细的活动也不被允许。所以阿弗拉孜噶勒和我自己至今还再三以为那是平生最大的遗憾。不过，虽然没有能够进行地形勘测，但在我目测看来，慕士塔格山主峰显然要比考夫曼山峰高。后来我知道，在1929年，由著名地理学家和旅行家李克麦斯博士

383

（Dr.R.Rickmers）领导的俄德探险队选定这一处高大山区作为他们在此地进行系统探险的目标，并且最终测定得出慕士塔格山高于考夫曼山峰的结论，不禁为之欣慰不已。

途经慕士塔格山主峰一侧的道路应该沿着穆克苏河顺流而上，然后再转到珠鲁姆阿尔特山口和塔克塔库拉姆山谷，从那里直接进入大喀喇库勒湖和塔尼马兹河所灌溉的广大区域。不

第十九章　从喀什到阿尔楚尔帕米尔

图 19-2　从塔尔沙噶尔山口远望锡尔塔格山或慕士塔格山

过从春天到深秋，巨大的锡尔河（Sel-dara）或因俄国探险家首先来到此地并直接命名为费德臣阔（Fedchenko）的冰河洪水泛滥，把这条路完全封闭了。因此，我们迫不得已取道凯英地（Kayindi）峡谷的源头，翻越一座高达 15 100 英尺左右的山口。路经的峡谷中有些地方完全被古老的冰川漂砾所阻塞，攀越起来极为困难。

西域之路

离开凯英地以后，所见到的地形就像帕米尔高原那样，变得平坦起来。从那里向下再翻越一片高原，就能看见幅员宽广的一大片平原呈现在眼前，向着锡尔河河谷展开。从此地向上行走相对比较容易。道路两旁满眼浓绿，景色迷人。不过，走了不远一段路程，随后便开始翻越高达 15 000 英尺以上的塔克塔库拉姆山口。从山口下来，为了能够继续向前进，我们必须重新雇用当地的牲口和向导。于是，我不得不向现在东面大喀喇库尔湖畔放牧的吉尔吉斯人千户（Ming-bashe）酋长浩罕·伯克（Köhan Beg）求助。第二天，即 8 月 8 日，我们爬过克孜勒伯尔（Kizil-bel）山口，到达海拔近 14 000 英尺的夏牧场营地，受到这位老人热诚的欢迎。千户穿着王者的服饰，束一条硕大的银腰带，看上去十分威严。十五年后，我听说浩罕·伯克在塔格敦巴什帕米尔受到俄国布尔什维克党人的虐待，几乎所有的财产荡然无存。他自己则被迫逃入中国地界，后来便死在中国境内，真是令人叹息不已。

我从这位酋长那里得知，四年前的一次大地震，把穆格布河谷壅塞成一座大湖。这座大湖包括了以前的萨莱兹帕米尔（Sarez Pamir）的大片地方。我原来打算翻越马尔加奈（Marjanai）山口前往阿尔楚尔帕米尔（Alichur Pamir）的那条路，据说已经被这座新湖完全淹没了。我不愿放弃原有的计划，经过俄国的帕米尔斯基（Pamirski）驿站返回到那条著名的大道之上，并决定向下转移到洛山河谷尽头处最后的苏纳布村（Saunab）。我希望在此地能找到一个机会可以爬上穆格布山，找出一条绕过壅塞湖

第十九章 从喀什到阿尔楚尔帕米尔

天然障碍的新路。浩罕·伯克认为我们带着那样多的行李是不可能绕过去的。后来我才知道,吉尔吉斯人实际上知道另外一条只有牲口可以行走的小路,不过他们只愿意在其他方面帮忙,却绝不愿意亲自去走那条小路。

在喀喇钦姆(Kara-chim)停留修整一日,我利用闲暇时间对居住在那里的吉尔吉斯人做了一次人类学测量。他们是当地突厥人部落中十分典型的标本(图19-3)。在冬季雪山寒风之中,经受过帕米尔高原严酷气候的长年磨练,他们愈发显得勇敢无畏。后来我们路经此地再次返回到塔尼马兹河谷。当我们渡河来到右岸时,发现在从慕士塔格山主峰大冰川那里流下来的河水转而流向南面不远的地方。我们看见,山谷底部已经完全被巨大的石块塞满了。封锁穆尔噶布河谷的那次山崩把西侧河谷的峭壁斜坡全部崩塌下来。塌落的岩石到处堆积,比此前适宜耕作的帕勒兹(Palez)平原高出200英尺以上。从这里要向前行进两英里也非常困难。8月12日傍晚,我们终于历经艰险到达巴索尔(Pasor)茂密的白杨树和柳树林地。看见林地上塔吉克(Tajik)牧人稀疏散布的村庄,心里真是高兴极了。

第二天沿着河岸悬崖和峻峭的高地,到达塔尼马兹河和现在实际上已干涸的穆尔噶布(Murghab)河床相会处,在吉尔吉斯人称为石塔的塔什库尔干风景秀丽的绍纳布村(Saonab),我们找到一种说伊朗语的噶尔察山民(Ghal-chas)。他们住在这里最高处的世外桃源洛山里面(图19-4)。他们体格高大雄壮,许多人和欧洲人十分相像。美丽而浓密的头发,蓝色或钢灰色的

西域之路

图 19-3 喀喇钦姆的吉尔吉斯人

图 19-4 洛山山谷中绍纳布村的长者

第十九章　从喀什到阿尔楚尔帕米尔

眼睛,一眼看去就知道和游牧的吉尔吉斯人不同。这些洛山山民,居住于沿瓦罕和南边苏戈兰山谷一带,代表极纯粹的阿尔卑斯种型人,同欧洲有些地方所看到的完全一样。因此,在我这短短一天的停留时间里,有着非常多的工作需要完成:收集人类学测量记录,考察此处因为和外界隔绝而留存下来的习俗,考察房屋建筑以及简单的装饰和木雕品之类的东西。还有一点令人高兴的事情就是在离开喀什乡村之后,又一次看到阡陌井然的麦田和果林。

我们在这里雇用到一队背负东西的驮夫。他们是我们继续前进必不可少的保障。要到南帕米尔去,我们能走的唯一道路,就是穿越吉尔吉斯人叫作巴尔塘(Bartang)的慕士塔格河所流经的那条峡江。但是由于1911年2月的大地震,这些狭窄河谷的道路已经变得异常难走。许多地方被崩塌下来的大石块完全阻塞,以往沿河或河边山上行走的所有道路都已经被毁坏了。以前与喷赤河水量相等并且曾当作阿姆河主源的大河,已经全部断流。于是,便可以看见山中到处点缀着规模不大但是颜色美丽、形状各异的小湖,是它们代替了河流,成为我们前进道路上的困难。在有些地方,山坡上的泥土还在如同流水一般移动,令人简直无法落脚。

第二站,我们爬上一座峭壁。峭壁北面,对面山壁新近崩塌掉落下来的岩石四散堆积,形成一道高大的障碍。爬过这道障碍下去的时候,我看见一座峡湖,这就是封闭了巴尔塘河(Bartang)(图19-5)的那座巨大障碍,同时它也塞住了希斗河

西域之路

图 19-5　因地震壅塞而形成的巴尔塘河　　图 19-6　因地震壅塞而形成的希斗河

第十九章　从喀什到阿尔楚尔帕米尔

（Shedau）谷口（图19-6），并形成此湖泊。这里的石块堆积极为凌乱，好不容易爬过去，我们还是只能从希斗河北面沿着巨大障碍的底部前进。

最后到达希斗河谷和萨勒兹帕米尔分界的险峻山岭。爬上这座峻岭，面向东南远望，大山崩的景象便全然进入我们的眼帘。从北面山系中崩落下来了整整一座山，把以前是吉尔吉斯人最好牧场的萨勒兹帕米尔变成了一座美丽的高山湖。根据一则俄国的记载，此湖长度在1913年已经长达17英里以上，以后还在逐渐向整个山谷扩张。巨大的岩石被剧烈的山崩推送到沿希斗河谷口的峻岭之上，这样便一次性成功地筑起一道大堤。在大山崩四年之后，壅塞堤坝还高出新湖之上有1200英尺。巨大的壅塞障碍上面有些坡体还在移动，继续崩塌下来的石块相互冲击，形成漫天烟尘。现在从当时所拍摄在照片中仍然可以看得出那壮观的场面。

在山脚下，我们遇到了由从阿尔楚尔帕米尔来到这里的一小队俄国探险队。他们由普罗布拉兹青斯基（J.Preobrazhenski）教授领导，正在测量这座巨大的壅塞堤坝。俄国科学家由南岸乘皮筏渡湖，然后爬过兰干山口来到湖滨。俄国人十分和善地接待了我。但是，他们根本不相信湖滨峭壁上的那条道路可以走得通。虽然如此，不过坚决的洛山当地人头目和我们都准备去试一试。险峻的山岭高达13 200英尺。当晚我们便把帐篷扎在一眼小泉水附近。

第二天早晨，我们从陡峻的壅塞堤坝上下到泉水耀眼的叶尔克（Yerkh）内湖边上。这时我才知道，沿着陡峭的石坡以及危险的石块再向前行走，将会遇到多么大的困难和危险。这些石坡都是因地震而崩塌下来的石块堆积起来的，上面有些石块还正在移动。所幸我们的洛山山民生长在群山深处，都是绝顶的爬山好手。凡是不能通过的峭壁，他们都能够用木片和石块修筑起栈道，操作手法极为熟练。走过那一段凶险的陡坡，足足花去了我们五个小时，其实际里程还不到1英里。

到达内湖的尽头，爬上河谷走了好几英里，看见一片平地。经历了地震劫难之后，这里仅仅才有几家洛山人在从事农业耕种。尽管此地距离湖面有500英尺高，然而湖水仍然日复一日地不断上涨，现在的耕地还是有被淹没的危险。在这块小小的乐土上高兴地休息一天之后，我们继而向上攀登，到了南面河谷上的兰干山口时，幸运地与帕米尔斯基驿站长官派来帮助我们的吉尔吉斯运输队会合了。所以，8月20日，我们便安然通过了几乎全是平岩层堆积的高达15 400英尺左右的兰干山口。第二天，我们一行已经抵达大耶希勒库勒湖（Yeshil-köl）的西头。从苏戈兰山主脉布鲁曼（Buruman）山顶上远望，壅塞湖尽收眼底。来到了这里，我们又重新走上横越世界屋脊的古代大路。

第二十章 阿姆河上游考察纪行

西域之路

我们离开阿莱山,虽然仍然行进在高原之上,但是沿途所经过的山地和峡谷的道路形势已经大为改观,明显觉得爬山、下谷的行动容易了许多。在翻越宽广的阿尔楚尔帕米尔山谷的两天行程之中,我充分感觉到自古以来从塔里木盆地方面直接到达苏戈兰山地,自然要以这一片从东到西宽达60英里以上的山谷平川最方便通行。古代那些中国旅行家和军队要经过帕米尔高原进入苏戈兰山区和阿姆河中部地区,别无选择只能使用这条路线。对于这种判断,除有历史文献记载留传至今外,我们还有直接的证据。

在第三章,我已经谈到唐代高仙芝将军于天宝六年(747)带领著名的远征军横越达科塔冰雪达坂,翻过帕米尔高原以驱逐来自阿姆河流域的大食军队①。高仙芝将军率领他的主力部队就是选择这条道路进入苏戈兰山区,这是全世界第一次大规模的远征军翻越帕米尔高原绝境的军事行动纪录。唐朝大军之所以如此选择行军路线,显然是因为此地可以从巴达赫尚方面得到给养。四年之后,又有一位中国旅行家悟空沿着这条道路前往印度西北部。悟空是一位僧人,他在印度居住了三十多年。后来他在返回中国的路途中,又一次选择路经苏戈兰山区,经过千辛万苦,终于到达喀什。那时中国在西域的势力最后崩溃,通过塔里木盆地的道路全线被封锁。

此后大约在数百年以后,中国的势力又大规模进入塔里木

---

① 文献记载的是吐蕃军队。

第二十章　阿姆河上游考察纪行

盆地一带，喀什最后一位和卓及其臣属准备逃亡到苏戈兰山区和巴达赫尚地区，清兵尾随追击，就在阿尔楚尔帕米尔高原消灭了这股残匪。苏木塔什（Süme-tash）之役的胜利发生在乾隆二十四年（1759），光绪十八年（1892），在伊西尔库勒湖的东头又曾经发生了一次血战。这次军事行动中，中国人以及当时的阿富汗人都没有注意到把守通往苏格兰山区通道的重要性，和伊西尔库勒湖沿湖北岸地带一样，这里也是最适合进行军事行动的地方。

经过一整天的努力，我们才得以爬上环绕在湖边的苏木塔什峭壁，那里有一座小庙，以前庙内曾立有一块标榜乾隆二十四年战功的汉文纪功石碑。1892年6月22日，俄国约诺夫大佐部下的哥萨克士兵扫荡了附近一个阿富汗哨卡中最后的守兵之后，便把汉文石碑移到了塔什干博物院。但是白石雕刻的碑座依然留在了当地，两千年来中国的威力屡屡到达伊摩斯山以远的地方，今天在现场看着当年的遗物，历史上曾经发生的故事如同刚刚发生一般！

从水草丰茂、地势宽广的阿尔楚尔帕米尔山谷向上走两站，是名为博什拱拜孜阿格孜（Bosh-gumbazi-aghzi）的地方，吉尔吉斯人夏季就在帕米尔高原这片地区放牧，其主要游牧地点在由此处向北的广大区域。我们在那里停留休息一日，同时进行人类学测量工作，并补充新的给养。之后便继续向南横越帕米尔高原的高峻山脉。8月26日，我们越过博什拱拜孜阿格孜山口，那里的海拔高度虽然达到16 300英尺左右，但是却没有积雪。再由此向下来到波光潋滟的维多利亚湖（L.Victoria）（图20-1），当地人叫作佐尔库勒（Zor-köl）。此地就是阿姆河的大帕米尔源头，俄国和阿富汗在帕米尔高原的边界也在此相会，湖光山色风景绝佳，走过这里前面便是作为大帕米尔高原和瓦罕地区最上游地区分界标志的大山，山上冰川发育情况良好。

我从幼年时期就一直渴望看一看真正的大帕米尔高原，以及那个神圣地方美丽的湖。这个湖在近代是1838年伍德队长首先发现的，他还曾经写过一篇风光画一般的记述。在伍德队长之后，随着人们对于帕米尔高原区域地形情况进一步的了解，我想考察这一区域的愿望也为之大增，并且确信古代那些大旅行家像玄奘、马可·波罗等人行纪所记载的古代路线，同经过此湖的大路多少有点关联。

8月27日，我决定在此地休息一天。当日阳光照耀湖滨（图20-2），湖面波光粼粼，冰冷的微风从将近14 000英尺高处的山地湖岸吹送过来，虽然异常寒冷，但是空宇澄明，旭日当空，感觉却很爽快。早晨温度计的温度最低降到华氏表冰点以下12度。四周一片沉寂，丝毫没有古往今来的人们在此地频繁活动的痕迹，这种平静很易使人忘却岁月的流逝，我的眼前不由得浮现出古代大旅行家百折不挠、义无反顾地行进于这里的身影。万千感慨，涌上心头。

我向深蓝色的湖面极目远眺，根本无法看见大湖东岸，那里的湖水似乎隐没到地平线以下去了。我想这种情景，实际就是古代传说中的中亚四大河流都发源于一个中央大湖的最恰当

第二十章 阿姆河上游考察纪行

图 20-1 大帕米尔波光潋滟的维多利亚湖东头

图 20-2 地震后的巴尔塘山谷和萨勒兹湖西岸

写照。玄奘行纪的记载也同样反映出这种传说痕迹，只是他又很奇怪地掺杂进去一些对当地进行实际观察所得到的正确记录。清冷皎洁而又暗蓝色的湖色，与玄奘所记述的完全一样。吉尔吉斯人告诉我们湖滨春秋之际，常有水鸟栖息其间，大多数鸟都要在湖滨芦草丛中产卵和抚育后代，这一点也和这位古代大旅行家的记述相合。古代旅行家来到此地，看到这么一大片水面，环境又是那样适宜人居住，因此产生像玄奘所说在无底深水中有"龙王潜宅"的那种想象，也就不足为奇了。

马可·波罗关于帕米尔高原的记载同样明白地指出，他的旅行路线也曾经过这一座大湖。他那如同风光画一般的描述，甚至连一些细微的小地方也很正确，我禁不住要引用他的一段文字略作说明：

"从护密向东北在群山之中骑马行进三日，便来到一座巨大的山峰之上，据说这里是世界上最高的地方。你只要登上这处高山，就可以看见两山之间有一座大湖，从这个湖里流出一条美丽的河，河流向下经过的一块平原是世界上最好的牧场。即使瘦小的牲畜，来到此处十天就会肥得使人心满意足。那里有无数的野兽，其中有很大的野羊，光是角就有六拃（Palm）长。牧羊人常常把这些角锯断加工成碗，有时甚至用来作夜间关牛的栏圈。马可·波罗先生听当地人介绍说此地狼很多，杀死了不少野羊。因此荒野之中总能看到很多羊骨、羊角，在道路旁边有时甚至还会积成大堆，每当下雪时即可作为行旅的路标。

"这一片平原就叫作帕米尔，骑马从这里经过，一共得花12天，沿途什么都看不见，只是一片荒漠，没有人烟也没有青草，所以行旅必须把一切需要的东西全部携带齐全。这个地方十分高而且寒冷，以至于你看不到任何飞鸟。"

自从伍德队长证实了上述古代记载细微之处的真实性之后，用于尔爵士的话来讲，我们必须承认马可·波罗的记述，这位威尼斯名人是人类"近代探险历史上最具有耀眼光辉的先驱"，所以现在只需稍稍附说几句。此处是"世界上最高的地方"这一句话，也很奇怪地极大触动了我。至于牧场之美，有每年从护密方面到大帕米尔去的大队羊群可以证实报告中的话。在我经过的时候，羊群正在北边山谷中吃草。马可·波罗所说的野羊，后来即被命名为波罗羊（Ovis Poli），现在湖岸周边的高大山峰仍然是这类野生羊随意出没之所。我们在博什拱拜孜山口附近就偶遇到一大群，山坡下面小面积草场上散布着数量众多的羊角、羊骨，这些很可能都是过去那些牺牲于狼嘴之中野羊的残余骨骸，原来的位置可能在山上，冬天山上积雪以后，随雪崩或对积雪下滑被推下来的。我们在那里休息的时候，阿弗拉孜噶勒汗在湖旁山谷里很快用枪打中了一头野羊，并送给我留作纪念（图20-3）。另外，应该指出的是，附近山区素来以出产狗熊、雪豹而著名。

我在维多利亚湖畔休整期间，又找到一些考古方面的材料可以证明中国史书相关记载之正确。《唐书》记载天宝六年（747）高仙芝的远征军横越帕米尔高原时，据说他分军为东、西、北三道，约定会合于阿姆河最上游，地方相当于现在的萨尔哈德①（Sarhad）。东道和西道显然应该是沿阿姆河干流喷赤河行进。北道毫无疑问一定是经过大帕米尔高原，而我在

图20-3 在大帕米尔维多利亚湖附近猎获的波罗羊

现有的地图资料上都找不到任何明确的线索。后来在我询问了队里两位游历很广的吉尔吉斯人，方才从他们的介绍中找到相关路线较为确实的证据。他们说有一条古道可以横越大帕米尔湖南边的高山，一直抵达萨尔哈德，至今瓦罕的塔吉克牧人还常走这条路。我用望远镜能够十分清楚地看到这条路所经过被称为肖尔吉尔加（Shor-jilja）山谷的一端。不过遗憾的是，那座山谷位于英俄划界委员会所决定的阿富汗国界那一面，因此不能够到那边去实地考察古代交通路线。

沿着作为俄国和阿富汗边界线的阿姆河大帕米尔支流右岸走了三站，抵达瓦罕境内的第一个乡村，我们所走的路线正好

---

① 《唐书》高仙芝传记载约定的会合地点是连云堡。

第二十章 阿姆河上游考察纪行

与马可·波罗当年走过的路径一致。靠近帕米尔河和喷赤河相汇处的兰干克什特（Langar-Kisht），我受到了管理俄属护密上游地区的一座小驿站官员的热情接待。在我们还没有抵达此地以前，远远地看到群峰簇拥、积雪皑皑的兴都库什山峰，顿时眼睛为之一亮。远处视野中群山的分水岭就是印度的边界。

这座作为分界线的大山就在瓦罕境内，喷赤河左岸一片狭窄的阿富汗领土把俄国所属的地方隔开，眼看着相距已经很近了，一种亲近感油然而生。我之所以看见这座山便产生如同回到故乡一样的感受，其实还另有其他的原因。当喷赤河俄属方面瓦罕人酋长萨勒布兰德汗（Sal-buland Khan）到路上来欢迎我时，我才看出那是他的儿子。他住在阿什库曼（Ashkumann）山谷，受吉尔吉特（Gilgit）英国政治统监的管辖，两年前带人帮助我渡过困难的齐林吉（Chillinji）山口以入洪扎的就是他。

我对自己能够顺利到达瓦罕颇感欣慰。这里阿姆河主流河谷变得十分宽广，不过因为僻处边荒，气候又不好，现在人口和出产都十分稀少。但是这个地方之所以重要，是由于自古以来，从古代肥沃的大夏区域前往塔里木盆地边缘的那些沙漠绿洲以及再由那里进而抵达中国腹地，都以此地为最直接便利。1906年5月，我只能从萨尔哈德循着河流的最上游到达瓦罕走廊（Wakhjir）冰川，也就是这一条大河的发源地。在当下这个气候比较宜人的季节，我居然能够在这个宽广巨大的山谷中从容游历，实在是一种意外之喜。

瓦罕地方海拔高度在 8 000 英尺到 10 000 英尺以上，现在也到了9月上旬，虽然如此，这里却仍然是郁郁葱葱的世界。在我们穿越满目荒凉的帕米尔高地相当长一段时间以来，终于又一次在这里看见满目的青绿了。更让我觉得幸运的是，瓦罕地方一年中大部分时间常刮酷寒的东风，这对我在当地的游历应该影响最大，然而我在这里期间居然没有刮风，侥幸避过了大自然的折磨。河岸两侧台地上发展起来良好的灌溉沟渠系统，农田中大麦、小麦已基本成熟；在河流转弯处，那些树林荫蔽的小果园内成熟的果实，累累悬挂于树枝之上，品尝时口感十分好。谷底的田地靠近河岸的地方，大大小小的石块稀稀落落散布其间，沿河岸延伸得太低的地方间或也有一段一段的沙地。不过向南望去，那一大片茂密的林木，也使人倍觉赏心悦目。看上去近在咫尺，实际高度却高达22 000英尺以上的兴都库什山主脉的那些雄伟高大的积雪高峰（图20-4），就高耸在河流旁边狭窄的山谷之上。这些高峰看来正和古代中国西行求法僧人宋云经过此地前往印度时所见情景，有如玉峰一般。

在那里，我获得一个很好的机会来进行人类学的田野调查工作，主要对当地瓦罕人进行人类学测量和观察。瓦罕人是一个很古老的人种，他们不仅保存了古代东伊朗语，而且每个个体都还表现出很显著的人类学阿尔卑斯种型特征。1602年耶稣会教士鄂本笃（Benedict Goës）经护密前往中国时，在此地曾经看见过瓦罕人的秀发美目，大为倾倒，他在日记中记载，瓦罕人和弗莱明人（Flemings）极为相像。

但是最引起我的注意的，乃是俯视山谷的山峰上古代堡

第二十章 阿姆河上游考察纪行

图 20-4 从喷赤河河谷远望兴都库什山

图 20-5 查穆尔伊阿提什帕拉斯特古堡北侧

垒的残迹，其中有一些面积很大，也有一部分保存得很好（图20-5）。就堡垒的建筑形式以及雉堞的装饰设计来看，颇富于考古学的意味，很巧妙地利用不可渡越的石壁悬崖作为天然屏障。我虽然没有在此作过发掘，获得直接的考古学上的证据，但是我相信有些堡垒大概为萨珊王朝或者时代更早一点的遗物；至于详细的情形，以及我所说的理由，此处不能详述。本地都以此为卡非尔人（Kafirs）即异教徒所建，在这种传说中还可以表明那些堡垒的时期是在回教传入以前。

至于这些堡垒工程之浩大，举一例可以说明。其中有一个名为查穆尔·伊·阿提什·帕拉斯特（Zamr-i-atish-parast），意即拜火教人之堡，所有连绵起伏的城墙以及无数的雉堞碉楼，都是用粗石块或大土砖从1 000英尺以上的陡壁斜坡堆砌而上，周围在3英里以外。就规模和建造的坚固看来，当初也许在危急的时候用来临时避难的，但是由此可以清楚地看出当堡垒修建的时候，瓦罕的人口和财力一定远胜于现在。据我统计，俄属护密方面约有200户人家；此数普遍都大一点，但是河那面的总人口似乎不能超过3 000人。此地需要这种避难的地方，是由于护密山谷开阔，又位于交通大道之上，一定常被侵略，就近代历史上看，特别是从西方来的侵略为多。

瓦罕地区气候干燥，所以古代堡垒遗址的保存状况良好。这种情况在中亚已司空见惯，但是至于当地居民大多长寿的原因，却令我百思不得其解。这里举一个明显的事例，我在瓦罕前往拜会一位伊斯兰教伊斯玛仪派（Ismailias）教长，当时他正

第二十章　阿姆河上游考察纪行

在那里为一位身患疾病的教徒进行精神治疗。这位老人自我介绍说已经有100多岁，看上去也很像。让我奇怪的是，他所叙述的一些过往事件都十分准确。比如，他告诉我们正确的事实证明，1838年冬伍德队长在到帕米尔去的路上时，他曾在自己的屋里接待过伍德。他对于巴达赫尚的穆拉德·苏丹（Sultan Murad）的暴虐行为也记得很清楚，与伍德的游记中常常提到这位苏丹在该地的残暴统治事件基本相合。

下到山谷里面，便来到了小小的伊什克兴（Ishkashm）地方。这个地方由许多连绵不绝的悬崖绝谷和瓦罕地区作为分界，此地在玄奘和马可·波罗的记载中都是一个非常著名的部落。在这里我专门安排时间去测量美丽的纳玛德果特村（Namadgut）附近被称为恰嘎（Qaga）古堡的遗址中一座伟大的古代防御建筑遗迹。用土坯砌筑的城墙依然雄伟高大，有些地方厚达30英尺，高耸雄踞于相距很近的两座山之上，城堡下面就是任何时候任何人都难于飞渡的峡谷深河。从图20-6中可以看见这些堡垒包围的那座孤独的石峰，城墙长度几乎达到1英里，西面山头上还建有一座城堡。堡垒的规模巨大，由此也可以看出那时当地的人口规模和富裕程度都要远远地超过现在。

经过一天的旅行，我们来到俄国的一个小驿站诺特（Nut）。这个驿站正对着阿富汗方面的伊什克兴本部，是从阿姆河方面到多拉赫（Dorah）必经的交通枢纽，也是前往齐特拉尔（Chitral）最近最容易行走的一条路。驿站负责人是土曼诺维赤队长（Captain Tumanoyich），他很和气地接待了我。令我感到

西域之路

图20-6 恰拉伊恰恰（Qala-i-qaqa）西北侧的古堡

愉快的是，他会说波斯语和突厥语，在当时的俄国土耳其斯坦省官吏中，很少有人具有这方面的语言知识。由于我仅仅能够讲很少几句俄语，这样一来语言交流的困难便不存在了。此外，土曼诺维赤太太做家务的能力也留给我十分深刻的印象，要是在其他的俄国驿站，主妇单只是准备茶水就要花费很长的时间，且不说其他方面的事情了。招待客人往往从夜里一直要忙到天亮，在这里却没有遇到以往的那些折磨。在当地，我安排大家休息两天，而我自己则抓紧时间考察和记录伊什克兴人的语言。这是阿姆河上游僻远地区的山民使用并保存下来的一种古老的东伊朗语，这种语言在我到来之前还从未有人进行过记录。我所做的记录后来由我的老朋友、世界著名语言学权威格里尔松

第二十章 阿姆河上游考察纪行

爵士（Sir George Grierson, O.M.）研究和刊布了。

阿姆河流到诺特这个地方，向北转了一个大湾，我从此地沿河而下，穿行在当地称为伽兰（Gharan）的极为狭窄的山谷中。那里最近因为俄国官方的决定，修筑了一条简易公路。在这之前，无论从北向南还是从南向北都很难走。伽兰这个地方人口稀少，属于巴达赫尚管理，从这里向西翻越那里的高原，接着穿过下面深邃的峡谷，便可以到达巴达赫尚那片富饶的土地。马可·波罗记述自己当年路经巴达赫尚的时候，印象最深的是"那些美丽宝贵的红宝石"，其实红宝石是伽兰出产的。路过一个叫作西斯特（Sist）小村落时，我们曾经路过巴达赫尚的埃米尔独自拥有的那些红宝石矿坑，据说当地人正打算强行开采。

经过伽兰的那几站行程，常常是沿着峭壁的高低不平的狭窄石路上行走，搞得人困马乏。9月12日，当我到了那条大河和苏戈兰河汇合流入阿姆河那个壮阔的山口时，实在是高兴极了。离两条大河合流处不远，有一个名叫霍鲁克（Khoruk）的地方，那里是俄属帕米尔区行政长官驻地。霍鲁克是一个十分吸引人的地方，建筑物都隐匿在胡桃林和其他果树之中，这些果树是当地特产，就是在海拔6 000英尺左右的高处，也还能长得很高。雅格罗大佐得知我要到来的消息，急忙巡视完塔什干归来，很和气地接待我，很好地安顿我们住宿，并挽留我在那里休息两天。这两天我们过得很快乐、很惬意。我的旅行经历和探险所得到的那些古代文物一定程度上感染了这位知识渊博的官吏，也正是他的好意安排，使我能把行程延长到苏戈兰。这样的

西域之路

结果完全出乎我的意料。因为有他得力的帮助，我后来经过北方期间并在布哈拉埃米尔统治下的山区地带时，获得了较大的方便。

在霍鲁克，俄国文化的影响力已经在各个方面表现出来了，当地驻军的营区已经有了电灯，并建有一所俄国学校，有很多学生在那里受教育。我们在那里短时间休整了一下，并利用机会收集了一些关于苏戈兰过去的历史情况以及现在人口等方面的情况。中国历史文献《唐书》和其他一些求法僧人的旅行记载，都说五识匿（即苏格南）人人性凶猛。玄奘自己并未到过此国，他路过达摩悉铁帝国（即瓦罕）的时候，听说此国人"忍于杀戮，务于盗窃"。苏戈兰人至今在南边和西边温和的邻人之中，尤以勇敢凶猛出名，刚好与这种历史记载相吻合。苏戈兰人善于劫掠的行径至今在瓦罕人中还是谈之色变。而现在那些生活在中国方面阿姆河源头处的萨里库勒人（Sarikol）[①]，他们所说的语言就同苏戈兰人的语言相差很小，应该是传说中古代识匿人曾经征服那里的最好证明。

自从阿富汗和俄国先后统治了阿姆河上游以后，暴力劫掠的事已成了过去。但是这些狭窄的山谷中耕地非常稀少，又缺少合适的牧场，所以迁徙的本能和经商的精神如今在当地还是很明显。我了解到很多纯朴的山民因为不能够忍受故乡的贫穷，每年都有许多人到费尔干纳去做临时性农业方面的工作。另外，

---

① 即今塔什库尔干。

第二十章　阿姆河上游考察纪行

还有一些人则在喀布尔（Kabul）、撒马尔罕以及北方各地去做仆役。有趣的是，我常常可以看到一些穿着破旧开襟长袍或者奇形怪状的军装的当地人，这些显然都是取道喀布尔前往白沙瓦的市场寻找出路的人。

从霍鲁克经过苏戈兰两大山谷中南边的沙赫达拉（Shakh-dara），我们攀上了高山之上通向阿尔楚尔帕米尔的高原地带。沿途我经过的许多地方，每到峡谷中特别峻险的地方都筑有起互为作用的军事建筑遗迹，种种迹象表明，古代此等地方常常发生军事冲突。有些遗址建筑形式和规模之宏大，完全可以作为它们自己修建于伊斯兰教传入之前的证明。我们取道朵扎赫达拉（Dozakh-dara）穿过贡德（Ghund）山谷，山谷前面较为宽广，然而情形却是完全一样。这大约也和阿尔卑斯山中所常见的峡谷一样，有一片古代冰川堆石横塞在山谷顶头达好几英里，而有些冰川堆石形成的斜坡极难行走，殊为讨厌，因而臭名昭著。

帕米尔斯基驿站、阿尔楚尔帕米尔和霍鲁克的俄国车行公路在贡德相会。我从此处做了一些考察，获得了有关这座大山谷中部地带的一些印象。差不多就在一个月前，我在伊西勒库勒湖（Ishil-kul）的外泄出口处上面，曾远远看到这个山谷的山峰。我向此地的老人打听当地的传说，得到一些断断续续的有关中国统治以及苏戈兰人在最后的本地酋长统治时期所遭受的暴政之类的情况。据说以前当地这些酋长曾经一度以贩卖妇孺为奴作为增加他们收入的营生，因而老百姓被迫纷纷向北方诸

409

汗国迁徙。我在来这里的路途中经过好几处自然条件很好的乡村，大多数都已经荒芜废弃，很可能就是因为这个原因。

后来这里归属阿富汗统治，但是不久布哈拉又曾入主若干时候，几乎完全是一样的暴虐。现在在俄国的军事警察直接统治之下，情况虽然大为改善，然而为时不久。我经过的时候，创痍还没有完全平复。不幸的是，此后不久，又会有俄国政权更迭，使阿姆河区域高山上这些世外桃源重新受到扰乱和经受痛苦，这真是我个人所不能预料到的。

第二十一章 从洛山到撒马尔罕

前往比邻苏戈兰北部的洛山山区，最好走的路是沿贡德山谷下行到达霍鲁克下方的阿姆河，然后由对面喀拉巴尔般查（Kala-Bar-Panja）河的那一方，沿那河水右岸俄国新修的马路继续下行到洛山的枢纽要地喀拉伊瓦马尔（Kala-i-Wamar）。但是我决定利用这次难得的机会，考察作为区分苏戈兰洛山以及一个多月以前我在苏纳布第一次进入巴尔塘河流域分水岭的那座大雪山。因此，我选择了从西塔木（Shitam）小村上行，翻越后面那道高大山岭的山路向洛山前进。我们携带的行李并不多，但是在海拔12 600英尺以上的高山峻岭中行走，驮马的压力却十分巨大，以至于难于承受。

第二天，不得已我们重新雇用当地的山民作为背夫运送行李，在我们翻越最陡峻的岩石陡坡之前，首先必须经过一道遍布裂缝的冰川，就这样无比艰难地走了6英里多，才到达危岩壁立、狭窄犹如刀口的山口，那里的海拔高度已在16 100英尺左右。我们历经艰难而筋疲力尽，但攀登的努力得到了最好的补偿，波澜壮阔、无比雄伟的大自然景观犹如画卷一般在眼前展开（图21-1）。眼前的景象向着西边和西北边蔓延展开，宽广美丽的冰川源头缓慢下降，逐渐形成一道巨大的冰川，远远地延伸进入罗麦德（Raumedh）河谷之中。继续向西翻越一道道险恶的犹如锯齿一样的山峰，远远地就可以看到巴达赫尚方面白雪皑皑的群山。巴达赫尚那个区域，从很小的时候起就一直是我渴望探察和游历的地方，但是造化弄人，直到现在望着它的时候，它还是一个对我深深封闭、顽固拒绝进入的禁区！

图 21-1 从西塔木山口远望西侧与西北侧群山

沿着冰川积雪形成的冰面河床向下的旅程变得容易行走得多。冰面路程结束后，我们沿着冰川灰色的冰墙，继续下行走了7英里左右，到达冰川的末端，找到一片可以支搭帐篷宿营的地方。感谢雅格罗大佐的关照，就在我们准备宿营的地方大佐派来接应我们的一群强壮的洛山人，已经等待接替我们从苏戈兰雇来的筋疲力尽的背夫。从那里再有一天的路程，经过一系列古老的积石台地，下行进入罗麦德河谷，然后通过狭窄的峡谷，我们便能进入凯则孜（Khaizhez）小山村附近巴尔塘河谷的平原地带了。

下行到达喀拉伊瓦马尔的这两天路程，一直行进在从巴尔塘河通向阿姆河的那些巉岩峭壁的峡谷中，这一段路对于旅行而言真可谓是困难到了极点。有了这样的经历，我知道了现在对于从帕米尔高原迤逦而下的所有山谷地带之中，为何洛山最封闭且最少有人进入的原因。也完全明白了，为什么那里的人种以及文化习俗大部分还能保存古代遗风。

所走的路沿途都要经过狭窄陡峻的峡谷，两旁山峰高耸似有锯齿，而山麓又极为陡峻。在坐着羊皮筏子横渡凯则孜到河的右岸以后，接下来的路程就是绵延不断的石壁，行程中只有手足并用方才可以移动，道路忽上忽下，而路经极窄，有时路面仅仅宽数寸，刚刚可以容足。我判断河床中没有急流险滩，所以安排我们中间一小部分人乘坐羊皮筏子漂流下行（图21-2），避去若干最险的山崖窄径。皮筏由熟悉水性的人全程掌握，我们在波涛滚滚的河水中忽上忽下地顺流而下。河两岸的

第二十一章　从洛山到撒马尔罕

图 21-2　洛山巴尔塘河中的羊皮筏子

景物荒凉之至，当我们的羊皮筏子风驰电掣般地漂流而下时，两岸高峻的石壁之上，只见形如锯齿、面貌狰狞的雪峰扑面而来，罗列四围，如同巨灵怪兽的手掌要把我们攫去一般。那时背负行李攀缘于山崖峭壁之上的洛山人正安然自如地行走着；我们从河面向上看去，他们就好像挂在石壁上的大蜘蛛一样。

一些小村落点缀在峡谷出口各处，半隐半现于果树林中，景色宜人，与千篇一律的可厌可怕的峡谷景观形成强烈对比。行程中在我们停下来休息的地方有一些人家，从远处看去，外观上都是一些石头建的小屋。走近了，内部虽然烟熏火燎、污迹斑斑，但是还能看出基本的格局布置，可以算得上是安适而且有趣，而且明显给人以自古相传、从来如此的感觉。起居室内部采光的天窗和起居使用的土炕，布置的样式与我在塔克拉玛干古代遗址中发掘出土的房屋内部建筑，以及在兴都库什山谷以南现代人们居住使用的房屋内部建筑，异常相像。在亚洲腹地这样一个被世人几乎遗忘的角落，因为高山峻岭与世不通，竟然好像完全没有受到时代变迁的影响。我感触极深地想到，即使公元前后最后几个世纪大夏的希腊人或者贵霜王朝的旅行者再次来到此地，所看到的一切大概也不会与现在有什么大的区别吧。

我一路上所碰到的，以及后来我在喀拉伊瓦马尔对当地那些人的体格等方面进行人类学测量和调查时，都使我有一种同样的感觉。这些山民都很强健，手脚干净，在那种我所见过最为困难的道路上，没有牛马之类可以负载他们，必须自己常常走动，所以身体都锻炼得十分结实耐劳。此外，他们的容貌都很俊秀，那种近似于古希腊罗马式端正的脸型，以及淡淡的眼睛和秀丽的头发都极为普遍。在我所经过的阿姆河流域各山谷使用伊朗语的山民中，我认为洛山人所保持的阿尔卑斯种型特征要算是最纯粹的。后来我的朋友，大不列颠博物院人类学部主任乔斯先生（Mr.T.C.Joyce）曾对我所收集的人类学测量和观察记录进行了仔细地分析，也证明我的判断没有错。

在到达巴尔塘河和阿姆河相汇处之前，还必须经过一段更加险恶的峡谷，那些路段要用脆弱的木梯子攀登几乎呈垂直形的岩壁。翻过了那个天然险地之后，便来到一处地势开阔的地方，那里就是进入洛山的要地喀拉伊瓦马尔。在大家放松休息

第二十一章 从洛山到撒马尔罕

的一天中,我自己则抓紧时间在以前苏戈兰酋长修建起来用以统治属地的废弃堡垒附近一果园中进行人类学测量的工作。十分巧合而幸运的是,我又得到了一些很有价值的古代木雕工艺品。这些东西原来都是酋长屋里的家具,现在被移出来打算加

图21-3 喀拉伊瓦马尔一千户人家木门的古老雕刻

以翻新加工，便和准备的木料一起随便堆放在院落的一傍（图21-3）。从这些木雕品的图案中，可以很容易地分辨出莲花图案一类的装饰母题，这一类花纹，我在犍陀罗的希腊式佛教美术工艺品以及尼雅、楼兰遗址发现的木雕工艺品中都有相当数量的发现。

这座房子内中部有一个房间是作为冬季全家起居之用，那里的布局装饰既十分奇特，也十分精细，可以作为当地建筑的标准加以介绍。天花板下面支撑房梁的每一根木柱都有一个特别的名称，用于招待客人安坐的土炕依照木柱的布局而修建，它的各部分也有其特别的用途。很有趣的是天花板下面有一高起的壁龛，作为小儿睡卧之用，下面耳房内即是火灶，如此作为一种暖气设备。

据说洛山妇女以美丽而闻名，特别是身体姿态最美。我在当地逗留期间就曾有一个机会证实这种说法。那是我正同当地乡村的长老站在离他家不远的路旁，他家中三代人陆续从我们面前走过去（图21-4），主人的妻子和母亲的面貌之美犹如欧洲的贵夫人一样，而两个小女孩尤其美艳惊人。为了按照本地风俗，使已经开始长大的女孩更加吸引人们的注意，女孩子的祖母那时正忙着用一种野樱桃涂女孩玫瑰色的双颊，同时还打算用传统的美容办法把皮肤弄白。

9月27日那天，我离开喀拉伊瓦马尔走上旅途前往哈剌特斤，一路上要经过当地最东边的山谷和大山，那些地方在1877年以前还是达尔瓦兹（Darwaz）地区的首府，后来才归属布

第二十一章　从洛山到撒马尔罕

图21-4　喀拉伊瓦马尔的一户洛山人家

哈拉埃米尔统辖。当时冰冻的季节已经临近，我们将要翻越过去的高山山口常为大雪所封闭，所以我不能不催促大家抓紧时间赶路。关于布哈拉这一处高原地方大部分的情况，李克麦斯（Rickmer）博士所著《突厥河间地区》（*Doab of Turkistan*）一书叙述得很详细，即便不懂俄文的人也很容易看明白，在此我对于它的介绍因此从略。

在洛山和毗连洛山北部的亚兹古兰木（Yazgulam）山谷之间的交通，以前因为沿着阿姆河有峻险的峡谷称为天然屏障，实际上是不能通行的。近年来俄国沿着峡谷石壁修筑了一条马路，于是情形得到了改变。但我还是愿意选择自古以来一贯使用的那一条路，即翻越阿都德（Adude）山口横越中分洛山和亚兹古兰木那座大山的老路。分水岭顶部，覆盖冰雪，山石嶙峋的山口海拔高度达到14 500英尺左右。从分水岭下行的山路蜿蜒曲折，首先必须穿越一条遍布冰川裂隙的冰河，接着又是爬过一连串的古代冰川漂砾堆积而成的石山，然后进入一座谷底生长着一些桦树林和杜松林的狭窄山谷。在我们紧赶慢赶还未到达马特伦村（Matraun）之前，天色已经擦黑了。

在那里迎接我们的布哈拉地方官员第二天早晨告诉我们一个好消息，说是雅格罗大佐派来帮助我们的人已在达尔瓦兹等候。看着当地士绅们华丽的绸袍和浅黑色的面孔，我顿时觉得一直伴随我们的阿姆河上游高原山区不久就要留在身后了。亚兹古兰木地方的人口约有190家，位于达尔瓦兹和洛山酋长之间，很久以来一直享受无人管理的便宜。同时当地人一有机会还会劫掠两边的邻人，且一视同仁无所分别。虽然他们的语言同苏戈兰人很近似，但同达尔瓦兹往来较多。这从两个地区人们的体格以及北部山区被人称为逊尼派伊斯兰教徒的噶尔察等情况可以轻易看出来。自然，若是布哈拉统治苏戈兰以及南部各山区的暴政延续下去，当地山民虽然属于外道的伊斯玛仪派，且有名闻巴黎、伦敦的半神性的阿加汗（Agha Khan）作首领，仍然会被迫改信这一伊斯兰教的正统派信仰。

我们急忙通过亚兹古兰木沿山谷继续下行，阿姆河岸上新修的马路路况不错，故此心情愉悦，一路顺利地到达了王吉（Wanj）大峡谷谷口。这条路几乎全部依靠爆破那些垂直的峡谷石壁而修成，有些路段还冒险使用狭窄的栈道通过。走过这些

第二十一章　从洛山到撒马尔罕

路段之后，我方才恍然明白，为什么这些幽暗的峡谷峭壁山路，以前会被当地山民视为畏途，至于载货车辆更是绝对不能通行。这条山路开通以后，王吉山谷广阔肥沃土地的物产发生了不少变化。10月1日这天我们所走过的上部山谷地带虽然距离很长，但是地势相对平坦，沿途所见到的情况也证明那里的气候比较湿润，山坡底部大多都是不用灌溉的梯田，上面则是葱郁的树木。谷底环绕着村庄的大果园以及农田之间成行列的树木，简直给人以公园一般的感觉。

自然景物明显发生变化的同时，人们的体貌外形和生活状态也随之变得不同。当地人也像布哈拉山地的塔吉克人一样使用的是波斯语。他们自己古老的东伊朗语已经废弃不用了，可是就他们的祖先古代粟特人而言，这些人仍然代表着土著伊兰人，其血统也要比平原地方的萨尔特（Sart）人来得纯粹。粉刷成白色的平顶大屋已经成为房屋建筑的代表模式，这同样也表现出气候和生活方面情况的变化。

那一天，山顶上浓云密布，前一段时期我从阿莱山向南行进的路上，所看见对面位于锡尔河和塔尼玛兹河之间积雪的巨大山峰现在也隐藏不见了。第二天，山上大雨夹着新雪狂降不止，我们只好被迫在西塔尔格村（Sitargh）停留下来。我们前面将要翻越的就是因西塔尔格村而得名的山口，那里距离被称为瓦合亚巴拉（Wakhia-bala）大山地的头一处有人居住的地方恒噶布（Khingab）很近。当地头人明白在这种情形之下翻越山口的危险，为了不承担责任，他们机警地要求我写下声明书，说明若有任何失误，他们不负责任。幸而在黎明以前很早的时候，天气已转晴，这样我们也就毫无争议地出发过界了。

通向山口的路很陡，不过开始的这一段却并不难走，斜坡上长满了高山植物。然后路途变得艰难起来，我们十分费力地爬过了一座冰雪覆盖的大冰川漂砾堆积而成的石山，接着面对的是冰川断裂后高高耸立在面前的冰崖，出发后走了七个小时，好不容易才爬到那座海拔达到14 600英尺左右险峻狭窄的隘口。从山口向下望去只能看见下行道路必经的那条巨大冰川河流的源头。但是当我们在弯曲的冰川裂缝中走了1英里半左右的路程，打算爬上冰川河面的时候，一种从未见过的雄壮伟大的景象呈现在我们面前（图21-5）。远处我们脚下的巨大冰川与另外一条从高山南侧蜿蜒伸展而来的巨大冰川会合相聚，呈献一种大规模的展开。离开山口向下又行走了大约10英里，艰难地翻越了一些极为危险的堆积高度超出冰川河面达到150多英尺的冰河堆石，方才到达两个冰川会合的位置。由此下行了大约3英里，我们很高兴地找到了一小块有草的高原平地，当即决定就在那里搭帐篷宿营。

10月4日，走了很容易的一站后到达帕希姆噶尔（Pashmghar），这是恒噶布最高处的一个山村。在那里我所见到的第一块人工种植的土地海拔大约在9 500英尺的高原，沿途看见很多耕地都已经荒芜废弃，粗略估算之下，荒芜的田地竟然长达3英里半以上。我心中一直很清楚，我们渡过的噶尔摩河（Garmo）发源于慕士塔格主峰西侧峰顶上的那些冰川。8月间我从北侧走近

图 21-5 从西塔尔格山口远望西方与西南方的冰川、雪峰

主峰时颇为其所动,但遗憾的是,此时此刻却已经没有时间靠近去观察一番。我急急忙忙地赶路,打算抓紧时间用两个行程的工夫下行到瓦合亚巴拉的主要山谷,以便能够在下雪以前赶到哈剌特斤,希望老天不要下大雪,把我最后所要翻越的那一道高山山口给封住了。

沿途赶路的时候,我们不断地经过一些风景很好的掩隐于果园丛林中的乡村。但是由于受布哈拉政局不稳定的影响,许多上好的土地都未被开垦,其他很多方面也可以明显看出所受到的消极影响。前来迎接我的那些头人,即使是很小地方的,也都穿着华丽的绸袍,通常这种丝绸都间以虹彩的颜色,用意当然在于显示高贵和富庶。逐渐了解之下,后来我才知道这些服装竟然都是所谓的命服(Khillats),之所以用这样的阔绰样式,乃是发源于埃米尔宫廷一种相传已久的敛钱法。酋长所宠爱的人或者薪俸尚不能够超过同级别的其他官吏们,埃米尔就命他们由布哈拉带着这些荣耀的衣服分派到各省省长,作为酋长对下属表达特别满意的一种恩赐。奉埃米尔之命带这些东西来的人,照例要由接受者给予很多银钱作为酬谢。于是,省长又把这些埃米尔赏赐之物交给无俸的臣子,代他去赏给属下的头人,如此照样一轮轮地转移下去,到了最后,所有这种表示大恩惠的东西都落到了地方头人身上,再由地方头人转嫁给农民。财政制度上的荒唐,是非的司法裁判又完全是中世纪的方式,所以俄国革命以后,布哈拉的统治被推翻,而埃米尔的臣民们并没有表现出什么关心,就不足为怪了。不过,苏维埃的

第二十一章 从洛山到撒马尔罕

执政官解放这里以后，还有更多的麻烦事在等待着他们，却是他们不大能够料想到的。

10月6日，因为大雨，不得已在瓦吉亚巴拉的阿玛拉克达尔（Amalakdar）破败萧条的省城附近拉吉赫（Lajirkh）停留了一天。所幸天气又已转晴，于是不顾山上仍在下雪，我们在以后两天抓紧时间先赶过基尔丹伊卡夫塔尔（Girdan-i-kaftar）山口（图21-6），来到自然条件有些像帕米尔的图布查克（Tupchak）高原山地。瑞克麦尔斯博士在这一带长期进行高山探险时，即以此为根据地，这一带所有雄伟的山峰和南面环绕群山的美丽冰川，他在书中都曾有过介绍。

当我经过高原，横越蜿蜒于苏尔哈普山谷和向南部延伸的哈剌特斤边界一带大山的时候，看见一片很雄伟的景象。从西边积雪的大彼得山脉起，经过其斯阿莱（Cis-Alai）山脉以远一直到东边，我第一次在塔沙噶尔山口看到的慕士塔格峰所构成的冰雪险阻为止。至此，两个月来从阿姆河上游横渡帕米尔高原和许多险峻峡谷，东游西荡的旅行又把我带回到科迈多伊山谷和我从阿莱山方面所要追寻的古代丝绸贸易的大路上。

下行到宽广壮阔的山谷要经过一段肥沃的倾斜山地，那里有适当的降水，种植一切都可以不需要灌溉。沿途我看见从8 000英尺的高处向下，那时正在着手收获。而瓦罕一带海拔高度在2 000英尺以上的地方，所有的农作物早在一个月前便已收割，这样一比，可见此地气候比较湿润。到达哈剌特斤，我又重新走进说突厥语、居住得相对舒适的吉尔吉斯人中间。我相当有把握

西域之路

图 21-6 基尔丹伊卡夫塔尔东部的冰雪山川

第二十一章 从洛山到撒马尔罕

地认为，这个地方因为土地肥沃，外加容易获得大面积富饶的牧场，所以在最后一次大迁徙把这些吉尔吉斯人带到此地以前很早的时候，突厥部族一定来到此地大肆寇掠。

古代突厥人曾经占据过哈剌特斤，根据现在当地流行的地名以及人名多数都是突厥语的现象便可以证明。吉尔吉斯人之所以能够得到这一块乐土，正和古代的突厥人一样，当然是通过征服而得到的。特别有趣的是，目前这些吉尔吉斯人也慢慢地被从达尔瓦兹和西边地过来的强壮的塔吉克人所挤压。哈剌特斤的吉尔吉斯人还是保持着他们半游牧的古老习惯，夏季迁地就牧，从土地种植方面所获得的出产显然赶不上那些温和勤俭的邻居所进行的工农业生产。

从这里所闻所说的情况，很容易就可以想象出古代粟特人——原来的伊兰人[①]在被游牧部落再三侵略的现在撒马尔罕和布哈拉平原，如何极力维持局面并一再努力打算占据优势地位。而现在我在哈剌特斤等地听说当地吉尔吉斯人和塔吉克妇女通婚的现象，表明这也是另外一种潜在的可行方法。这里原居住的伊兰人，在不能完全吸收同化突厥部族征服者的情况下，想凭借通婚的办法逐渐改变他们的性情。

噶尔姆（Gharm）是统治哈剌特斤酋长的驻所，我于10月11日曾在那位尊贵酋长的花园里搭帐篷，好好地休息了一天。在那里很有趣地见识了"西突厥斯坦"偏远地方至今还保留着

---

① 现在的塔吉克人是古代伊兰人后裔。

中古时代官吏排场的奇怪情形。然后我们继续上路，愉快地旅行，很高兴地走了两个路程，到达苏尔哈普山谷向南的一个大转弯处，那里有一大段路交通不便、贸易不通。此地与因温泉而闻名的阿布伊尔噶姆村（Abi-garm）相距不远。我们的旅行路线从那里转而向西，古代丝绸商人前往大夏，当然也是选择这一条路。

到了那里，从帕米尔高原延伸下来的最后山地都已经被抛在我们身后。很快我们进入阿姆河的苏尔汗（Surkhan）和卡菲尔尼汗（Kafirnikhan）两支流所灌溉的喜萨尔德（Hissard）山谷，这里地势宽广，土地肥沃，在相当长的历史时期还曾经一度独立自主。到了此地，已经离阿姆河南边巴克特利亚（Baktria）也就是古代大夏的巴尔克（Balkh）地方很近了。不亲临其地看看，似乎怎么也说不过去。但是由于我已决定冬季到波斯的锡斯坦去工作，为了赶时间，我只能决定在撒马尔罕乘外里海铁道的火车，抄近路，越快赶回去越好。好在布哈拉山地这些区域我了解得已十分清楚，急急忙忙地赶了九站，全程在270英里左右。

我最初所经过的四站地方都是肥沃富足之区，这样的地方过去一定会特别引起古康居游牧人的注意，是比较好的寇掠目标。从阿布伊噶尔姆村到法伊扎巴德（Faizabad）我们沿途经过的地方都是优良牧场（图21-7）。如同我们已经路过的北部高山谷地一样，这些地方都被希萨尔的乌兹别克地主们所拥有，他们每逢夏季便驱赶着羊群和大队的牛马来到此地。以后三天我

第二十一章　从洛山到撒马尔罕

们途经多香拜（Doshambe）的喀拉塔格（Kara-tagh）和雷噶尔（Regar）北边肥沃的地带，这里出产最富饶的地方还是为乌兹别克人所有。而做工的则大部分是塔吉克人，这些人似乎在逐渐地由佃户变成了主人。

征服者的突厥人仍然固守着他们古老的游牧习惯，这种保守的生活情形，从许多乌兹别克村庄的房屋庭院还有可以移动的毡房，便已经充分地表现出来。这些毡房是从夏季牧场搬回来的，它的主人还是一贯地喜欢用这种可以移动的而不是旁边用那些泥土建造的小屋。虽然布哈拉那些腐败官员变本加厉地剥削他们，不过农村相对还是要舒服得多。我还看见一些地方，因为土壤肥沃和气候适宜，农业交易也有欣欣向荣之象。我在

图21-7　希萨尔（Hissay）地方法伊扎巴德山谷村落的市场

西域之路

那里停留的时候一点也未曾估计到，就在那以后不远的几年之内，会有一次反抗俄国统治的伊斯兰教徒运动带给这片和平土地的无情镇压。

希萨尔那条普普通通、易于行走的道路通向西南，便是自古以来的交通大道。这条大道从阿姆河河畔特尔梅尔（Termer）穿过一些小丘陵直通古铁门关，进而可以抵达撒马尔罕和布哈拉，路经的这些地方历史上都曾经是康居的权力重镇。但是为了尽可能地缩短路程，同时能够顺便看看那些分开希萨尔和布哈拉干旱草原的山丘，我于是选择了向西北经过塔什库尔干到夏尔伊萨布兹（Shahr-i-sabz）的那一条路。刚开始便沿着狭窄的峡谷穿行，而后向上一路经过风景如画、林木茂密的山地，再后来到达喀尔胡什（Karkhush）山口，那时已经下雪了。离开山口，向下一路上明显可以看出高原的海拔高度在不断降低，路两边不时见到大片富饶的牧场，乌兹别克人经常迁徙来到此地游牧。后面的行程中我们路过的山谷，地势宽广，水流丰富，这里的水都流向卡尔黑（Karehi）。我到了夏尔伊萨布兹大城已是10月20日，第二天我坐着摇荡的俄国四轮车经过塔克塔卡拉查（Takhta-karacha）和宽广的扎拉甫香（Zarafshan）山谷，风尘仆仆，走了很长一段路程到达撒马尔罕。

来到这座繁忙的大城，我的中亚古道长途旅行可以说已经接近它较为适当的终点了。到现在的城东可以拜访阿夫拉西亚布（Afrasiab）大型土堆遗址，那是康居古都的故址，亚历山大时代的历史家称之为马拉甘达（Marakanda），在中国史书上也

第二十一章 从洛山到撒马尔罕

有很高的知名度。再近一点可以看到一座雍容华贵的纪念性建筑物，这是帖木儿大帝用来装饰这个中古莫卧儿帝国的伟大中心的。但是撒马尔罕的俄国城比十五年前我第一次来到这里时似乎大了一点，并且看起来更像一座东欧的城市。

在俄国城的街道上，曾经发生过许多次动摇近代欧洲国家基础的大的战争和事件，现在的情形依然让人十分担心。在这里可以看出，此刻已经有了明显的预兆，这个要全面侵略中亚的帝国即将发生大的动乱。关于我中亚探险旅行的记述，随着我来撒马尔罕这个古代历史舞台，正好可以结束了。

中文翻译所用工具书目录

《佛光大辞典》（全八册），中国书目文献出版社 1989 年版。

《汉译对照梵和大辞典》（全二册），新文丰出版公司 1979 年版。

《简明不列颠百科全书》（全十册），中国大百科全书出版社 1986 年版。

《世界地名录》（全二册），中国大百科全书出版社 1987 年版。

《新疆维吾尔自治区地名录》（甲、乙种本），新疆维吾尔自治区地名委员会、国家测绘总局测绘研究所编，1980 年。

《新疆维吾尔自治区地图集》，新疆维吾尔自治区测绘局编制，1995 年，内部用图。

译名对照表

Ab-i-Panja R.　喷赤河
Abdal　阿布旦
Abdurrahim　阿不都拉音
Achaemenaean Empire　阿契美尼亚帝国
Ahmad Merghen　阿合买提·麦尔根
Alamic　阿拉米
Amban　按办
Amir Habibullah　埃米尔·哈比布拉
F.N.Anderews　安德鲁斯
Andere　安迪尔
Aitmish-bulak　阿特米什布拉克
Bactria　巴克特利亚
Bakhpo　巴克波
Balkh　巴尔克
Baroghil　巴罗吉尔
Baruddin-Khan　巴鲁丁汗
Pere Boyer, S.J.　波耶
Bozaigumbaz　波扎伊拱拜孜
Brahmi　婆罗迷
British Museum　大英博物馆
Bukhara　布哈拉
Sir Sidney Burard　布拉德爵士
But-Khana　布特哈纳
Chainutkol　柴努特库勒

Charchan　且末
Charkhlik　若羌
Chavanm　沙畹
Cherobim　希腊模式天使
CHira　策勒
Chitral　吉德拉尔
Cicassian　塞卡兴
Commissioner　省长
Lord Curzon　克尊勋爵
Domoko　达玛沟
Dzungaria　准噶尔
Dandan-Oilik　丹丹乌里克
Danube R.　多瑙河
Dard　达尔德
Darel　达勒尔
Darkot　达尔阔特
Coloner Sir Harold Deane　丁诺大佐
Devaputra　梵天子
Dir　迪尔
Eros　爱罗斯
Fort Drosh　德罗什戍堡
Farghana　费尔干纳
A.H.Francke　弗兰克
Firdausi　菲尔杜希
Gandara　犍陀罗

Gandharvas 乾闼婆	Kok Yar 科克亚
George Macartney 乔治·迈克特尼	Koh-i-Khwaja 科伊赫瓦贾
Gilgit 吉尔吉特	Kona-Shahr 阔纳沙
Gulakhma 固拉哈玛	Kroraina 楼兰
Gurz 牛头戈	Ktesias 科特西亚斯
Hassan Akhun 哈桑·阿洪	Kuruk Darya 库鲁克河
Hamun 哈孟	Kuruk-Tagh 库鲁克塔格
Hanniba 汉尼拔	Loplik 罗布人
Hedin 赫定	Lowell Istitute, Boston 波士顿罗维尔研究院
Hermes 赫尔墨斯	
Homo Alpinus 阿尔卑斯种型	Lowarai Pass 洛瓦雷山口
Hephthalites 嚈哒人	George Macartney 马继业
Hoernle 霍恩雷	Maharaja 摩诃罗阇
Hunza 罕萨	Malakand Pass 马拉甘山口
Ibrahim 伊布拉音	Marinnus 马林努斯
Imam Jafar Sadik 伊玛目·贾法尔·沙迪克	Marco Polo 马可·波罗
	Mazar 麻扎
Imaos 伊摩斯	Mazar-tagh 麻扎塔格
Intra and Etra Imaon 内外伊摩人	Mesopotamia 美索不达米亚
Jahan-sai 加罕萨依	Miran 米兰
Josvant Singh 乔斯范特·辛格	Mithra 波斯太阳神
K. G. O. First Bengal Sappers and Miners 孟加拉皇家工兵队第一队	Mulla 穆拉
	Muztagh-ata 慕士塔格
Kafiristan 卡菲尔斯坦	Nagar 纳格尔
Kangra 康格拉	Naik Ram Singh 奈克·拉姆·辛格
Kasim Akhun 卡斯木阿洪	New Delhi 新德里
Keriya 于田	Niya 民丰
Keriya-Darya 克里雅河	Nob 诺布
Kharoshthi 佉卢文	North-West Frontier Province 西北省
Kiz Kurghan 克孜库尔干	
Kirgiz 柯尔克孜	Otrughul 奥特鲁兀勒
Konche Darya 孔雀河	Pompeii 庞贝

Pein 培因	Suvorow 苏沃洛夫
Persepolitan 俳尔色颇里坦	Sven Heden 斯文·赫定
Peshawar 白沙瓦	Swat 斯瓦特
Phrygian 弗里格	Taghdum-bash Pamir 塔格敦巴什帕米尔
Po R. 波河	
Promachos 普洛马科斯	Taklamakan 塔克拉玛干
Pradakshina 右旋或右绕	Takshasila 呾叉始罗
Ptolemy 托勒密	Tangir 丹吉尔
Putti 蒲蒂	Tashkand 塔什干
Rai Ram Singh 拉伊·拉姆·辛格	Tash-kurghan 塔什库尔干
Rajput 拉贾普特人	Tartary 鞑靼
Ramazan 拉马赞	Tawakkel 塔瓦克勒
Rhine R. 莱茵河	Thomsen 汤姆森
Romani 罗马尼	Tila Bai 提拉巴依
Rustam 罗斯塔木（地名、人名）	Tirichmir Peak 提里奇米尔峰
Samarkand 撒马尔罕	Titianus 迪提亚努斯
Sarhad 沙尔哈德	Tokhta Akhun 托合塔·阿洪
Scythia extra Imaons 斯基泰外伊摩斯	F.W.Thomas 托马斯
Sakas 塞种	Tungan 东干
Sanskrit 梵文	Tyre 泰罗
Sarikolis 萨尔库勒人	Yadang 雅丹
M.E. Senar 塞纳	Yakupbeg 阿古柏
Serike 丝国	Yarkhun R. 亚尔浑河
Sikh 锡克人	Yasin 亚辛
Shirindil Khan 什林迪尔汗	Yartungaz 牙通古斯
Shughnis 苏格尼斯	Yol bolsun 遥勒保勒松
Sisitan 锡斯坦	Yolchi Beg 尧勒其·伯克
Sogdian 粟特	Yurung-Kash 玉龙喀什
Sogdiana 康居国	Wakhi 瓦罕人
Stupa 窣堵波	Wakhjir 瓦罕走廊
Survey of India Depatment 印度测量局	White Huns 白匈奴

图书在版编目(CIP)数据

西域之路/(英)奥里尔·斯坦因著;巫新华译.—北京:商务印书馆,2022(2024.7重印)
(斯坦因西域考古探险记)
ISBN 978-7-100-20510-8

Ⅰ.①西… Ⅱ.①奥…②巫… Ⅲ.①西域—考古—研究 Ⅳ.①K872.4

中国版本图书馆 CIP 数据核字(2021)第 236979 号

权利保留,侵权必究。

斯坦因西域考古探险记
西域之路
〔英〕奥里尔·斯坦因 著
巫新华 译

商务印书馆出版
(北京王府井大街36号 邮政编码100710)
商务印书馆发行
北京中科印刷有限公司印刷
ISBN 978-7-100-20510-8

2022年3月第1版	开本 850×1168 1/32
2024年7月北京第3次印刷	印张 14¼

定价:82.00元